KB022720

새 중국사 1

중화의 성립

| 당대(唐代)까지 |

Series CHUGOKU NO REKISHI, 5 Vols

Vol. 1, CHUKA NO SEIRITSU: TOUDAI MADE

by Shinichiro Watanabe

새 중국사
1

중화의 성립

| 당대(唐代)까지 |

와타나베 신이치로 지음
이용빈 옮김

한울
아카데미

차 례

제5장
분열과 재통합: 위진남북조

제6장
고전 국제의 재건: 수당 제국

지금 중국사를 새로운 시각으로 보기 위하여: '새 중국사' 시리즈의 목표

*

중국은 가깝고도 먼 나라다.

과거에 필자들이 철이 들었을 무렵, 중국에는 도항할 수도 없었고 그곳에서 무슨 일이 일어나고 있는지도 잘 알지 못했다. 물론 일의대수(一衣帶水)라고 할 정도로 가까운 거리에 있다. 그럼에도 아무것도 보이지 않는 답답함이 있었다.

그로부터 반세기가 지난 지금은 어떠할까? 도항은 거의 자유로우며, 엄청나게 많은 사람들이 왕래하고 있다. '일의대수'는 참으로 가깝다. 관계도 심화되었다. 좋든 나쁘든 매우 중요한 국가이다.

그럼에도 현재 우리는 중국과 중국인을 제대로 보고 있는 것일까? 표면을 아무리 주시하더라도 그 내실은 여전히 수수께끼다. 가까워진 것에 틀림없는 중국은 아직도 멀리 있다.

그 수수께끼에 접근하는 한 가지 방법은 역사책을 펴서 읽는 것이다. 사람을 알기 위해서도 우선 그의 이력서를 살펴보아야 한다. 마찬가지로 지금의 중국도 과거의 이력에 그 핵심에 접근할 수 있는 실마리가 숨어 있다.

중국의 역사라고 한다면 이제까지 몇 사람의 대가(大家)가 집필해 왔다. 거기에는 공통되는 일정한 패턴이 있다. 이른바 시대 구분에 의한 편성으로 시계열에 따라 이해하기 쉽다.

그러나 중국은 거대하다. 유럽보다도 넓고 사람도 많다. 유럽에는 10여 개 국가가 있고, 국가마다 다른 역사를 적는다. 즉 다원적이고 다양하므로 그에 상응하는 역사가 아니어서는 안 된다.

한편 중국은 어떠할까? 다국적은 아니라고 해도 유럽 못지않게 다원적임에 틀림없지만, 종전의 중국사는 그 점을 파악해 내지 못했다. '중국'이라는 자명한 틀을 시대별로 살펴보는 것뿐이었기 때문이다. 과거의 왕조 교대사관(王朝交代史觀)과 큰 차이가 없으며 특정 이데올로기와 친화적이 될 수밖에 없다. 글로벌화된 현대에 적합한, 다양한 중국의 얼굴과 모습에 다가서는 중국사의 서술이 필요하다고 할 수 있다.

그래서 이 '중국사 시리즈'는 다원성을 모티브로 삼아, 다음 쪽에 제시되고 있는 이미지대로 전체 5권으로 구성했다. 구체적으로 제1권은 동아시아의 문명이 여명을 맞이하여 다원성이 나타나게 되는 과정을 묘사하고, 제2권은 개발이 진전되어 경제문화의 중심으로 부상하는 남방(南方)의 역사를 서술하며, 제3권은 외부로부터 끊임없이 영향을 미치며 결국 중국과 일체가 되는 초원 세계를 논하고, 제4권은 바다의 비중이 커져 남북에 더하여 해륙(海陸)의 다원화가 강해지는 시대를 서술하며, 제5권은 이것을 이어받아 그러한 다원성으로부터 출발하여 현대 중국으로 연결되는 역사를 살펴본다.

이 '중국사 시리즈'를 통해서 멀고도 다양한 중국의 이력서를 한눈에 바라볼 수 있다면 기대 이상의 기쁨이 될 것이다.

집필자 일동

'새 중국사' 시리즈 의 구성

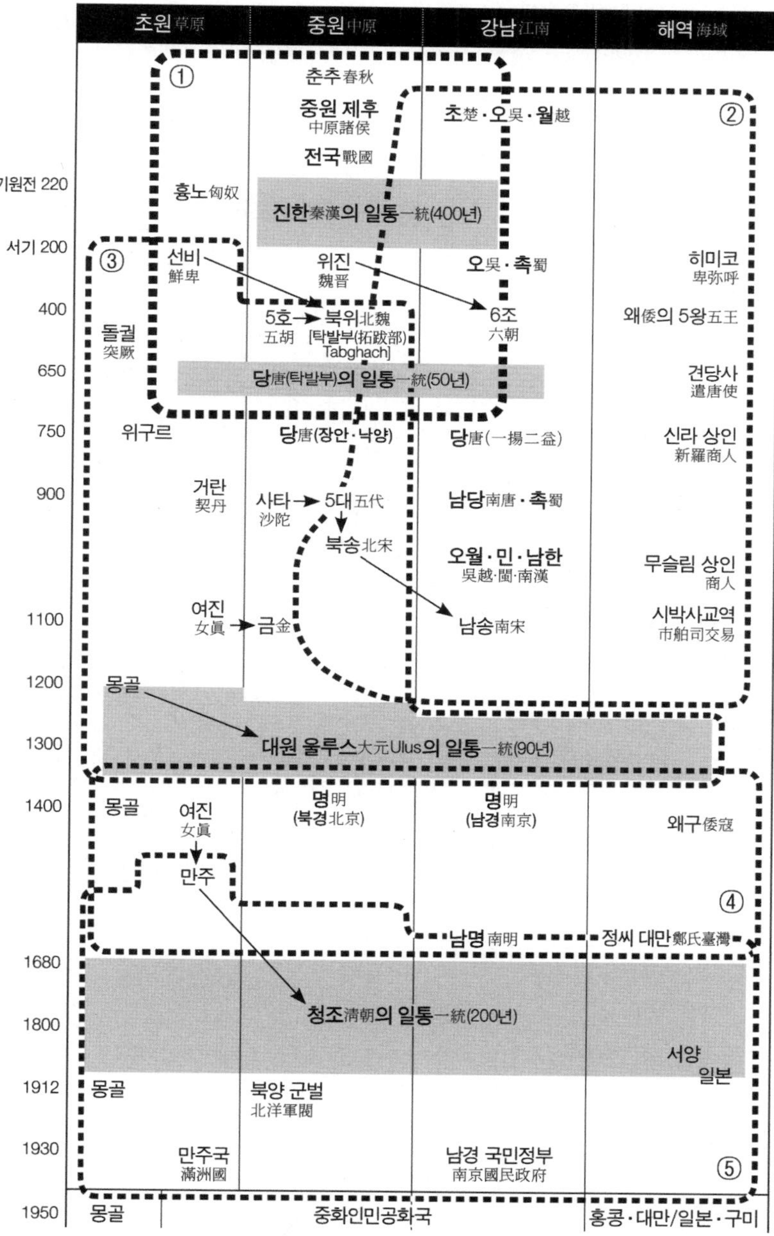

초원草原
중원中原
강남江南
해역海域
①
춘추春秋
중원 제후
中原諸侯
전국戰國
초楚·오吳·월越
②
기원전 220
흉노匈奴
진한秦漢의 일통一統(400년)
서기 200
③
선비
鮮卑
위진
魏晉
오吳·촉蜀
히미코
卑弥呼
400
5호→북위北魏
五胡 [탁발부(拓跋部)
Tabghach]
6조
六朝
왜倭의 5왕五王
돌궐
突厥
650
당唐(탁발부)의 일통一統(50년)
견당사
遣唐使
750
위구르
당唐(장안·낙양)
당唐(一揚二益)
신라 상인
新羅商人
900
거란
契丹
사타→5대五代
沙陀
남당南唐·촉蜀
북송北宋
오월·민·남한
吳越·閩·南漢
무슬림 상인
商人
1100
여진
女眞→금金
남송南宋
시박사교역
市舶司交易
1200
몽골
1300
대원 울루스大元Ulus의 일통一統(90년)
1400
몽골
여진
女眞
명明
(북경北京)
명明
(남경南京)
왜구倭寇
만주
④
남명南明
정씨 대만鄭氏臺灣
1680
1800
청조淸朝의 일통一統(200년)
서양
일본
1912
몽골
북양 군벌
北洋軍閥
1930
만주국
滿洲國
남경 국민정부
南京國民政府
⑤
1950
몽골
중화인민공화국
홍콩·대만/일본·구미

중국 관련 지도

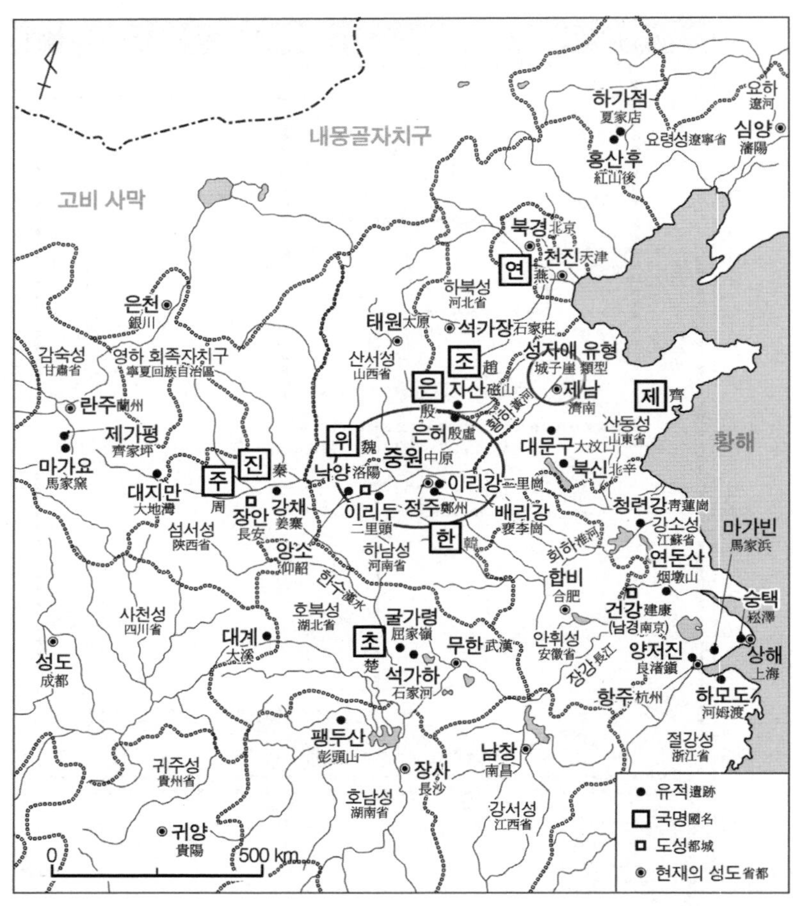

내몽골자치구
고비 사막
하가점 夏家店
홍산후 紅山後
요하 遼河
요령성 遼寧省
심양 瀋陽
북경 北京
천진 天津
연 燕
하북성 河北省
태원 太原
석가장 石家莊
산서성 山西省
조 趙
성자애 유형 城子崖 類型
은 殷
자산 磁山
제남 濟南
제 齊
황하 黃河
은허 殷虛
중원 中原
산동성 山東省
황해
대문구 大汶口
북신 北辛
은천 銀川
감숙성 甘肅省
영하 회족자치구 寧夏回族自治區
란주 蘭州
제가평 齊家坪
마가요 馬家窯
대지만 大地灣
주 周
진 秦
위 魏
낙양 洛陽
이리강 二里岡
강채 姜寨
장안 長安
이리두 二里頭
정주 鄭州
배리강 裵李崗
섬서성 陝西省
한 韓
하남성 河南省
앙소 仰韶
회하 淮河
청련강 靑蓮崗
강소성 江蘇省
마가빈 馬家浜
연돈산 烟墩山
합비 合肥
한수 漢水
호북성 湖北省
사천성 四川省
굴가령 屈家嶺
건강 建康
(남경 南京)
숭택 崧澤
대계 大溪
초 楚
무한 武漢
안휘성 安徽省
장강 長江
양저진 良渚鎭
상해 上海
성도 成都
석가하 石家河
항주 杭州
하모도 河姆渡
팽두산 彭頭山
남창 南昌
절강성 浙江省
귀주성 貴州省
장사 長沙
호남성 湖南省
강서성 江西省
귀양 貴陽
0
500 km
유적 遺跡
국명 國名
도성 都城
현재의 성도 省都

머리말

*

중국사의 시작

'중국사'의 서술은 언제, 누가 시작한 것일까?

'중국사'라는 제목을 붙여 처음으로 그 역사의 서술에 뜻을 두었던 이는 양계초(梁啓超, 1873~1929)일 것이다. 1901년(광서 27), 그는 「중국사 서론(中國史叙論)」을 집필하며 '사(史)의 계설[界說: 정의(定義)]', '중국사의 범위(분야)', '중국사의 명명', '지세(地勢: 중국의 영역)', '인종', '기년(紀年)', '유사(有史) 이전의 시대', '시대 구분'의 8가지 논점에 대해서 중국사의 구성을 검토하고 있다(『飮氷室文集』 6).

양계초는 그중에서 '중국사의 명명'에 대해 다음과 같이 논하고 있다.

> 내가 가장 수치스럽게 생각하는 것은 우리나라에 국명이 없다는 것이다. 일반적으로 통칭하여 제하(諸夏), 한인(漢人), 당인(唐人) 등으로 일컫지만, 모두 왕조의 명칭이다. 외국인은 진단(震旦), 지나(支那) 등이라고 하는데, 모두 우리 스스로 명명한 것은 아니다. …… 중국, 중화라고 말한다면, 또한 자존(自尊)·자대(自大)한다는 비판을 받는 것을 면하기 어렵다. 그렇다고 해서 한 성(姓)의 왕조 명칭으로 우리 국민을 욕보일 수는 없다. 또한 외국인이 임시로 정한 명칭으로 우리 국민을 업신여기는 것은 더욱 불가하다. 이러한 세 가지가 모두 적절하지 않기 때문에, 어쩔 수 없이 우리가 익숙하게 사용하고 있는 말을 이용하여 중국사라고 칭하도록 하겠다. 다소 교만하게 들릴 수도 있겠지만, 각 민족이 자신의 나라를 존중하는 것은 작금의 세계에서 통의(通義, 통칙)이다.

양계초도 말하는 바와 같이, 이 당시에 외국인 일본에서는 중국의 역사를 지나사(支那史) 또는 동양사라고 일컬었으며, '중국사'라고는 부르지 않았다. 동양사는 청일전쟁이 일어난 1894년 고등사범학교 교수 나카 미치요(那珂通世)의 제언에 따라 일본의 중등학교 교과로 신설된 것에서 시작한다. 그것은 세계사를 국사(國史: 일본사), 서양사, 동양사의 세 영역으로 나눈 일본의 독자적인 역사 영역 구분이다. 구분 방식은 지금도 일반적으로 통용되고 있다. 동양사의 영역은 아시아 전역을 포함하지만, 서술의 대부분은 중국 중심으로 실질적으로는 '지나사'였다. 중국의 요청을 받아들여 지나사가 일제히 중국사로 바뀐 것은 제2차 세계대전에서 일본이 패전한 이후의 일이다.

양계초가 수치스럽게 생각했던 것처럼, 중국에는 국명이 없었다. 국명에 상당하는 한(漢), 당(唐), 명(明), 청(淸) 등은 권력을 장악한 일성(一姓)·일가(一家)의 왕조 명칭이었으며, 그것을 이용하는 것은 국민을 존중하는 양계초의 주요 취지에 반했다. 그래서 그는 왕조를 초월하는 통칭으로서 중화와 중국을 거론하며 최종적으로 중국을 선택했던 것이다.

1911년 신해혁명 이후에 제정된 국명은 중화민국과 중화인민공화국의 두 가지이며, 중화는 국명의 일부가 되었다. 이리하여 중국이라고만 하면 오늘날에도 국명이 아니라 통칭에 그치고 있다. 하지만 길어야 300년 정도밖에 계속되지 않았던 왕조와 권력의 소재를 초월하여 이 지역에 살았던 사람들의 역사를 서술한다면 양계초와 함께 '중국사'를 선택하는 수밖에 없을 것이다.

양계초에 의하면, '중국사'의 영역은 중국 본부(本部), 신강(新疆), 청해(靑海)·서장(西藏: 티베트), 몽고(蒙古: 몽골), 만주(滿洲)의 5대부(五大部)이며 '중국사'를 구성하는 민족은 수십 개를 헤아리는데, 주요한 것으로는 묘족(苗族), 한족(漢族), 티베트족, 몽골족, 흉노족(匈奴族: 투르크계), 퉁구스족의 여섯 종족이 있었다. 그것은 18세기 후반의 건륭제(乾隆帝) 시기에 도달했던 청조(淸朝)의 최대 통치 영역과 그 지배하에 있던 여러 종족이다. 이 틀은 오늘날의 중화인민공화국에까지 거의 계승되고 있다.

그는 또한 역사는 "과거의 사실(事實)을 기술하는 것"이지만, 사실과 권력자의 교체·흥망만을 기술하는 전통 사가(史家)와 달리, 근대의 역사가는 "반드시 그 사실 관계와 그 원인·결과를 설명"하고 "반드시 깊게 세상 전체의 운동·진보, 즉 국민 전체의 경험 및 그 상호 관계를 고찰"하지 않으면 안 된다고 논하고 있다[사(史)의 계설(界說)]. 오늘날의 관점에서 본다면, 청나라 왕조의 통치 영역을 전제로 한다는 제약을 갖고 있지만, 「중국사 서론」은 다민족으로 구성되는 중국 국민을 위한 역사학의 제창이었다.

양계초가 「중국사 서론」을 집필한 1901년은 열강에 의해 의화단 운동이 진압된 결과, 청나라 정부가 일본을 포함한 11개 국가와 신축화약(辛丑和約)을 체결했던 해이다. 이 화약에 의해, 청나라 왕조는 대외 및 대내 모두에서 주권을 크게 제약받게 되었고, 아시아의 중추에서 군림했던 이 대국은 국제사회에서 정치적·경제적으로 더욱 급속히 주변화하게 된다.

중국·중화라고 하는 말은 그 성립으로부터 말하더라도 주변의 사방(四方)·이적(夷狄)·외국과 불가분의 상호 관계를 갖고 사용된다. 중국은 그때마다의 국제 관계 속에서 성립되고 있다. 청나라 왕조의 지배 영역이 유사(有史) 이래 자명한 중국이었던 것은 아니다. 양계초가 '중국사'를 의식했던 것은 단순히 국민의 역사를 서술하려는 것에 그치지 않고, 자신도 그 와중에 있었던 청나라 말기 '중국'의 안팎에 걸친 위기적 상황이 큰 영향을 미쳤다. 「중국사 서론」은 위기에 직면한 중국의 자기 인식 및 정체성(identity)의 모색이었다고 말할 수 있다.

21세기의 중국

양계초의 「중국사 서설」 발표로부터 정확히 100년 후인 2001년 12월, 중국은 세계무역기구(WTO)에 가입했다. 1978년 이래 추진되어 온 개혁개방 정책, 사회주의 시장경제 정책을 한 단계 높은 차원으로 올림으로써, 중국은 국제적인 규칙(rule) 아래에서 본격적인 경제 개발을 추진하게 되었다. 그로부터 10년 후인 2010년에는 국내총생산(GDP)에서 일본을 제치고 세계 제2위의 경제대국이 되었으며, 현재는 일본 GDP의 2.5배가 넘는 경제 규모가 되었고, 미국의 뒤를 바짝 따라가는 위치에 있다.

이 100년 동안에, 자본주의 세계체제는 두 차례의 세계대전을 사이에 두고 영국을 중추로 하는 19세기 자본주의에서 미국을 관제고지로 삼는 20세기 자본주의로 전환했다. 이러한 20세기 자본주의 체제도 1980년대 이래 동요하기 시작해, 오늘날에는 자본주의의 종언을 설파하는 논자가 있으며, 또한 21세기 자본주의 세계체제로의 대전환기라고 말하는 논자도 있고, 나아가 중국을 그 새로운 관제고지로 여기는 논자도 있다. 이 사이, 100년에 걸친 복잡하고 어려운 길을 밟아온 중국은 1990년대 이후의 신자유주의 경제, 글로벌리즘(globalism)의 진전을 배경으로 하여 경제 개발을 추진하고 다시 국제사회에서 중추의 위치를 엿볼 수 있게 되었다. 무역을 둘러싼 미국과의 마찰도 본격화되고 있다.

40년에 달하는 중국의 고도 경제 성장은 중국의 안팎에 다양한 문제를 불러일으키고 있다. 빈부의 사회적 및 지역 간 격차의 문제, 신장 위구르 자치구 및 티베트 자치구에서의 분리 독립을 포함한 민족 문제, 56개 민족과 14억 명에 달하는 공민(公民)의 국가통합 문제, 법에 의한 통치와 민주주의의 과제, PM 2.5(초미세먼지)의 대량 배출 문제가 상징하는 환경 문제, 독직(瀆職)을 비롯한 정치 부패, 경제 대국화를 배경으로 한 해양 진출의 문제, 동중국해 및 남중국해에서의 영토 문제 등, 다양한 과제에 대응하지 않을 수 없게 되었다.

이러한 여러 문제에 직면하고 있는 가운데, 그 시비를 불문하고 안팎에서 '중국'이 주목받기 시작하고, '중국' 이미지가 요동치며 '중국'이란 무엇인지를 묻기 시작하고 있다. 중국의 학계에서는 중국의 정체성을 탐구하는 자세가 두드러지고 있다고 한다.

일본인의 중국 의식

눈을 일본으로 돌려보면, 중국사는 지금 일본의 학생에게는 인기가 없는 과목이다. 중국사가 핵심인 동양사 전공의 학생 수는 1980년대에는 중일 우호의 풍조를 반영하여 서양사를 능가할 정도였다. 하지만 1989년의 톈안먼 사건(天安門事件)을 계기로 하여 1990년대 후반 무렵부터 동양사 전공 학생이 점차 감소하는 방향으로 전환되고, 일본사 및 서양사를 전공하는 학생에 비해서 매우 적어졌다.

장래의 일본의 모습은 현재의 청년이 놓여 있는 상황을 보면 알 수 있다. 학생, 청년들 사이의 중국사에 대한 비인기는 그들이 사회의 제일선을 맡게 되는 20년, 30년 후의 중국사 연구의 비인기 및 쇠퇴를 그대로 반영하는 우려스러운 '거울'이다. 현대 세계에서 청년들의 흥미를 불러일으키고, 공통으로 논의할 수 있는 중국사 상(像)을 중국사 연구자 및 교원이 제공하지 못한 것에 첫 번째의 문제가 있을 것이다.

현재의 중국사 연구는 고전 한어(漢語)로 기록된 석각(石刻) 사료 및 간독[簡牘: 가늘게 자른 대(竹) 또는 나무(木) 위에 글씨를 쓴 것] 사료 등, 새롭게 발견된 출토 문자 자료를 이용하는 것이 대부분이며, 고도의 해독 기술을 구사하여 세밀하게 진행된 연구가 많다. 기존 문헌에서 볼 수 없었던 새로운 사실을 발굴해 내고, 이제까지의 인식을 수정하는 일이 많아졌다. 그것 자체는 연구의 진전을 나타내는 하나의 과정이기 때문에 크게 환영해야 할 일이다. 하지만 세밀한 연구는 종종 개별 분산화를 초래하며, 대세로서는 양계초가 배제했던 왕조 단대사(王朝斷代史)로 회귀하는 경향에 있다. 그것은 '중국'이란 무엇인가라고 하는, 대국(大局)을 제시하는 논의와는 현격한 차이가 있음을 부정할 수 없다.

중국사의 비인기에 대해 연구자 및 교원이 전적으로 책임을 져야 하는 것은 아니다. 이러한 비인기는 일본인의 중국에 대한 불신감의 증대와도 관계가 없지 않다. 2018년 언론 NPO와 중국국제출판그룹(中國國際出版集團)이 실시한 '제14회 중일 공동 여론조사'에 의하면, 일본인의 중국에 대한 인상에 대해서 '좋지 않다'라고 답한 사람이 86.3%로서(2017년에는 88.3%), 80%를 족히 넘겼다. 1980년대에는 중국에 친밀감을 느끼는 사람이 70%를 넘었기 때문에, 일본인의 중국관은 이 사이에 크게 바뀐 것이다. 이러한 동향을 배경으로 감정에 치우친 중국 비판을 행하는 혐중론(嫌中論) 및 혐중 서적이 횡행하고 있다.

다만 이 조사에 의하면, 중일 관계가 '중요하다'고 생각하는 국민이 중일 양국에서 70%(일본은 71.4%, 중국은 74.0%) 존재한다. '중요하다'고 생각하는 이유로는 일본인의 절반 이상이 '아시아의 평화와 발전에는 중일 양국의 공동의 협력이 필요하기 때문이다'를 선택했다. 일본인은 중일 관계가 중요하다고 인식하면서, 중국에 대해서 좋지 않은 인상을 갖고 있는 것이다. 좋지 않은 인상을 갖고 있는 중국, 중국사에 대해서 청년을 비롯한 일본인이 알고 싶다고 생각하지 않는 것은 당연한 일이다. 하지만 중국이 중요하다고 하는 인식에는 어렴풋한 희망이 있다.

중국, 중국사에 대한 일본인의 이러한 '지적 폐쇄' 상황을 극복해 나아가는 것은 용이한 일이 아니다. 흔들리고 있는 중국, 중국사의 상(像)을 적확(的確)하게 파악하는 것은 필자에게 상당히 어려운 과제이다. 할 수 있는 일이라면, 감정적인 논의에 빠지기 일쑤인 '혐중론'과는 선을 긋고, 우선 새로운 대국적·전체적인 논의와 인식을 이끌어낼 소재를 제공하는 것 이외에는 없을 것이다. 양계초가 시작했던 '중국사'를 새로운 소재를 가지고 서술하여 '중국' 및 '중국사'에 대해서 약간의 공통 인식을 이룰 수단을 제공해 보고자 한다.

'새 중국사' 시리즈 제1권의 서술 범위는 선사 시대부터 8세기 중엽의 당대(唐代) 중기까지 약 3000년이다. 4000년 전의 화북 농경 사회의 형성부터 장안, 낙양을 핵심 지대로 하는 수당 제국(隋唐帝國)의 성립 및 붕괴의 시작까지를 기술한다. 그 주제는 중국이 어떻게 하여 중국으로 되었는지를 규명하는 것에 있으며, 전통 중국의 원형(原型)과 그 특성을 역사적으로 파악하는 시도이다.

제1권의 서술에 임하여 다음 두 가지 방침을 미리 말해두고자 한다.

첫 번째 방침은 시간적·공간적인 변화의 상(相) 속에서 중국을 파악한다는 것이다. '중국사'에 국한하지 않고 다소 형식적으로 분류한다면, 인간 사회의 역사에는 변화의 층차(層次)가 몇 가지 존재한다. 첫째, 정치사처럼 10년, 50년을 단위로 하여 변화해 가는 층차가 있다. '중국사'를 예로 들면, 항우(項羽)와 유방(劉邦)이 자웅을 겨루었던 초한(楚漢) 전쟁, 조조(曹操)·관우(關羽)·제갈량(諸葛亮) 등의 영웅들이 활약했던 『삼국지(三國志)』가 있다. 다양한 인물이 연달아 등장하기 때문에 소설 및 영화로 만들기 쉬운 층차이다.

한편 500년, 1000년의 단위로 관찰하지 않으면 변화가 눈에 들어오지 않는, 의식주 및 그 생산의 층차, 환언하자면 사회의 생활권의 층차가 있다. 중국인이 오늘날과 같이 의자에 앉아 생활하고 밀가루를 반죽하여 만든 면(麵)을 재료로 하는 요리를 먹게 된 것은 빨라도 8, 9세기 이후의 일이다. 그 이전의 사람들은 기원전의 전국시대부터 바닥에 깔아놓은 자리 위에 정좌했으며, 조(粟)와 수수를 주식으로 삼아 생활했다. 1000년 단위는 파악하기 어려운 장기간에 걸친 변화이다. 의자와 면이 보급된 배경에는 생활권 전체의 장대한 변화가 있었다.

정치 과정과 생활권의 중간에는 100년 단위로 변화해 가는 정치 및 사회의 조직·제도의 층차가 있다. 중국은 전국시대 이래, 관료제가 발달했고 왕권 및 황제 정치를 유지했다. 그래서 제도, 조직에 관한 사료가 비교적 잘 남아 있고, 중국사의 서술은 자연히 제도사가 되기 마련이다. 제도를 움직이는 인간 및 제도를 지탱했던 세계관의 변화를 문제로 삼지 않는다면, 정태적이고 무미건조한 역사 서술에 빠지게 된다.

역사는 세 가지 층차의 상호 작용을 통해서 변화한다. '새 중국사' 시리즈 제1권은 그중에서 기초가 되는 사회의 생활권과 정치·사회의 조직을 중심으로 서술을 전개한다. 때문에 정치 과정에서 눈부시게 활약하는 영웅들에게는 다소 냉담해지지 않을 수 없다. 하지만 3000년의 역사와 그 변화를 파악하기 위해서는 이러한 방법이 효과적일 것이다. 영웅들이 활약하는 정치사의 층차는 그 위에서 전개되는 변화를 총결산하는 장(場)이다. 차분하게 그것을 기술하고자 한다.

두 번째의 방침은 교과서나 개설서 등에 나와 잘 알려진 용어를 재검토하고, 최대한 사료(史料)에 등장하는 말을 이용하여 재정의하는 것이다. 또한 이제까지 무시 또는 경시되어 왔던 말이나 사상(事象)에 주목함으로써, 왕조단대사(斷代史)에서는 완전히 쓰이지 않는 500년 단위, 1000년 단위의 역사를 서술한다.

제1권의 범위와 관련하여 말하자면, 예를 들어 개설서에 단골로 나오는 춘추·전국 시대의 '도시국가', 위진남북조(魏晋南北朝)의 '호족'·'귀족'은 사용하지 않는다. '도시국가'는 근대 중국사 연구의 초창기에 서양 고전 및 고대의 아테네와 로마의 역사에서 배워 사용한 용어이다. 중국에 성곽을 지닌 취락이 존재했다는 것은 확실하다. 하지만 그 생활권과 사회의 틀은 전혀 다르다. 최근의 중국 고고학의 성과는 중국 고대 도시국가론의 재고를 촉구하고 있다.

호족, 귀족은 사료 중에 조금은 나온다. 예전에 '남조 호족론(南朝豪族論)'을 졸업 논문의 주제로 삼고 싶다며 한 학생이 상담을 하러 온 적이 있다. 그래서 필자는 우선 '호족'이라는 말이 나오는 사료를 수집하면 좋을 것이라고 권유했다. 그로부터 머지않아 그 학생은 호족을 주제로 졸업 논문 쓰는 것을 단념했다. 사료가 전혀 없는 것이나 같았기 때문이다. '귀족'도 마찬가지이다.

세계사의 교과서 중에도 재정의를 필요로 하는 용어가 많이 있다. 한이 없기 때문에 하나의 사례만을 들어보도록 하겠다. 당나라 시대의 농민 지배의 틀은 어떤 교과서에도 균전제(均田制), 조용조제(租庸調制), 부병제(府兵制)라고 기술되어 있다. 균전제는 반고(班固)가 쓴 『한서(漢書)』에서 비롯되었다. 하지만 당나라 사람이 쓴 사료에는 도리어 급전제(給田制)를 나타내는 균전(均田)이라는 문자는 보이지 않는다. 당나라 시대의 병제(兵制)가 부병제만이 아니라는 것은 당나라 사람이 편찬한 『대당육전(大唐六典)』을 살펴보면 역력하다. 균전제, 조용조제, 부병제의 기술은 북송의 사마광(司馬光)과 구양수(歐陽脩)가 사용했던 표현이다. 북송은 당나라 말기 및 오대(五代) 시기의 번진(藩鎭) 발호의 뒤를 잇고, 거기에다 요(遼)나라 및 서하(西夏)와의 전쟁에 시달렸으며, 부분적이라고는 해도 중국의 영역으로 잇달아 '이적(夷狄)'이 침투하여 건국했던 시대이다. 훌륭한 역사서를 편찬한 두 사람이지만, 시대의 아들인 것이다. 당나라 시대의 제도를 보는 눈에는 약간 치우친 부분이 있다. 당나라 사람이 남긴 기록으로부터 더욱 정확한 제도의 양태를 제시할 필요가 있다.

재정의 및 새로운 발견을 포함하여 서술을 진행한다면, 저절로 제1권의 기술은 이제까지의 중국사 개설 및 교과서와는 다르게 될 것이 틀림없다. 단적으로 말하자면, 제1권은 고대 중국의 통사를 고쳐 쓰는 것을 지향하고 있다. 그것의 성취 여부는 독자 여러분의 판단에 맡기고자 한다.

1

중원의 형성

하(夏), 은(殷), 주(周) 3대

중국은 어떻게 해서 중국이 되었을까? 중국은 어떠한 사회와 정치의 틀을 만들어내면서 수당(隋唐) 시대에 이르는 중국·중화세계의 원형을 형성했던 것일까? 이것이 '새 중국사' 시리즈 제1권의 주제이다.

중국은 4000년 이상의 역사를 갖고 있다. 하지만 양계초가 대상으로 삼았던 청(淸)나라 말기 중국의 영역, 그것을 계승한 현재의 중화인민공화국의 영역이 4000년 전의 옛날부터 중국으로서 존재했던 것은 아니다. '중국'은 3000년 남짓 전의 서주(西周) 초기의 시대에는 수도와 그 주변을 지칭하는 용어였다. 중국은 중핵적 영역과 주변의 여러 지역 및 주변 제족(諸族)과의 상호 관계 속에서 몇 개의 단계를 거쳐 오늘날까지 전개되어 왔다. 그 최초의 단계가 나중에 '중원'이라고 불리는 중핵 영역의 형성이다. 1만 년 전의 신석기 시대부터 서술해 보도록 하겠다.

1. 농경 사회의 형성: 신석기 시대

신석기 시대의 문화 편년

중국의 신석기 시대는 출토 토기의 형태 및 조합에 의해 다음과 같은 편년이 행해지고 있다.

나중에 '중원'이 되는 황하 중류 유역에 대해서 말하자면, 〈표 1〉에서 보는 바와 같이 신석기 시대는 전기와 후기의 2기로 크게 구분할 수 있다. 전기는 기원전 5000년대부터 기원전 4000년대 중반에 걸쳐서 존재했던 앙소 문화(仰韶文化), 후기는 기원전 3000년대 후반부터 기원전 2000년대 전반(前半)에 걸쳐서 존재했던 용산 문화(龍山文化)이다.

앙소 문화는 산화철을 이용해 적색 및 흑색으로 간단한 기하학 모양이나 동물을 그려 넣은 채도 토기(彩陶土器)를 기준기(基準器)로 삼는다. 채도 토기는 하남성(河南省)의 앙소 유적 외에 섬서성(陝西省)의 반파(半坡) 유적 및 강채(姜寨) 유적 등으로부터도 출토되고 있다. 용산 문화는 흑도 토기(黑陶土器)를 기준기로 삼는다. 흑도는 녹로(轆轤: 돌림판)를 이용하여 형태를 만들고 광택이 나는 얇은 흑색 토기를 불로 구워내어 만든다. 이 문화는 최초로 발굴된 유적인 산동성(山東省) 용산진(龍山鎭)의 성자애(城子崖) 유적의 지명을 따 용산 문화라는 명칭이 붙여졌다. 용산 문화는 황하 중류 유역뿐만 아니라, 황하 하류 유역, 장강 중하류 유역에까지 펼쳐져 있었다.

미국의 문화인류학자 장광즈(張光直)는 기원전 4000년대 중반 무렵부터 용산 문화 시기에 걸쳐서 다섯 개의 문화권이 성립되었으며, 상호 간에 교통·교류하면서 뒤에 중국을 형성해 가는 상호작용권이 형성되었다고 지적한다. 그것은 ① 산동(山東) 용산 문화, ② 황하 중류 유역의 중원 용산 문화, ③ 황하 상류 유역의 제가(齊家) 문화, ④ 장강(長江) 하류 유역의 양저(良渚) 문화, ⑤ 장강 중류 유역의 청룡천(青龍泉) 3기 문화[일명 '석가하(石家河) 문화'] 등

〈표 1〉 신석기, 은주(殷周) 시대의 문화 편년

	화북황하유역華北黃河流域			화중장강유역華中長江流域			요하遼河
	상류역 上流域	중류역 中流域	하류역 下流域	중류역 中流域	하류역 下流域	상류역 上流域	연산이북 燕山以北
BC 6000–5000	노관대老官臺	배리강裴李崗, 자산磁山	후리後李	팽두산彭頭山			흥륭와興隆窪
5000–4000		반파半坡, 강채姜寨, 앙소仰韶	북신北辛		마가빈馬家浜		조보구趙寶溝
4000–3000	마가요馬家窯		대문구大汶口	대계大溪	숭택崧澤		홍산紅山
3000–2000	제가齊家	묘저구 2기 廟底溝二期, 도사陶寺, 중원용산中原龍山	성자애城子崖, 산동용산山東龍山	굴가령屈家嶺, 석가하石家河	양저良渚		소하연小河沿
2000–1500		이리두 二里頭	악석 岳石		저渚, 마교馬橋	보돈寶墩	하가점하층夏家店下層
1500–1000	신점辛店	이리강二里崗 (은殷 전기)				삼성퇴三星堆	
		은허殷墟 (은殷 후기)					
1000–	사와寺窪	서주 西周			호숙湖熟	십이교十二橋	위영자魏營子

의 다섯 개 문화권이다. 다만 여기에는 아직 다섯 개 문화권의 상호 교류가 있었을 뿐이고, 중핵 영역은 형성되지 않았다.

기원전 1800년대 후기에 들어서자, 황하 중류 유역의 하남(河南) 용산 문화로부터 독자적인 도기의 조합과 청동기를 갖춘 이리두(二里頭) 문화가 생겨났다. 이리두 시기부터 은주(殷周) 시대에 걸쳐서, 중국은 청동기 시대에 진입하게 된다.

'중원(中原)'의 형성을 담당한 사람들

신석기 시대의 여러 문화를 담당한 사람들은 어떠한 얼굴 모습을 하고 있었을까? 또한 오늘날 중국인의 절대 다수를 차지하고 있는 한족(漢族)은 언제쯤부터 중국에 거주했던 것일까?

최근 인간 게놈(genom: 유전자 세트)의 해석이 눈부시게 발달하여 사람이 지니고 있는 DNA에 대한 분석을 통해서 현생 인류의 이동 흔적을 더욱 정치하게 묘사해 낼 수 있게 되었다. 화석 및 석기·토기 등을 대상으로 하는 이제까지의 고고학적 연구에 더하여, 더욱 다양한 각도에서 인류의 진화 및 이동을 파악할 수 있게 된 것이다.

6만 년 전에 '출(出)아프리카'를 실행한 현생 인류가 동아시아에 도착한 것은 지금으로부터 4만 년 전의 일이라고 한다. 세포 내의 기관인 미토콘드리아(mitochondria)가 지닌 DNA는 여성을 통해 계승된다. 현대 중국인의 미토콘드리아 DNA를 분석해 보면, 남부일수록 다양성이 많아지며, 북쪽으로 갈수록 적어진다. 그 결과 중국 대륙으로 향하는 사람의 이동 경로는 동남아시아로부터 북쪽 방향으로 전개되었다고 하는 견해가 주류로 되었다.

한편 남성을 통해서 계승되는 세포핵 내의 Y 염색체(染色體)의 해석에서는 동유럽계의 유전자 그룹도 발견되었으며, 서쪽으로부터의 유입 경로도 있었다고 한다. 이것도 의외의 결과였다. 중국에는 남방에서 북방으로의 주류(主流) 경로에 더하여, 서쪽으로부터의 인류 집단의 합류도 있었다고 하는 것이 된다.

인간의 게놈이 해독되고 얼마 되지 않아, 산동성 임치(臨淄)의 유적에서 출토된 약 2500년 전의 춘추시대 및 약 2000년 전의 한(漢)나라 시대에 상당하는 고인골(古人骨)과 현지에 거주하는 현대 한족의 DNA 해석의 결과가 보고되었다. 해당 보고에 의하면, 당연하지만 현대 한족은 동아시아 인류 집단에 속한다. 이에 반해서, 2500년 전의 '임치'의 인류 집단은 현대 유럽의

〈그림 1〉 은나라 사람의 얼굴

자료: 은허(殷墟) 부호묘(婦好墓)에서 출토된 석인(石人).

인류 집단과 현대 투르크 인류 집단의 중간에 위치해 있으며, 유럽 인류 집단에 보다 가까운 존재였다. 또한 2000년 전의 '임치' 인류 집단은 현대 동아시아 인류 집단의 바깥에 위치해 있으며, 위구르족·키르기스족 등 현대 중앙아시아 인류 집단에 포함된다고 한다. 그렇기 때문에 인류학자 우에다 신타로(植田信太郎)는 2500년 전에 유라시아 대륙 전역에 펼쳐져 있던 인류 집단, 즉 '판유라시안(Pan-Eurasian)'이 존재했다는 것을 시사하고 있다.

이 연구는 매우 흥미로운 결과를 내포하고 있다. '임치'는 기원전 11세기 중반, 서주(西周)의 초기에 티베트계 강족(羌族) 출신의 태공망(太公望) 여상(呂尙)이 다스렸던 제(齊)나라의 국도(國都)였다(〈그림 1〉 참조). 춘추시대는 물론이고 한(漢)나라 시대의 임치에도 현대의 한족과는 다른 인간집단이 거주했으며, 또한 한자를 사용하고 고전 한어로 문장을 썼던 것이다. 제나라 인근의 노(魯)나라에서 태어난 유가(儒家)의 비조 공자(孔子)는 마침 2500년 전에 제나라에 체재했으며, 소(韶)라고 하는 고전 음악을 듣고 감동한 나머지 3개월 동안이나 고기 맛을 잊었다고 한다. 억측을 해본다면, 특이한 풍모를 지닌 것으로 전해지는 공자도 차(茶) 색깔의 눈, 좀 더 말한다면 푸른색 눈이었을 가능성이 있다.

그렇다고는 해도 샘플 수가 적은 1개 지역의 사례로 전체를 추측하는 것은 조금 주저되는 일이다. 시황제릉(始皇帝陵)의 부근에서 출토된 병마용의 7000개에 달하는 진(秦)나라 병사들의 얼굴 모습은 우리의 용모와 다름이 없다(〈그림 2〉 참조). 확실히 동아시아계 인류집단에 속한다. 다만 앞에서 언급

〈그림 2〉 진나라 남자의 얼굴

자료: 시황제능원 마구사갱(始皇帝陵園馬厩舍坑) 출토.

한 개괄에 의하면, 현대 중국인의 DNA에서도 동유럽계의 유입이 관찰되고 있기 때문에, 커다란 경향으로서는 기원 전후의 진한(秦漢) 시대를 전환점으로 하여 '판유라시안'으로부터 한족이 형성되어 갔을 것으로 여겨진다. 현상(現狀)에서는 중국·중원의 형성을 담당했던 사람들도 일률적으로 확정할 수 있는 정도까지는 이르지 못하고 있다. 이 방면의 연구가 더욱 진전되기를 기다려보고자 한다.

화북과 화중: 전작(畑作, 밭농사)**과 도작**(稻作, 벼농사)

권두에 게재되어 있는 중국 지도를 살펴보도록 하겠다. 중국 대륙의 북부에는 3개의 큰 하천이 서쪽에서 동쪽으로 유유히 흐르고 있다. 북쪽에서 흐르는 것이 전체 길이 4845km의 황하이며, 청해성(青海省)의 야허라다쩌산(雅合拉達澤山)에서 발원한다. 남쪽에서 흐르는 것이 전체 길이 5800km의 장강(長江)이며 티베트 고원 동북부의 바옌카라 산맥(巴顔喀拉山脈, Bayan Har Mountains)의 남쪽 산기슭에 수원(水源)을 두고 있다. 황하의 중하류 유역은 화북(華北)이라고 불리며, 장강 중하류 유역을 화중(華中)이라고 부른다. 이 두 개의 대하(大河)의 거의 중간을 흐르는 것이 회하[淮河: 회수(淮水)]이다. 하남성(河南省) 남부의 동백산(桐柏山)에서 발원하는 이 회하를 경계로 하여 연간 강수량이 1000mm 이하의 화북과 1000mm 이상의 화중으로 구분된다. 연간 강수량 1000mm는 수도(水稻: 논 벼농사)의 하한이다. 일반적으로 1000mm 이하의 화북은 조[粟: 좁쌀], 수수[黍], 소맥(小麦: 밀)을 주곡으로 하는 전작 지대, 화중은 도작 지대를 구성한다.

현생 인류의 역사는 5만 년 전에 크게 변화하기 시작했다. 석기뿐만 아니라 도구 종류가 다양해지고, 작살·투창(投槍)·활 등 먼 곳에서 사냥감을 죽일 수 있는 투척 용구(投擲用具)가 출현하여 고도의 수렵·채집 경제에 진입했다고 한다. 4만 년 전에 중국 각지에 도착했던 사람들도, 현대 각지의 민족지(民族誌)에 기술되어 있는 수렵인과 마찬가지로, 한 쌍의 부부와 미혼의 아이들로 이루어지는 소가족 5, 6세대로 구성되는 밴드(band) 사회를 형성하여 일정한 영역에서 수렵·채집 경제를 영위했던 것으로 여겨진다.

이윽고 그들은 1만 년 전 무렵부터 재배 농경(栽培農耕)을 시작했다.

고고학자 고모토 마사유키(甲元眞之)에 의하면, 중국의 도작 재배는 장강 중류 유역의 팽두산(彭頭山) 유적의 사례를 최고(最古)로 삼는다. 유적에서 출토된 토기의 태토(胎土: 바탕흙) 속에 포함되어 있던 도인(稻籾: 볍씨), 도고(稻藁: 볏짚)가 그 근거가 되었다. 그것들은 탄소14의 측정치에 의하면 기원전 8000년대 전반부터 기원전 7000년에 속한다고 한다. 도작 재배의 사례는 그 이후 힙시서멀(hypsithermal: 최고 온난 시기)의 습난화(濕暖化) 및 습윤화(濕潤化)에 의한 생태 조건의 변화에 따라 북상하여, 장강·회하 유역을 넘어 기원전 5000년대의 앙소 문화 시기에는 황하 유역까지 진출했다.

화북에서의 전작 농경의 확실한 사례는 기원전 6000년대의 하남성(河南省) 신정현(新鄭縣)의 배리강(裵李崗) 유적 및 하북성 서남부 자산(磁山) 유적의 주거적(住居跡) 저장혈(貯藏穴)에서 발견된 조, 수수이다. 고모토 마사유키는 나아가 하북성 남장두(南莊頭) 유적에서 출토된 석기의 조합 및 화분(花粉)에 대한 분석 결과로부터, 팽두산 유적의 도작 재배와 거의 동일한 무렵에 화북에서도 조, 수수의 재배가 시작되었을 가능성이 있다고 한다. 그 이후 콩과 밀의 재배가 시작되었으며, 기원전 3000년대의 후반부터 기원전 2000년대 전반의 용산 문화 시기에는 조, 수수, 고량(高粱), 밀, 벼의 오곡이 갖추어졌고, 가축도 개, 돼지, 소, 닭에 양이 추가되었으며, 이에 이르러 중국적인 농경문화가 형성되었다.

앙소 문화 시기부터 용산 문화 시기까지의 화북 전작 농경의 농구는 지역에 따라 그 조합이 다르지만, 대체적으로 말하자면 석제·목제의 경작 용구, 석제·패제(貝製)의 수확 용구가 중심이다. 돌칼을 이용한 수확은 이삭 베기의 단계로, 밭이랑을 만들거나 중경(中耕: 중갈이)·제초(除草)도 행해지지 않았다고 보아도 좋다.

조, 수수 등의 전작물(畑作物)은 기본적으로 토양의 영양분을 대량으로 소비하는 지력 수탈 작물(일명 'H작물')이며, 시비(施肥)를 하지 않는 단계에서는 연작(連作)이 어렵다. 연작을 하기 위해서는 콩 등의 지력 유지 작물(일명 'B작물')을 그 사이에 끼워 넣어 H-B-H-B의 연작을 하여, 지력의 회복을 도모할 필요가 있다. 이러한 H-B 연작을 수행하는 농경 방식의 맹아는 중국의 경우 한나라 시대 이후에 행해졌다.

또한 작물이 잘 자라는 환경에서는 잡초도 마찬가지로 잘 자란다. 그 때문에 경운(耕耘: 논밭을 갈고 김을 매는 것)·작부(作付: 작물 심기)로부터 수확에 이르는 사이에, 잡초 제거를 위한 중경·제초, 비배(肥培: 거름을 주고 가꾸는 것)·관리의 체계적인 기술이 확립되어 있어야 한다. 하지만 이와 관련된 농구의 확실한 존재는 보고되지 않았다. 이 시기의 농업은 지력의 소모와 잡초 제거의 어려움으로 인해, 수년간 작부한 후에 경작지를 버리고 다음의 경작지로 전환해 가는 이동(移動) 농경의 단계에 있었던 것으로 보아도 좋다. 그것은 도작 농법(稲作農法)의 견지에서 말하자면, 화전(火田)의 단계에 상당한다. 이 시기의 농경은 나중의 정경세작(精耕細作)과는 아직 거리가 먼 조방농업(粗放農業)이었다.

중국의 고고학자 첸야오펑(錢耀鵬)은 탄소 동위원소13 측정법에 의해 검출된 앙소 문화 시기와 용산 문화 시기의 음식물 구성 비율을 보고한 바 있다. 그 결과에 의하면, 앙소 문화 시기의 유적에서 출토된 음식물 구성 중에 C4 식물(조, 수수 부류)이 차지하는 비중은 50%에 가까웠으며, 앙소 문화 시기에는 농업 생산이 경제생활의 중요한 기반이 되었다. 또한 마찬가지로 용산 문화 시기에 속하는 산서성(山西省) 도사 유적(陶寺遺跡)의 음식물 구성을 측정한 결과에 의하면, C4 식물이 70%를 차지하고 있다. 용산 문화 시기가 되자, 농업 생산이 경제생활의 결정적 요인이 되었던 것이다.

1만 년 전에 시작된 화북의 전작 농경은 수렵·채집 경제와 병존하면서 확대되었으며, 기원전 5000년대의 앙소 문화 시기에는 생업의 기반이 되었다. 그리하여 기원전 3000년을 전후한 용산 문화 시기에는 조방(粗放)한 단계이기는 했지만, 확고한 농경 사회를 형성했던 것이다.

농경 사회의 특질은 수렵·채집 경제와 달리, 식량의 대량 축적이 가능해진 것이다. 가장 이른 시기의 전작 관련 유적인 자산 유적(磁山遺跡)의 취락지(聚落址)에서도 저장혈(貯藏穴)이 80기(基) 정도 발굴되었으며, '조'를 중심으로 하는 식량 및 종자가 검출되었다. 이것들 모두를 '조'라고 가정해 보면, 총량은 5만 kg에 달한다고 한다.

이러한 것들은 과거의 '인간 노동'의 축적이다. 축적의 집중과 소비는 자연 재해에 대한 보험이 되어 사회의 안정적인 유지에 커다란 역할을 수행하는 것과 함께, 정주화(定住化)를 촉진시켜 취락을 형성하는 요인이 되었다. 하지만 그 한편으로 축적된 식량을 자기 것인 양 소비함으로써 과거의 '인간 노동'에 의거하고 노동에는 종사하지 않는 사회층을 만들어냈다. 그것은 결국 취락 내부 사회의 계층 분화와 취락 간의 계층 분화를 진전시키는 동인이 되기도 했다.

농경 취락의 형태

그렇다면 그 사회는 어떠한 틀을 갖고 편성되었을까? 우선 취락의 형태를 통해서 고찰해 보도록 하겠다.

1970년대 후반기 이후의 경제 개발에 따라, 중국 각지에서 고고학적 발굴이 추진되며, 여러 발견이 연이어졌다. 그 성과에는 괄목할 만한 바가 있다. 신석기 시대의 발굴도 종전의 묘장(墓葬) 연구 일변도의 상황과는 달리, 1980년대 이래 취락 유적의 발굴과 연구가 왕성하게 이루어지고 있다. 용산 문화 시기의 취락 유적이 수많이 발견·발굴되고 하남성(河南省)·산동성(山東省) 등의 중심부뿐만 아니라, 장성(長城) 이북의 요령성(遼寧省) 서부 및 호북성(湖北省) 등에서도 계층 구조를 지닌 신석기 시대의 취락 유적군(群)이 확인되고 있다. 그러한 것은 황하 유역(중원) 중심의 '중국 문명' 기원론에 커다란 반성을 가져왔으며, 문명의 다원적 기원 및 그 성격에 대해서 왕성한 논의를 불러일으키고 있다.

은주(殷周) 시대의 갑골문자(甲骨文字) 및 청동기의 명문(銘文)에서는 취락을 읍(邑, [illegible], [illegible])으로 새기고 있다. '읍'은 울타리 아래에서 사람이 옆으로 무릎을 꿇고 있는 모습을 나타내고 있다. '읍'은 환호(環濠)·누벽(壘壁) 등, 어떠한 울타리로 구획된 사람들의 거주지를 지칭한다. '읍'은 성곽을 지닌 취락으로 이해되기 일쑤이다. 하지만 읍이 모두 성곽을 갖고 있는 것은 아니다. 오히려 성곽이 없는 쪽이 많다. 은허(殷墟)의 '대읍상(大邑商)'처럼 수도에서마저 성곽이 없는 경우도 있다.

뒤에 공자는 『논어(論語)』 '공야장편(公冶長篇)'에서 "열 가족으로 구성되어 있는 읍(邑)에도 반드시 나와 같이 성실하고 정직한 사람이 있을 것이다(十室之邑, 必有忠信如丘者焉)"라고 언급한 바 있다. 신석기 시대부터 춘추시대에 걸쳐서, 구획된 영역에 열 가족 정도가 사는 소(小)취락에서부터 한 변이 수백 미터 규모의 성벽 및 환호로 둘러싸여 있는 대규모 취락까지 다양한 규모의 취락이 있었다. '읍'은 위요 취락(圍繞聚落)이라고 할 수 있는 것이다.

앙소 문화 시기의 취락은 기본적으로 단독 취락이었다. 그중에서도 섬서성(陝西省) 임동현(臨潼縣)에 있는 강채(姜寨)의 취락 유적이 잘 알려져 있다. '강채 유적'은 주위를 환호가 둘러싼 단독 취락으로, 그 안에 200명 전후의

〈그림 3〉 강채 유적도

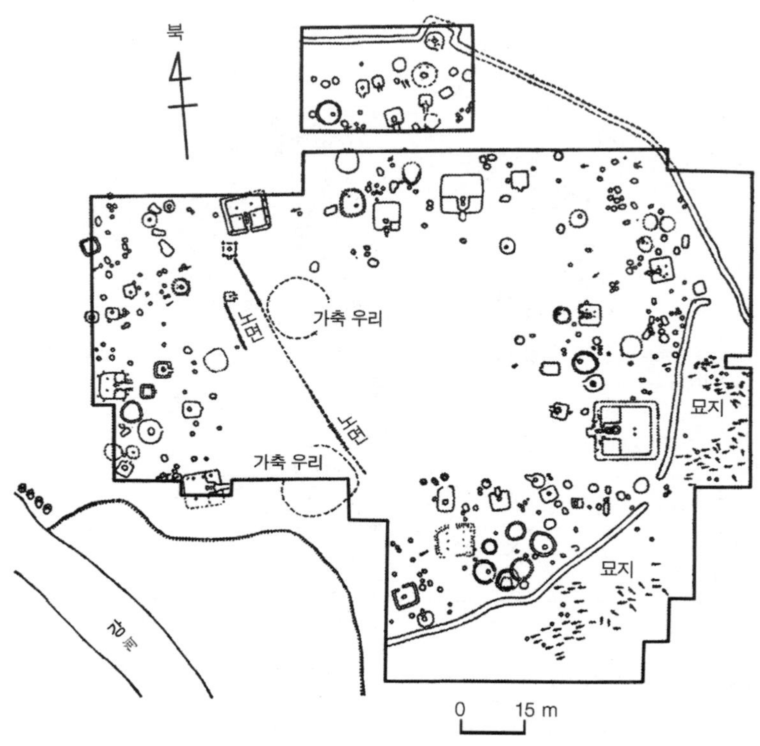

사람이 살았다(〈그림 3〉 참조). 그 내부 구조에 대해서는 후술한다.

앙소 문화 시기를 통해서 이러한 크고 작은 단독 취락이 취락군(群)을 형성하여 2층(二層) 내지 3층(三層)의 계층 구조를 형성하기 시작한다. 그 말기에는 정주(鄭州)의 서산 유적(西山遺跡)에서처럼, 크고 작은 취락 유적군(群) 중에 주위를 토벽(土壁) 또는 성벽으로 에워싸고 그 내부에 제단을 설치한 중심 취락이 출현했다.

용산 문화 시기에 접어들자, 앙소 문화 시기에 분산적으로 나타났던 3층 정도의 계층 구조를 지닌 취락군이 전반적으로 형성되어, 취락군 편성의 형

〈그림 4〉 성자애 취락군

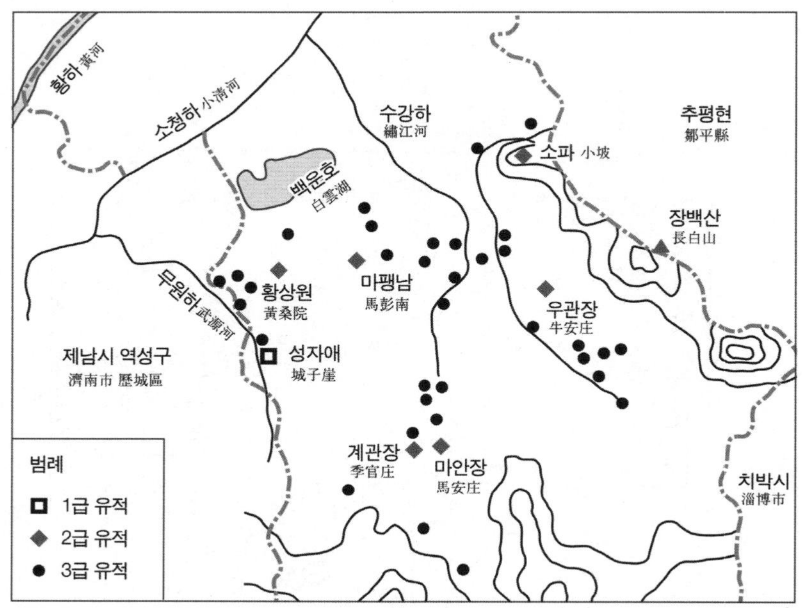

식(型式, pattern)이 된다. 이와 관련하여 전형적인 사례인 산동성 용산 문화 시기 성자애(城子崖) 유적군의 취락 형태를 살펴보도록 하겠다(〈그림 4〉 참조).

성자애 취락군은 3층으로 구성되어 있다. 그것은 동서 445m, 남북 540m, 면적 20여만 m^2의 성자애 용산성(龍山城)(추정 인구 약 1만 명 전후)을 중심 취락으로 삼고 있다. 이 중심 취락의 주변에는 황상원(黃桑院) 취락 유적 등, 면적 3~6만 m^2 정도의 중급 취락이 7개소가 있으며(인구 합계는 약 1만 수천 명), 나아가 중급 취락의 주변에 30여 개소의 소(小)취락(면적 수천~2만 m^2, 인구 합계 약 1만 수천 명)이 분포하고 있다. 이러한 3계층 구조의 취락군은 인근의 교장포(教場鋪) 취락군(전역 약 25km × 45km)에서도 확인할 수 있으며, 성자애·교장포를 포함하여 산동성(山東省) 북부의 동쪽에 위치한 이 지역 전체에서 6개의 계층제 취락군이 확인 가능하다고 한다.

또한 하남성(河南省)의 정주(鄭州)·낙양 지역에서도 계층제 취락군이 점재했던 앙소 문화로부터 용산 문화에 들어서자, 성자애와 마찬가지의 계층제 취락군이 각지로 확대된다. 또한 계층제 취락군 간에도 중핵-주변 구조가 생겨나고, 중핵구(區) 취락군과 주변구(區) 취락군으로 구성되는 취락군의 중층화(重層化)가 일반적으로 되어 갔다. 이 시기의 중핵구 상급 취락 중의 몇 개에서는 등봉 왕성강(登封王城崗)과 같은 성곽이 구축되었다.

이상에서는 간략하기는 하지만 산동성·하남성 중원 지구의 취락 형태의 변천을 살펴보았다. 지역·시기에 따라 양상이 다르기는 하지만, 앙소 문화 시기 이래 계층 구조를 지닌 취락군이 출현하기 시작하고, 사회의 복잡화와 대규모화가 시작된다. 용산 문화 시기 이후가 되면, 성벽·토루(土壘) 등으로 둘러싸여 있는 위요 취락이 출현하며, 이 중핵 취락을 중심으로 3층제 또는 4층제 취락군이 편성된다. 이 취락군이 취락 편성의 형식(型式)이 되며, 용산 문화 시기의 단위 기층 사회가 된다. 그것과 함께 이러한 단위 '기층 사회'는 전쟁·교역을 포함한 상호 교류의 과정에서 더 나아가 중핵구 취락군과 주변구의 여러 취락군으로 구분되었다. 이리하여 용산 문화 시기에는 취락군 간의 중층화(重層化)가 진전되고, 사회의 복잡화와 대규모 계층화가 가일층 진전되어 간다. 사회의 복잡화와 대규모 계층화는 정주·낙양 지역이 중원이 되는 기반이었다.

농경 취락의 사회 구조

그렇다면 취락 내부의 사회는 어떠한 모습이었을까?

우선 앙소 문화 시기의 전형적 취락인 섬서성(陝西省) 임동현(臨潼縣)의 '강채 유적'을 살펴보도록 하겠다. 강채 유적은 단독의 환호(環濠) 취락지와 환호 외부의 공동묘지를 갖춘 대규모 유적이다(〈그림 3〉 참조). 하나의 시기에 동시적으로 존재했던 주거에 대해서 살펴보면, 환호의 내부는 광장을 중심으로 하여 환상(環狀)으로 주거지(住居址)가 분포되어 있다. 주거지는 대치적(對置的)으로 배치된 대형 주거(70~120m²) 2개 동(棟)의 아래에 2개 군(群)으로 나뉘어 있으며, 각 군에는 5개의 소집단이 있다. 각 소집단은 중형 주거(25~40m²) 1개 동과 소형 주거(약 15m²) 4개 동 전후로 구성된다.

모든 주거적(住居跡)의 입구는 중심의 광장을 향해 열려 있으며, 주거 내에는 노(爐)가 있다. 소형 주거에는 조리용 석기와 취사용 토기가 있으며, 소가족이 소비 생활을 영위하는 장소이다. 중형 주거에는 노 외에 동물 해체용 도구와 수렵용 도구가 있으며, 소비와 함께 생산의 단위이기도 했다. 이 중형 주거와 소형 주거 약 4개 동이 하나의 소집단을 형성하며, 이 집단은 소비와 생산을 함께하는 복합 세대(世帶)를 편성했다고 말할 수 있다. 이러한 중형 주거와 여러 소형 주거의 조합에 의한 복합 세대는 강채 유적 이외의 다른 유적에서도 사례가 있으며, 이 시기의 취락 구성에서의 기본 단위였다. 이 복합 세대는 소가족 5, 6세대로 편성되는 수렵·채집 경제에서의 밴드 사회의 계보를 잇고 있다.

강채 유적에서는 2개의 대형 주거지를 사회 통합의 축으로 삼았다. 10조(組)의 복합 세대가 5조씩 2개의 군(群)으로 나뉘어 있었으며, 2개의 서로 다른 친족 조직에 의해 구성되었던 것으로 여겨진다. 취락 내부의 세대 간에 아직 커다란 격차는 보이지 않는다. 약 4개의 소가족으로 구성되는 복합 세대의 인원을 20명으로 추정할 경우, 강채 유적의 환호취락(環濠聚落)에는 약 200명이 거주했던 것으로 볼 수가 있다. 강채 유적을 비롯한 앙소 문화 시기의 농경 사회는 밴드 사회보다 그 규모가 훨씬 확대되어 있는 것이다.

용산 문화 시기에 들어서면 양상이 더욱 변하게 된다. 취락 간에 계층 구조가 출현하게 되고, 사회 내부에도 계층이 출현한다. 3층제 취락군의 전형인 성자애(城子崖) 취락군은 추정 인구 약 3만 명 남짓이며, 용산 문화 시기의 단위 사회의 규모는 앙소 문화 시기에 비해서 더욱 커졌다. 이 사회는 이미 피라미드형 계층 구조를 지닌 확실한 계층 사회였다.

산서성(山西省) 서남부에 있는 용산 문화 시기의 도사 유적(陶寺遺跡)은 전기의 성곽이 동서 560m, 남북 1000m이고, 후기에는 전기의 북벽(北壁)을 이용하여 동서 1800m, 남북 1500m에 달하는 거대한 성곽 취락(城郭聚落)을 이루었다. 1300여 개의 예(例)에 달하는 묘장례(墓葬例)를 그 규모와 부장품의 질·양의 조합에 의해 분석한 결과, 묘장군(群)은 관(棺) 속에 매장되어 있고 부장품의 수가 100~200개에 달하는 대형 묘(墓)가 전체의 약 1.3%, 관에 매장되어 있고 부장품의 수가 약 10개인 중형 묘가 약 11%, 관이 없으며 부장품도 갖고 있지 않은 소형 묘가 약 87%였다. '도사 유적'의 사회는 거대한 성곽에 둘러싸여 있는 피라미드형의 계층 구성을 지닌 사회였다. 성자애 취락군의 중심 성곽 유적도 마찬가지의 계층 사회였던 것으로 여겨진다.

이러한 피라미드형 계층화와 인구 규모 및 취락군의 계층화 등을 고려해 보면, 용산 문화 시기는 수장제(首長制, Chiefdom)에 의해 통합된 사회였다. 그리고 중핵구 취락군과 주변구의 여러 취락군이라고 하는, 취락군 간의 가일층의 중층화 및 초대형 취락 유적을 수반하는 이리두(二里頭) 시기 이후에는 고도로 발달한 수장제 사회의 단계였다고 할 수 있다. 춘추 시기에 이르기까지 사회의 통합 원리가 '혈연적 계보'의 관계이며, 수장제 단계에 있었다는 것은 뒤에서 다루도록 하겠다.

2. 하, 은, 주 3대

하(夏): 이리두 문화

전한(前漢)의 사마천(司馬遷, 기원전 145~86)이 집필한 『사기(史記)』는 중국 최초의 왕조를 하후[夏后: 하(夏)]라고 부르며 제우(帝禹)에서 제이계[帝履癸: 걸

(桀)]에 이르기까지 혈통이 이어지는 17명의 제(帝)에 대한 왕통의 계보를 기록하고 있다. 하지만 그 시대의 문자 자료가 남아 있지 않기 때문에, 왕통의 계보에 기록되어 있는 하 왕권의 실재 여부는 확실하다고 말할 수 없다.

『사기』는 하 왕조의 개조(開祖)를 '제우'라고 하며, 그 유래를 유가의 전설상의 성인 요(堯)·순(舜)의 시대에 발생한 전례가 없던 대홍수에서 찾고 있다. 『사기』, 『상서(尙書)』 '우공편(禹貢篇)'의 기술에 의하면, '제우'는 대홍수 이후에 피폐해진 대지와 수류(水流)를 정비하여 천하를 9개의 주로 분할하고 각각의 지역이 부담할 조세와 공헌물(貢獻物)을 확정했다. 이것은 뒤의 전국시대에 출현한 이야기인데, 우(禹)를 '구주(九州)=중국'의 개벽 신으로 삼는 신화·전설에 의거하고 있다. 춘추시대에는 우가 정비한 대지를 우적(禹蹟)이라고 칭하고, 전국시대에는 '우적'을 천하·중국이라고 부르게 된다.

1959년 하남성 이리두(二里頭)에서 독자적인 도기(陶器) 기물군(器物群)의 조합을 지닌 유적이 발견되었다. 이리두 유적과 마찬가지의 도기 기물군의 조합을 지니고 있는 유적은 이미 100개소 가까이 발견되었으며, 그것들은 하남성 중서부의 정주 부근 및 이수(伊水), 낙수(洛水), 영수(潁水), 여수(汝水) 유역 일대, 그리고 산서성 서남부의 분수(汾水) 하류 유역 일대에 분포하고 있다. 지층(地層)의 중층 관계 및 탄소14 측정 수치에 의해 그것들이 하남(河南) 용산 문화층과 이리강(二里崗)의 초기 은(殷)나라 문화층 간의 중간에 위치해 있으며, 기원전 1800년대 후기부터 기원전 1500년대 후기에 이르기까지의 시대에 분포하고 있다는 것을 알게 되었다.

이 시대는 전형적인 유적인 이리두 유적의 이름을 따, 이리두 문화(二里頭文化) 시기라고 부르며 4기로 시기 구분이 된다. 이들 유적은 또한 그 지역적 특성 때문에 하남성 서부의 이리두 유형(類型)과 산서성 서남부의 동하풍(東下馮) 유형의 2가지 종류로 구분된다. 이리두 만기(晩期)에 속하는 유적에서는 소도(小刀)·추(錐) 등의 도구 종류, 월(鉞: 큰 도끼)·과(戈: 창) 등의 무기, 작

〈그림 5〉 이리두(二里頭) 2호 궁전

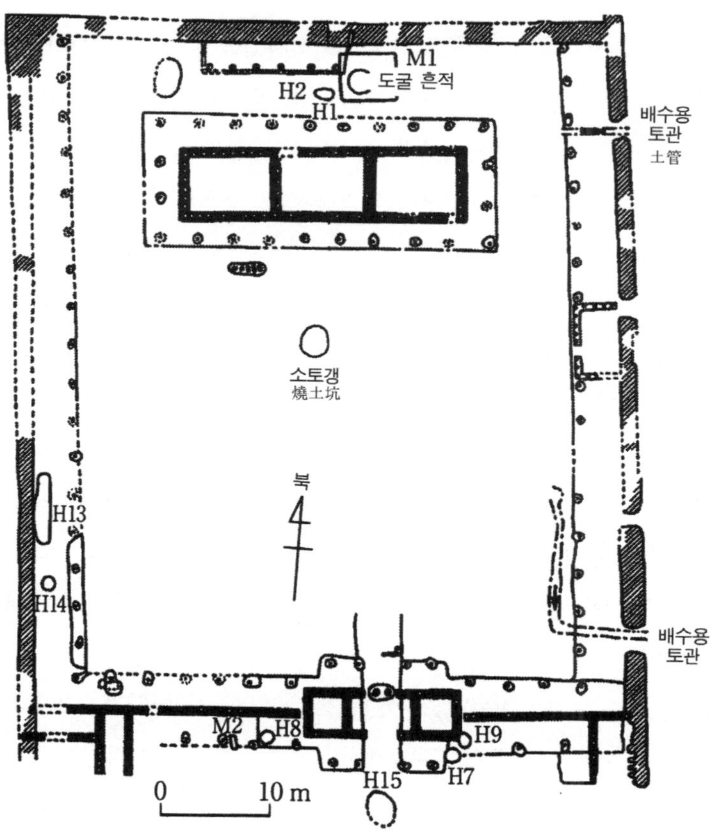

(爵: 술잔)·영(鈴: 방울) 등의 예기(禮器) 등, 여러 종류의 청동기가 발견되었다. 이 지역은 중국 상호작용권 중에서 최초로 금석 병용(金石併用) 시기에 진입했다.

또한 이리두 유적에서는 두 개의 궁전 유적이 발견되었다. 1호 궁전적(宮殿跡)이라고 불리는 유적은 동서 약 180m, 남북 약 100m, 총면적 1만 m^2의 터를 지니고 있다. 나아가 터의 중심부 북쪽에는 동서 약 36m, 남북 약 25m

의 궁전 터가 있으며, 그 위에 동서 약 30.4m, 남북 11.4m의 궁전 유적이 출토되었다. 이 궁전의 전정(前庭)에는 천 명 이상의 사람을 수용할 수 있다.

또한 1호 궁전 유적의 서남쪽 약 150m의 위치에서 1호 궁전보다 작은 동서 약 58m, 남북 약 72.8m의 터를 지닌 2호 궁전적이 발견되었다(〈그림 5〉 참조). 2호 궁전은 장벽(墻壁)으로 사방 주위가 둘러싸인 형태로, 북쪽에 위치하면서 남면(南面)해 있는 전당(殿堂)의 남쪽에는 약 50m 사방의 전정(前庭)이 있는데, 100인 단위의 사람을 수용하여 제의·의례를 거행할 수 있다.

이리두의 주거지(住居址)는 대형의 궁전 유적을 제외하면, 중형 주거와 소형 주거로 구별할 수 있다. 중형 주거는 대략 40~50m^{2}이며 대부분은 지상 건축이다. 소형 주거는 일반적으로 6~10m^2 전후로 반지하식 주거가 많다. 묘장(墓葬)도 2호 궁전의 전당(殿堂)과 북쪽 담장 사이에 매장된 수장급(首長級)의 대형 묘 외에, 중형 묘와 소형 묘의 3등급으로 구별할 수 있다고 한다. 대형 궁전의 존재를 제외하면 산서(山西) 용산 문화를 대표하는 '도사 유적'의 3계층 구성을 계승한 것은 명백하며, 피라미드형 사회 구성의 존재를 가일층 선명히 보여주는 것이다.

이리두 시기를 특징짓는 1호 궁전, 2호 궁전은 모두 이리두 3기에 속하며, 현존하는 가장 오래된 궁전 건축군(群)이다. 여기에는 초기적인 궁정이 존재했으며, 중국 최초의 정치적 중심이 형성되었음을 보여주고 있다. 그것은 정주·낙양을 중심으로 하는 지역이 중국 상호작용권의 중핵적 지역이 되었다는 것을 의미한다. 이 지역이 뒤에 '중원'이라고 불리게 된 것에 비추어 말하자면, 여기에서 '중원'의 원형이 성립되었다고 할 수 있을 것이다.

이리두 문화를 형성했던 사람들은 스스로를 하(夏) 또는 하인(夏人)으로 불렀던 것으로 보인다. 이리두 유형에 속하는 하남성 서부는 후세의 문헌에서 '유하지거(有夏之居)'[『일주서(逸周書)』 도읍해(度邑解)]라고 불렸다. 또한 동하풍(東下馮) 유형에 속하는 산서성 동남부(東南部)는 '하허(夏墟)'[『춘추좌씨전(春秋左

氏傳)』'정공4년(定公四年)']라고 불렸으며, 전한(前漢)의 무제(武帝) 시기에도 하남성 중부·서남부의 영천(潁川), 남양(南陽) 일대는 '하인지거(夏人之居)'[『사기』'화식열전(貨殖列傳)']라고 불렸다. 이리두 문화는 하 왕조와 밀접한 관계를 갖고 있다. 최근에는 중국은 물론이고 일본의 연구자도 이리두 문화와의 관계로부터 하 왕조의 실재를 말하는 사람이 많아졌다.

은(殷): 대규모 성곽의 출현

사마천의 『사기』는 하(夏)에 이어지는 왕조로서 은[殷: 상(商)]을 기술하고 있으며, 성탕(成湯)에서 제신[帝辛: 주(紂)]에 이르는 30명의 왕에 대한 왕통 계보를 남기고 있다. 그것은 하남성 안양현(安陽縣) 소둔(小屯)의 은허(殷墟)라고 불리는 유적에서 출토된 갑골문자[복사(卜辭)]에도 새겨져 있는데, 『사기』의 기술과 거의 일치한다. 은나라는 확실히 존재했던 최초의 왕조이다.

기원전 1600년 무렵에 시작되는 은 왕조는 하남성 정주의 이리강 유적을 전형으로 하는 이리강 문화 시기의 전반기와, 기원전 1300년 무렵부터 기원전 1046년 무렵에 이르는 은허 시대의 후반기로 구별된다. 은나라의 세력 범위는 북쪽으로는 오늘날의 북경시, 서쪽으로는 산서성 중부에서 섬서성 동부까지, 남쪽으로는 장강 중류 유역의 북안으로까지 확대되었다.

은나라는 직할군으로서 사(𠂤)[1]라고 불리는 군단을 편성해 각지로 원정을 했다. 그 후의 서주(西周) 초기에는 은나라의 구족(舊族)을 성주(成周: 후일의 낙양)에 모아 8사(八師)라고 불리는 8개의 군단을 편성했다. 은나라 시대에도 이것에 필적하는 군단이 존재했던 것으로 볼 수 있다. 은나라 후기의 은허 시대에는 처음으로 전차를 이용하게 되었다. 은나라 후기의 세력 확대는 최신의 전차 부대를 중심으로 하는 군단의 활동에 의해 이루어졌

---

1) 𠂤는 서주(西周) 시대에 쓰이던, 師의 고자(古字)이다. _옮긴이

던 것이다.

은나라 시대 후반기에는 중국사에서 최초로 왕권의 명칭을 확인할 수 있게 된다. 그것은 은허에서 출토된 갑골문자[복사(卜辭)]에 새겨진 '왕(王)'이다. 복사는 '왕'의 문자를 큰 도끼[월(鉞)]를 형상화한 로 표현하고 있다. 큰 도끼는 형벌·군사력을 상징하는데, 은 왕조의 '왕권의 성격'을 나타낸다.

갑골문자는 반경(盤庚)[2]으로부터 제신(주)에 이르는 은 왕조 후반기의 수백 년 동안에 실재했던 12명의 왕과 정인(貞人: 점치는 사람) 집단이 소의 견갑골이나 거북의 등껍질을 가열하여 생기는 균열을 보고 그 점복(占卜)의 내용 및 판단 사항을 갑골 위에 새겨 넣은 문자나 문장을 지칭한다. 그 때문에 복사라고도 일컫는다. 복사에는 역대 왕의 이름, 1년을 통해 주기적으로 거행되는 조상에 대한 제사의 가부, 농작물의 수확, 수렵·순행(巡行)의 가부, 전쟁의 가부, 날씨의 좋고 나쁨 등을 점치는 문장이 새겨져 있다.

은나라는 복사 중에서 시종일관 자신을 상(商)으로 칭하고, 그 중심 취락을 대읍상(大邑商)·천읍상(天邑商)·중상(中商) 등으로 기술하고 있다. 왕조 명칭인 상(商)은 중핵 취락의 지명이며, 은이라고 하는 명칭은 주나라가 일종의 미칭(美稱)으로 일컬었던 것으로 '융성한 것', '은진(殷賑: 활기차게 번창함)'을 의미한다.

은나라의 중핵 취락인 대읍상(大邑商)의 직접 지배 지역은 1~2일에 왕복할 수 있는 반경 20km 전후의 범위였고, 그 안에 몇 개의 '중급 취락'과 그 지배를 받는 많은 '하급 취락'이 있어 3계층제 취락군을 구성했다는 것이 복사의 연구로 파악되고 있다. 이러한 취락 형태는 용산 문화 시기의 3계층제 취락군의 형식과 동일하다.

다만 은나라 시대의 '중심구' 중핵 취락군은 전기의 언사 상성(偃師商城: 동

---

2) 은나라의 제19대 왕으로서, 도읍을 殷(河南省商丘, 여기에 은허가 있음)으로 옮겼다. _옮긴이

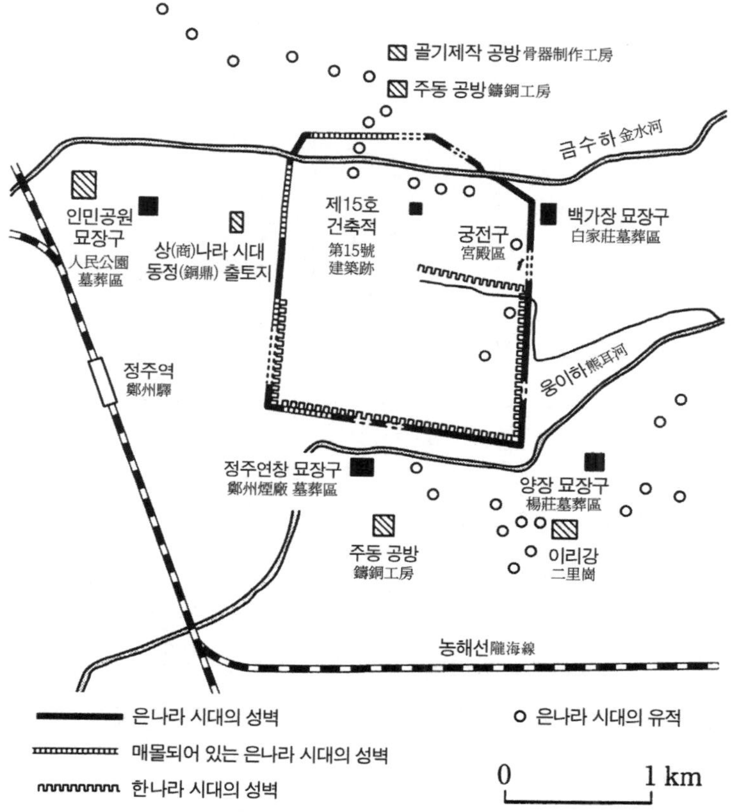

〈그림 6〉 '정주 상성' 유적

서 1200m, 남북 1700m), 정주 상성(鄭州商城: 둘레 6960m, 〈그림 6〉 참조)처럼 대형 성곽을 지니게 된다. 후기의 중핵 취락인 은허에는 성곽이 없다. 하지만 원수(洹水)의 양안(兩岸)에는 동서 6km, 남북 4km에 걸쳐 유적이 넓게 펼쳐져 있는 대형 취락 공간이 존재했다. 그 중심에 남북 1100m, 동서 650m, 깊이 5m의 호(濠)와 원수(洹水)로 에워싸인 종묘 궁전구(宗廟宮殿區)가 있다.

대규모 성곽의 유무에 상관없이, 대규모 취락의 중심구와 주변 영역에는

〈그림 7〉 복사에 보이는 은나라 시대 영역 구획

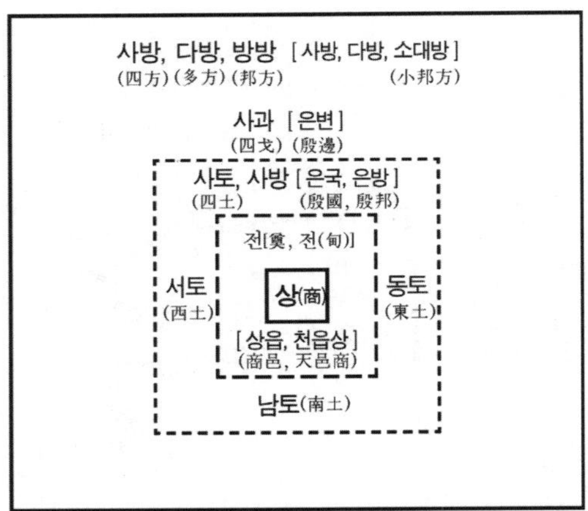

주: 서주(西周) 시기의 기술 내용에 기초했다.

제사 관련 시설, 분묘, 창고 등과 함께, 청동기·골기(骨器) 등의 생산에 종사하는 씨족 집단의 공방(工房)·주거 등이 널리 산재해 있다. 또한 공납을 위해 모인 각지의 수장층·지배자 집단을 위한 주거 및 나중에 은팔사(殷八師)로 불리는 군단의 주둔지도 이 지역에 존재했을 것으로 여겨진다.

그렇다면 중심 취락인 대읍상(大邑商)은 자신의 3계층제 취락군을 넘은, 그 세력 범위를 어떻게 인식하고 있었을까?

중국의 고고학자 천멍자(陳夢家)는 복사와 주나라 시대의 자료에 의거하여 은나라가 그 세력 범위를 어떻게 인식하고 기술했는지에 대해 다음과 같이 정리하고 있다(〈그림 7〉 참조). 대읍상(大邑商)의 주변에는 전(奠)이라고 불리는 영역이 존재한다. 전은 상(商)이 직접 영유하는 지역으로, 후세의 문헌에 보이는 전[甸: 기내(畿內)]에 해당한다. 왕이 사냥하러 행차하는, 전술한 반경 20km 전후의 범위를 지칭하는 것으로 볼 수 있다.

전의 외측에는 사토(四土)가 펼쳐져 있다. 복사에는 동토(東土)·서토(西土)·남토(南土)·북토(北土)의 사토 각각에 "결실(結實: 수확)을 거둘 것인가 아닌가"

를 점복하는 사례가 매우 많다. 작물의 풍작 여부를 묻는 것은 이들 지역이 대읍상과 강한 이해관계가 있었다는 것을 보여준다. 이 영역은 서주 시기의 자료에서 언급되고 있는 은국(殷國)·은방(殷方)·대방은(大邦殷)에 해당하며, 상읍(商邑)이 지배하는 영역이었다.

은나라의 경계 영역은 사과(四戈)라고 불렸다. 이것은 서주 시기의 자료에서 언급되고 있는 은변(殷邊)에 해당하는 것으로 여겨진다. 그 외측에는 다방(多方)·방방(邦方) 등 방(方)으로 불리는 영역이 펼쳐져 있다. 방은 주방(周方)·귀방(鬼方)·토방(土方)·강방(羌方) 등 모방(某方)으로 호칭되었으며, 복사에서는 정벌의 가부 및 침입의 유무를 묻는 일이 많다. 방은 상(商)과 대치했던 독립적인 정치 세력이었다. 그 집합명사가 다방(多方)이다.

기원전 11세기 중반, 다방의 하나였던 주방(周方)이 서방으로부터 세력을 확대시켜 상(商)을 대신하여 '중원'을 지배하게 된다.

서주(西周)

주(周)나라는 당초에 위수(渭水) 상류의 섬서성 보계현(寶鷄縣) 일대에 있었던 주원(周原)을 본거지로 삼고 있었다. 이윽고 기원전 1100년 무렵에는 문왕(文王)이 서안시(西安市) 서교(西郊)의 풍수(灃水) 서안(西岸) 일대로 본거지를 이동했다. 이 본거지는 풍경(豊京)이라고 불렸다. 다음의 무왕(武王)은 그 동안(東岸)에 호경(鎬京)을 세웠다. 호경은 종주(宗周)라고 불렸다. 무왕은 이곳으로부터 계속하여 동방으로 진출한다. 문헌상의 전설에 의하면, 800의 제후 및 여러 종족과 동맹군을 편성하고 기원전 1046년 무렵 동이(東夷) 원정에 나가 있던 은 왕조의 '마지막 왕' 제신(주)을 배후에서 토벌하여 은나라를 멸망시켰다.

서주(西周)는 동족(同族) 및 동맹 제족(同盟諸族)을 각지에 분봉하고 봉건제에 의한 정치적 통합을 지향했다. 주나라는 '무장(武裝) 봉건제'에 의한 식민

〈그림 8〉 하존 명문(何尊銘文)

활동을 전개하여, 북쪽으로는 북경 지방에서부터 화북 전역, 호북성(湖北省) 일부의 장강 중류 지역에 걸쳐 정치적·문화적 영향력을 행사했다.

무왕의 아들 성왕(成王)은 하남성 낙양의 땅에 성주(成周)를 구축하고, 은나라의 일부 구민(舊民) 및 팔사(八師) 군단을 수용하여 동방 경영의 본거지로 삼았다. 1963년 섬서성 보계현 가촌(賈村)에서 하존(何尊)이라고 불리는 서주 초기의 청동기가 출토되었다. 그 명문[銘文: '금문(金文)'이라고 불림]에는 성왕이 성주를 구축한 경위가 언급되어 있는데, "무왕이 대읍상을 정복한 이후 천(天: 하늘)에 알리고 중국(中或: 中國)[3]에 본거를 두고 여기에서 사람들을 통치한다. …… 라고 말했다"고 되어 있다(〈그림 8〉 참조). 여기에는 처음으로 '중

3) 역(或)은 서주 시대에 쓰이던, 국(國)의 고자(古字)이다. _옮긴이

국'과 '천'의 관념이 확실한 표현으로 나타나 있다. '중국'은 서주 초기에는 성주 낙양 일대를 지칭했다. 그것은 나중에 중원으로 불리는 지역이다.

동주(東周) 시기의 주나라 궁정에서 가창(歌唱)되었던 『시경(詩經)』 '대아(大雅)'의 시편 중에 서주 말기의 여왕(厲王)의 치세를 비판했다고 하는 '민로(民勞)' 편이 있다. 그중에 "이 중국(中國)을 자애로 이끌어 사방(四方)을 편안케 하라"[4]라고 노래했으며, 또한 그 뒤에 "이 경사(京師: 수도)를 자애로 이끌어 사국(四國)을 편안케 하라"[5]라고 노래를 바꾸어 부르는 부분이 있다. 이것에 의하면, '중국'은 경사, 즉 커다란 사[師: 군단(軍團)]가 존재하는 수도의 권역이며, 사방은 중국을 에워싸고 있는 남국(南國)·동국(東國) 등 사방의 제후가 봉건화한 영역을 말한다.

서주 금문(金文)의 기록에 의하면, 서주의 왕권은 3층으로 구성되는 정치 공간에 의해 인식되었다. 그중 첫 번째의 중핵은 왕도(王都) 종주(宗周)·성주(成周)이며, 그 주변에는 군사 조직과 산림·목축 경영을 겸하는 왕권 직할령인 환[環: 현(縣)]이 몇 개 있었다. 이것은 대읍상에서의 전(奠)의 영역에 해당한다. 두 번째의 층은 왕도를 에워싸고 있는 내역[內域: 내국(內國)]·중역[中域: 중국(中國)]으로 불리는 내복(內服)의 영역이며, 거기에는 내복 제후(內服諸侯)가 봉해져 왕권을 직접 밑받침했다. 그리고 세 번째의 층은 사방·사역[四域: 사국(四國)]으로 불리는 외복(外服)의 영역으로, 내복 제후(內服諸侯)·백생(百生)의 지족(支族)이 각지에 봉해졌다.

서주의 영역에 대한 인식은 은나라의 인식과 거의 변함이 없었다. 은나라와 다른 점은 왕가로서의 가산 경영과 삼유사(三有司) 등 초기적 관료제가 출현한 것, 그 통합질서로서 책명[冊命: 임명(任命)] 의식을 비롯한 예제를 정비한

---

4) 원문은 "혜차중국(惠此中國), 이수사방(以綏四方)"이다. _옮긴이

5) 원문은 "혜차경사(惠此京師), 이수사국(以綏四國)"이다. _옮긴이

것, 또한 지배의 정당성을 담보하는 근거로서 천(天), 천명의 관념을 창조한 것이다.

주나라는 은나라를 토벌하고 왕권을 장악하는 정당성의 근거로서 천, 천명의 관념을 창조했다. 하존(何尊) 및 대우정(大盂鼎) 등, 서주 초기의 금문에는 문왕이 천명을 받고 무왕이 사방(四方)을 영유했다는 점을 말하고 있는 것이 많다. 그것은 곧 왕의 칭호 외에, 천자(天子)의 칭호를 생겨나게 했다. 서주 초기에 속하는 주공궤(周公簋)[6] 및 대극정(大克鼎)의 명문에는 주왕(周王)을 천자라고 부르고 있으며, 『상서(尙書)』 '입정편(立政篇)' 모두(冒頭)에서는 주공단(周公旦)이 성왕(成王)을 향하여 '사천자왕(嗣天子王)'이라고 칭하고 있다. 춘추 시기에 들어가면, 『춘추(春秋)』의 경문(經文) 및 『춘추좌씨전』[은공(隱公) 원년(기원전 722)]에서는 왕 및 천자 외에 때로는 주왕을 천왕(天王)으로 부르게 된다. 이것은 '사천자왕(嗣天子王)'과 관련된 칭호일 것이다.

주왕은 은나라 이래의 왕호에 더하여 천명을 받은 왕권으로서 천자를 칭하고, 중국[中國: 중원(中原)]에서 사방·사국에 정치적 통제력을 미치며 봉건제의 정점에서 군림했던 것이다. 하지만 아직 전체 국토에 대한 영역 관념은 없었다. 주나라의 왕조 명칭은 출신지의 지명에서 유래한 것이었다.

3. 은, 주 시대의 정치 통합: 공헌제(貢獻制)에서 봉건제로

사회의 규모가 확대되고 그 계층화가 현저해지기 시작한 용산 문화 시기부터 주나라 시대에 걸쳐서 사회는 어떠한 틀에 의해 통합·유지되었을까?

---

6) 주공[周公: 희단(姬旦)]의 아들 희저(姬苴)가 아버지 주공을 제사 지내기 위해 만든 제기를 지칭한다. 궤(簋)는 고대의 제기를 뜻한다. _옮긴이

용산 문화 시기부터 은나라 시기에 걸쳐 행해진 사회 통합의 제도는 나중에 공헌(貢獻)이라고 불리는 공납제(貢納制)였다. 은나라 말기부터 서주 시기에 걸쳐 공헌제는 가일층 진화되고 복잡해져 봉건제로 전개되었다. 우선 단순한 정치 통합의 형태인 공헌제부터 소개해 보도록 하겠다.

공헌제

공헌제는 수장·왕권 등의 정치적 중심을 향하여 종속되거나 그 영향 아래에 있는 각 지역 취락·족집단(族集團)이 예기, 무기, 재화, 곡물, 인물(人物) 등을 공납하고 수장이나 왕권이 주재하는 제사 및 의례를 돕는 것 등을 통해 느슨한 종속을 표명하는 행위이다. 이에 대해서 수장이나 왕권은 제사 및 의례의 집행 시에 정치적 중심에 축적된 공납물을 참가한 지역 취락 및 족집단의 대표에게 후하게 재분배하는 것을 통해 정치적 질서를 수립한다. 이 공납-재분배 관계에 의해, 수장·왕권은 느슨한 정치적 통합을 실현했다(〈그림 9〉 참조). 다음에서 몇 가지 사례를 들어보도록 하겠다.

고고학자 하야시 미나오(林巳奈夫)는 이리두 유적으로부터 출토된 연옥(軟玉) 제품을 분석하여 이 시대의 공납-재분배의 존재를 분명히 하고 있다. 연옥은 광택이 아름답고 희소하기 때문에 반보석(半寶石)으로 간주된다. 또한 연옥은 강철보다 조금 더 단단하여 잘 갈라지지 않는 성질을 가진 광물로서, 장신구 및 칼날 등의 도구에 이용된다. 연옥 제품은 이리두 문화의 가장 우수한 생산물이며, 석포정(石包丁: 돌칼)형의 연옥기(軟玉器), 부(斧: 도끼), 과(戈: 창) 등의 도구류가 있다. 하야시 미나오는 이러한 연옥 제품을 두 가지 종류로 구분하여 다음과 같이 분석하고 있다.

첫 번째 종류의 연옥 제품은 용산 문화의 전통에 소급되는데, 형태 및 양식은 제각각이다. 두 번째 종류의 연옥 제품은 이리두 문화에서 시작된 것으로 형식에 통일성이 있다. 두 번째 종류는 이리두 문화의 소산이기 때문

〈그림 9〉 공헌제

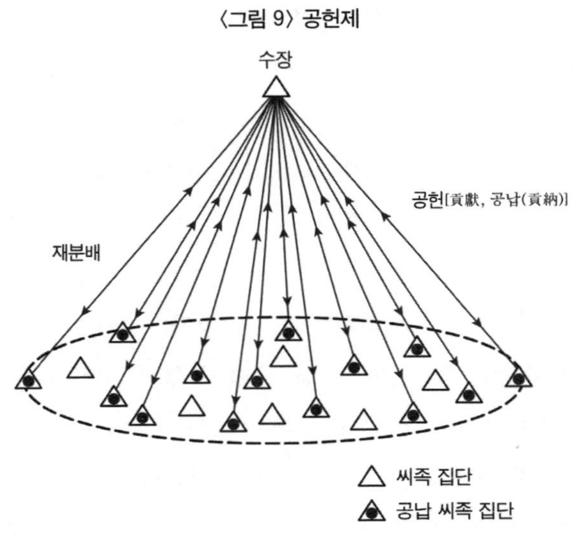

에, 그 양식에 자연히 통일성이 있으며 문제가 없다. 다양한 양식을 지닌 첫 번째 종류의 연옥 제품은 궁전의 주변 및 수도의 중심에 있는 묘에서 발견되고 있으며, 이리두 왕권의 유력자의 소유물이 되었다. 그러한 첫 번째 종류의 연옥 제품은 정복 전쟁의 포획품 및 지배권 승인의 반대급부로서 헌상되었던 각지의 산품이다. 그 때문에 형식, 장식이 통일되어 있지 않다. 포획·헌상된 연옥 제품은 왕권에 의해 유력자에게 재분배되었기 때문에, 양식이 통일되지 않은 옥기(玉器)가 묘에서 출토되고 있는 것이다. 연옥 제품의 헌상과 재분배는 공납-재분배에 의한 정치 질서의 존재를 보여주고 있다.

가장 유명한 공납-재분배의 물품은 남해(南海)에서 생산되는 자패[紫貝: 보패(寶貝)]이다. 자패의 중원 지역으로의 유입은 용산 문화 시기에 시작되어, 이리두 문화부터 늘어나며 은나라 후기에는 급격히 증가한다. 은허의 대묘(大墓)에 다수의 자패가 집중되어 있으며, 중소묘(中小墓)에는 수가 적기 때문에 왕권이 독점했던 것으로 여겨진다. 서주 시기의 청동기에는 십붕(十朋)·

이십붕(廿朋) 등 붕(朋)[7]을 단위로 하여 왕권이 자패를 하사, 재분배했던 것을 기록한 명문(銘文)이 많이 남아 있다.

은주(殷周) 시대의 왕권에는 종속되어 있는 다수의 족집단으로부터 다종(多種)의 희생 동물 및 제기, 곡물·소금[鹽] 등이 봉헌되고, 모인 공납물의 일부는 왕실의 제사 의례를 거행하는 데 이용되는 것과 함께, 일부는 왕실의 가신 및 제후에게 재분배되었다.

이들 사례는 공납-재분배가 취락 구조의 계층성이 명확해졌던 용산 문화 시기에 시작되어, 더욱 복잡해지면서 이리두 시기부터 은주(殷周) 시기에 걸쳐서 전개되었음을 말해준다. 서주 시기에는 왕권 아래에서 공헌제가 더욱 조직적으로 편성되고 성주(成周)·중역[中域: 중국(中國)]에 사방(四方)·사국(四國)으로부터의 공납물이 모여들고 축적되었다. 거꾸로 말하자면, 공납의 집중이 중역으로서의 '중원'을 형성했던 것이다.

봉건이란 무엇인가

은나라 말기부터 서주 시기에 걸쳐서 공헌제는 봉건제로 진화한다. 봉건(封建)이라는 말이 서주의 당초부터 존재했던 것은 아니다. 봉건이라는 용어는 『춘추좌씨전』에서부터 발견되기 시작한다. 봉건은 오히려 그 실태가 변용하여 형해화되었던 전국 시기부터 한(漢)나라 시대에 걸쳐서 형성된 용어이다. 당초에는 단순히 봉(封)이나 건(建)으로 표현되는 일이 많았다. 이것에 유의하면서 이하 봉건이라는 용어를 쓴다. 그렇다면 봉건이란 무엇일까?

『춘추좌씨전』 정공(定公) 4년(기원전 506)의 기록에서는 주나라 초기의 노국[魯國: 산동성 곡부현(曲阜縣)]의 봉건을 다음과 같이 전하고 있다.

---

7) 고대 중국의 화폐 단위이다. 조개(자패) 두 개가 1붕이라는 설, 다섯 개가 1붕이라는 설, 열 개가 1붕이라는 설 등이 있다. _옮긴이

…… 노공(魯公)에게 대로[大路, 수레(車)], 대기[大旂, 기(旗)], 하후씨(夏后氏)의 황[璜, 옥(玉)], 봉보(封父)의 번약[繁弱, 대궁(大弓)] 및 조씨(條氏)·서씨(徐氏)·소씨(蕭氏)·삭씨(索氏)·장작씨(長勺氏)·미작씨(尾勺氏)의 은민(殷民) 6족(六族)을 나누어주고, 그 종씨(宗氏)를 통솔하며 그 분족(分族)을 모으고 그 유추(類醜, 추종하는 무리)를 이끌며 주공(周公)을 본보기로 삼아 주(周)의 명령을 실행케 하고 노(魯)에 대한 직사(職事, 직무)를 수행케 하여 주공의 명덕(明德)을 밝혔다. ……

노국은 무왕의 동생인 주공단(周公旦)의 아들 백금(伯禽)[8]이 봉해진 국(國)이다. 봉건할 때 주왕은 노공에게 그 신분을 나타내는 전래의 예기·무기와 함께 영토와 은민(殷民) 6족을 재분배했다. 은민 6족은 종씨(宗氏)-분족(分族)-유추(類醜)로 구성되는 씨족제를 편성하여 피라미드형 구성이 되었다. 시조로부터 혈통에 의한 계보 관계를 찾을 수 있는 종씨와, 종씨와의 계보 관계가 명료한 분족 등이 씨족 상층을 구성했으며, 이 씨족 상층이 계보 관계가 불명확한 족성원(族成員)인 유추를 이끄는 형태를 취하고 있다.

『춘추좌씨전』은 또한 무왕의 동생 강숙(康叔)을 위국[衛國: 하남성 기현(淇縣) 동북쪽]에 봉했을 때에, 영토·예기와 함께 은민(殷民) 7족[七族: 도씨(陶氏)·시씨(施氏)·번씨(繁氏)·기씨(錡氏)·번씨(樊氏)·기씨(饑氏)·종규씨(終葵氏)]을 재분배했으며, 무왕의 아들 당숙(唐叔)을 진국[晋國: 산서성 익성현(翼城縣)]에 봉했을 때에는 회성(懷姓)[9]에 속하는 9종(九宗)의 혈연 제집단과 봉토·예기를 재분배하고 각각 부여받은 영역을 통치하도록 명(命)하는 문언을 남기고 있다.

노(魯)·위(衛)·진(晋)에 분배된 은나라의 여러 씨족 및 회성의 9종은 직사(職事)를 통해서 각국의 방군(邦君)과 군신 관계를 맺으며 느슨한 정치적 통합

---

8) 노공(魯公) 희백금(姬伯禽)으로 불리기도 한다. _옮긴이

9) 중국 고대의 대성(大姓) 중 하나이다. 중국 고대[한대(漢代) 이전]에는 성(姓)과 씨(氏)는 다른 개념이었다. _옮긴이

〈그림 10〉 의후녈궤 명문(宜侯夨簋銘文)

관계를 형성했다. 직사의 중핵은 공헌물의 공납과 전역(戰役) 부담이었다.

주나라 초기의 제후 봉건의 실태를 전해주고 있는 동시대의 자료로서 의후녈궤 명문[宜侯夨簋銘文: 1954년 강소성(江蘇省) 단도현(丹徒縣) 연돈산(煙墩山)에서 출토됨]이 있다(〈그림 10〉 참조). 이것에 의하면, 주왕은 회수 하류 유역의 의(宜)라고 하는 지역에 의후녈(宜侯夨)을 봉하고 예기·무기 등과 함께 35개의 읍(邑: 취락)을 포함한 토지, 그리고 군사 조직인 정(鄭)의 7백(伯)과 휘하(麾下)의 격(鬲)[10] 1050부(夫), 의(宜)의 서인(庶人) 600여 부(夫) 및 왕인(王人) 17생(生)을 재분배했다. 의(宜)의 국도(國都)와 분배된 35개의 읍은 아마도 성자애

10) 서주(西周) 시대의 노예를 지칭한다. _옮긴이

또는 대읍상이 직접 통합하는 계층제 취락군과 마찬가지의 취락군 형식을 취하고 있었을 것이다. 이러한 봉건의 존재 양식은 『춘추좌씨전』의 기사와 거의 동일하며, 『춘추좌씨전』에서의 노(魯)·위(衛)·진(晋)의 봉건이 상당히 정확한 전승에 의거한 것임을 보여주고 있다.

제후(諸侯)**와 백생**(百生)

의후(宜侯)에게 재분배되었던 정(鄭)의 7백(七伯)과 왕인(王人) 17생(生)이란, 개인으로 셈해지는 격(鬲) 1050부(夫) 및 의(宜)의 서인(庶人) 600여 부(夫)와는 달리, 집단을 나타내고 있다. 왕인 17생은 군사 집단인 7개의 정백(鄭伯)-격부(鬲夫) 집단과 함께 주나라 왕권에 관련된 17개의 족인(族人) 조직이었을 것이다. 17개의 생(生)을 표시하는 집합명사는 백생(百生)이다. 백생에 대해서 살펴보도록 하겠다.

의후(宜侯)에게 분배되었던 왕인 17생으로 구성되는 집단은 다른 서주 금문(金文)에서도 보인다. 예를 들면, 서주 후기에 속하는 선정(善鼎)의 명문(銘文)은 그 제작자 선(善)이 주왕으로부터 선왕(先王) 때와 마찬가지로 빈후(豳侯)[11]를 도와 군사 근무를 행하도록 명을 받았던 것을 기록하고 있다. 선(善)은 왕의 명령을 받은 뒤 이 예기를 만들고 "내가 그것을 사용하여 종자(宗子)와 백생(百生)의 격(格: 격식)을 차리고자 한다"[12]라며, 선(善)의 종실이 행복해지기를 기원하고 있다. 선(善)은 빈후와 함께 왕권에 대해 군사 근무를 하는 군인이었는데, 그의 배경에는 종자와 백생이라는 2층으로 구성되는 종실, 즉 혈연 조직이 확실히 존재했다. 백생은 생의 총칭이다. 빈후는 전술한 노공(魯公) 백금(伯禽)에 해당하며, 선(善)의 종자-백생은 노국(魯國)에 분사(分賜)

---

11) 중국 서북 변방의 빈(豳)은 주 왕실의 고지(故地)중 하나로서, 국군(國君)의 작위는 후(侯)였다. _옮긴이

12) 명문(銘文)의 원문은 "余其用各我宗子雩百生"이다. _옮긴이

〈그림 11〉 서주 씨족제

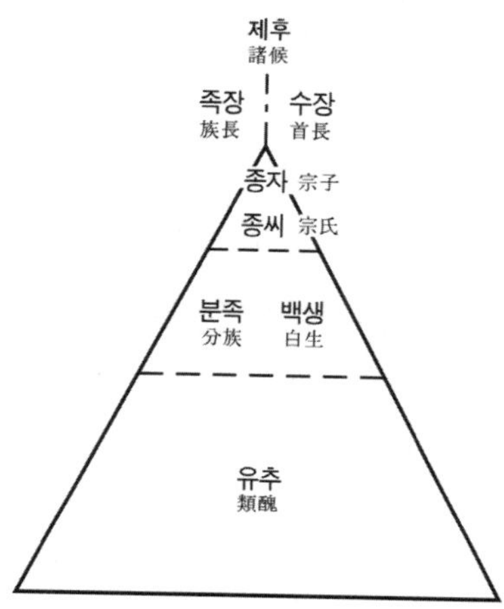

되었던 은민(殷民) 6족의 종씨-분족, 의후에게 주어진 왕인 17생에 상당하는 것으로 여겨진다(〈그림 11〉 참조).

또 하나 제후와 백생 간의 관계를 보여주는, 서주 후기의 금문(金文)으로 혜갑반(兮甲盤)이 있다. 혜갑반은 주왕을 따라 험윤(玁狁)을 정벌했던 혜갑이, 더 나아가 왕으로부터 성주(成周)에 모인 사방(四方) 및 남회(南淮) 지역의 이인(夷人)의 적(積: 공납물)을 관리하도록 명(命)받았던 것을 기록하고 있다. 그 중에서 왕은 "회이(淮夷)는 원래 우리 주나라에 종속되어 있으니 그 직물(織物), 곡물, 인물의 공진(貢進)을 거절하는 일이 없도록 하라"고 하고, 또한 "제후, 백생이 회이의 특산물을 침범하지 않도록 하라"고 경계하고 있다.

여기에 나오는 제후·백생은 각 제후와 그 휘하의 백생을 표현하고 있다. 주나라 왕권으로부터 볼 때, 백생은 제후와 그 휘하에 있는 정치 주체로서 파악되었음을 알 수 있다. 혜갑반은 또한 주왕(周王)과 제후-백생 간의 봉건 관계 외에, 단순한 공납 관계에 의해 왕권에 느슨하게 종속되어 있는 회수 유역의 여러 이인(夷人) 집단의 존재를 묘사하고 있다.

의후녈궤·선정·혜갑반 등의 제후–백생 관계를 나타내는 금문(金文)을 통해 명백해진 바와 같이, 은나라 말기·서주 시기는 종(宗)-생(生)으로 이루어지는 부계 친족 집단을 기본적인 구성 단위로 하는 사회였다. 제후의 방국(邦國) 안에서는 백생이 제후와의 사이에서 신분 서열을 수반하는 공납-재분배 관계를 통해서 느슨한 종속 관계를 포함하는 지배자 집단을 편성하고, 유추라고 불리는 족인층(族人層)을 통합했던 것이다. 의(宜), 노(魯), 위(衛), 진(晋)의 국도(國都)에 집합되어 있던 제후–백생의 지배자 집단은 춘추 시기에 접어들자 국인(國人)으로 불리게 된다.

서주(西周)의 봉건제

서주의 봉건제는 단순한 '공헌제'인 곡물, 인물, 재화 등의 공납-재분배로부터 진화하여 더욱 복합적이 되었고, 최초의 봉건 시에 신분 서열을 나타내는 예기와 봉토 및 족집단을 재분배함으로써, 직업[職業: 공헌물·정전(征戰) 등]의 공납을 할당하고 중심이 되는 왕권의 아래에 여러 '하위 수장(下位首長)'인 제후, 종씨-분족, 종자-백생을 계층제적 서열로 편입시켜 통합하는 정치 질서이다(〈그림 12〉 참조).

이 경우, 왕권과 제후–백생 간의 관계는 공납-재분배를 통한 '상위 수장'과 '하위 수장' 간의 양자 간 군신 관계이다. 왕권은 기껏해야 제후–백생으로 구성되는 지배자 집단에 미치는 데 불과했으며, 하층 족집단의 내부에까지 관철되지는 않았다. 또한 주나라 왕권의 문화적, 정치적 영향력이 미치는 모든 지역의 수장 및 족집단이 왕권에 대해서 공납 관계·봉건 관계를 맺었던 것은 아니다. 융(戎), 이(夷) 등으로 불리는 여러 종족이 중원 및 회수 지역을 비롯해 그 주변에 산재했다. 그들은 공납에 의해 종속 관계에 들어가는 경우도 있었지만, 종종 이반하기도 했다. 서주 왕권은 또한 통일적인 영토국가로서 정치 지배를 실현하는 데 이르지는 못했다. 그것은 전(前)국가 단계

〈그림 12〉 봉건제 개념도

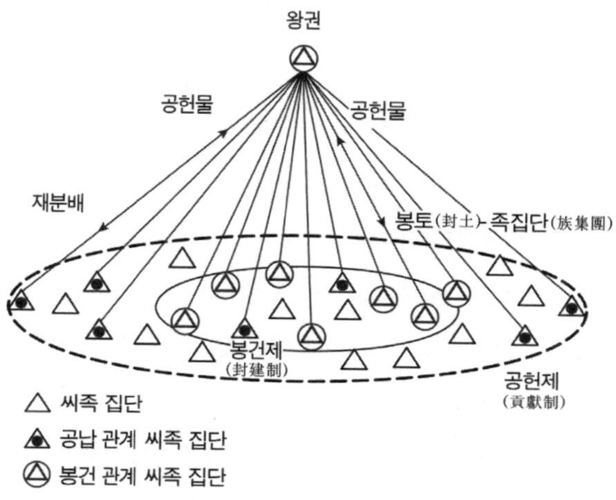

에서의 수장제적 사회 통합을 더욱 복합적·광역적으로 실현한 것이었다.

이러한 서주 봉건제에는 두 가지 종류가 있었다. 하나는 주나라 왕권과의 계보 관계를 지닌 수장이나 동맹 관계에 있는 이종족의 수장을 무장 식민의 형태로 각지에 파견하고, 신분 서열을 표시하는 예기와 함께 왕인·백생 등의 여러 친족 집단을 재분배하여 기타의 여러 집단과 영역을 지배하도록 하는 유형이다. 또 하나는 은나라의 유민(遺民)을 봉했던 송국(宋國)처럼, 기존의 족집단을 기본적으로 유지한 상태에서 제후로 봉하여 건국시키는 유형이다. 이러한 두 유형의 봉건에 의해, 주나라 왕권은 그 지배 영역을 재편하고 정치적 영향력을 사방(四方)으로 확대했다. 물론 서주 봉건제의 특질은 무장 식민지형의 봉건제 쪽에 있었다고 할 수 있다.

은나라는 주로 직속 군단의 원정에 의한 영역 확대의 방식을 취했다. 원정에는 병참을 비롯한 후방 지원이 불가결하다. 하지만 은·주와 같은 공납-재분배를 기초로 하는 수장제적 사회 통합의 단계에서는 병참 활동 및 후방 지원을 뒷받침할 만큼의 재정이 확립되지 못했다. 조직적인 병참 활동이 확립되지 못한다면, 원정에 의한 영역 확대는 불안정해진다. 은나라 전기의 이리강 시대에 호북성의 장강 북안에 위치해 있는 반룡성 유적[盤龍城遺跡: 무한시 황피구(武漢市黃陂區)]이 대표하는 바와 같이 은나라의 지배 영역은 사방으로 향하여 급격하게 확대되었지만, 결국 이리강 문화의 쇠퇴와 함께 썰물 빠지듯이 수축했다. 반룡성도 은나라 후기에는 방기(放棄)되었다.

주나라는 성주(成周)에 은8사(殷八師), 종주(宗周)에 서6사(西六師)의 직속 군단을 편성했으며, 직속 군단의 원정에 의한 영역 확대도 행했다. 그것에 더하여, 종주의 주변에 있으며 지배 집단을 구성했던 내복 제후(內服諸侯)-백생(百生)의 지족(支族)을 각지에 분봉하는 무장 식민 방식으로 영역을 확대했다. 후방 지원을 필요로 하지 않는 봉건제의 쪽이 더욱 안정된 영역 지배를 가능케 한다. 주나라의 지배가 은나라보다도 안정되었던 것은 지배 체제의 고도화, 즉 더욱 복잡해진 사회 통합을 가능케 했던 봉건제, 특히 '무장 식민지형' 봉건제에 의한 것이었다. 하지만 그것은 춘추시대에 걸쳐 제후가 자립화하고 결국 주나라 왕권을 부정하는 기반이 되기도 했다.

2

중국의 형성

춘추(春秋)·전국(戰國)

1. 춘추·전국의 '영웅 시대'

기원전 770년, 내부 대립과 주변 제족(諸族)의 침입에 의해 주왕은 종주를 버리고 성주로 옮겼다. 그 이후 기원전 221년 시황제에 의한 전국 통일까지의 약 550년간을 동주(東周)라고 부른다.

동주 시기는 또한 둘로 나뉜다. 전기는 통설에 따르면 서주 동천(東遷)의 기원전 770년부터 대국이었던 진(晋)이 한(韓), 위(魏), 조(趙) 3국으로 분열하는 기원전 453년까지를 말한다. 노국(魯國) 12대 국군(國君)의 연대기인 『춘추』가 기술하고 있는 시대에 상당하기에, 이것을 '춘추시대'라고 부른다. 그 이후 기원전 221년까지를 주요 12개국의 정치 과정 및 유세가의 언행을 기록한 『전국책(戰國策)』의 명칭을 따 '전국시대'라고 부르며 구별한다.

이러한 왕권 분립의 시기는 여러 왕권의 생존을 건 치열한 무력 경합의 시대였다. 여러 왕권의 무력 경합은 봉건제·수장제적 사회 통합의 그물코 가운데로부터 군현제(郡縣制)에 의한 정치 통합을 발생시켰고 나아가 그 영역 관념인 '천하'와 '중국'을 생겨나게 했다. 그것은 중국에서의 '영웅 시대', 즉 국가 형성의 시대였다.

춘추시대: '천하=중국'의 맹아

춘추시대에는 주왕(周王)에 대한 제후의 자립성이 높아지는 것과 함께, 주왕의 권위가 쇠퇴하여 봉건제가 동요하게 되었다. 춘추시대에 진입하자, 각국 간의 전쟁이 상시화된다. 전쟁에 의한 경합 속에서 제후는 천자에 대한 공헌을 경상적(經常的)으로 행하지 않게 되어, 봉건제의 기반인 공납제가 불안정해졌다. 제환공(齊桓公, 재위: 기원전 685~643), 진문공(晋文公, 재위: 기원전 636~628) 등 패자(覇者)로 불리는 국군(國君)이 차례로 출현하여, 제후를 한자리에 모아 회맹(會盟)을 행하고 왕권에 대한 공헌제를 재구축하여 봉건제의 유지를 도모했다.

회맹은 많은 경우 종묘에서 거행되었으며, 신명(神明)인 선왕(先王)에게 전쟁의 정지를 서약하는 것과 함께, 주왕을 봉대(奉戴)하여 공헌제를 기반으로 하는 봉건적 질서를 재구축하는 의례였다. 1965년에 산서성 후마시(侯馬市)에서 출토된 '후마 맹서(侯馬盟書)'라고 불리는 옥편(玉片) 문서가 전하는 바와 같이, 회맹은 제후 간뿐만 아니라, 조씨(趙氏) 일족을 중심으로 하는 진(晋)나라 내부에서의 여러 수장 간의 분쟁을 조정할 때에도 거행되었다. 패자 및 여러 씨족의 종주(宗主)들은 회맹의 주재자가 됨으로써 공헌제를 기반으로 하는 봉건적 질서를 간신히 유지했던 것이다.

한편 중원의 주변에서는 새로운 움직임이 시작된다. 장강 중류 유역을 본거지로 삼고 있던 초(楚)나라에서 춘추시대 초기에 무왕(武王, 재위: 기원전 740~690)이 왕호를 칭했으며, 춘추시대 후기에는 장강 하류 유역 및 강남에서 월(越)나라와 오(吳)나라가 세력을 신장시키고 역시 왕을 칭했다. 춘추시대에는 화북 중원의 왕권이 불안정해지는 것과 동시에 장강 중·하류 유역에 왕호를 칭하는 여러 왕권이 존재하게 되었다. 제후 간의 경합으로부터 더욱 진전되어 여러 왕 간의 경합으로 전개되었던 것이다.

서쪽 주변에서는 서주가 동천(東遷)을 한 뒤에 여러 종족을 통합한 진(秦)나라가 서주의 고지(故地)에 나라를 세우고 주왕으로부터 건국을 승인받았다. 1978년에 섬서성 보계현 태공묘촌(太公廟村)에서 발굴된 진공종(秦公鐘)·진공박(秦公鎛)의 명문(銘文)은 진나라의 조상이 천명을 받아 이 나라를 세웠고 소문공(昭文公), 정공(靜公), 헌공(憲公)이 황천(皇天)에 응하여 오랑캐·이종족을 제압했다는 것을 말하고 있으며, 이 예악기를 만들게 된 경위를 기록하여 진공(秦公)이 오래도록 진나라와 사방을 영유할 수 있도록 기원하고 있다. 또한 중화민국 초기에 출토된 진공궤(秦公簋)의 명문(銘文)은 "조상이 천명을 받아 우적(禹蹟)에 나라를 세워 사방을 영유했다"라고 기록하고 있다. 진공종·진공궤는 기원전 6세기 후반에 만들어진 것으로 간주되고 있다. 춘추시대에는 주왕뿐만 아니라, 제후 중에서도 천명을 받았다는 것을 이유로 내세우며 나라를 세우고 사방의 이종족을 지배하는 것이 정당하다고 설명하는 현상이 나타났던 것이다.

진공궤의 명문에 보이는 '우적'은 전국시대에 들어서면서 하 왕조의 시조로 간주되었던 우(禹)의 치수, 국토 창조 전설과 관련된 용어다. '우적'이란, 대홍수 이후에 우가 치수 사업을 행하고 국토를 9개의 주역(州域)으로 나누어 정비했던, 그 통합 영역을 말한다. 기원전 580년 무렵에 만들어진 숙이박(叔夷鎛)의 명문(銘文)에는 그 훨씬 이전의 조상인 은(殷)나라의 성당[成唐: 탕왕(湯王)]의 공적을 말하며 "구주(九州)를 모두 영유하고 우가 열었던 토지를 주처(住處)로 삼았다"라고 기록하고 있다. 기원전 6세기의 전반기에는 천명을 받아 나라를 세우는 것과 우적 및 9주의 국토에 관련된 관념이 이미 형성되었던 것이다.

은주(殷周) 시기의 금문(金文)에는 '천하'를 명기하고 있는 것이 아직 발견되지 않았다. 하지만 문헌에 눈을 돌려보면, 공자[孔子: 공구(孔丘), 기원전 551~479)의 언행을 기록한 『논어』에 천하가 자주 나온다. '우적=9주'의 국토관념이 명료해졌던 춘추시대 말기의 기원전 6세기부터 기원전 5세기의 교체기에는 천하의 영역 관념이 출현해 있었다고 보아도 좋다.

전국시대: 천하와 중국의 형성

전국시대에 진입하자, 전쟁 상태는 격화일로를 걷게 되었다. 춘추시대의 전쟁은 전차전을 중심으로 했으며, 대규모 전쟁이라고 해도 기껏해야 수만 명 규모였다. 전국시대에 들어서자 보병전이 중심이 되었으며, 뒤이어 기마전(騎馬戰)이 도입되어 한 차례의 전쟁에 수십 만 명의 병사가 동원되었다. 기원전 260년에 진(秦)나라와 조(趙)나라가 명운을 걸고 싸웠던 '장평(長平)의 전쟁'에서는 항복한 조나라의 병사 40만 명이 일거에 생매장되고, 모두 45만 명이 살해되었다. 진나라의 병사도 그 절반을 잃었다고 한다.

전국시대 중기인 기원전 4세기 중반에 이르자, 제후국이 도태되어 가는 가운데, 위(魏)나라의 국군(國君)이 한때 하왕(夏王)이라고 칭했고, 제(齊)나라의 국군도 왕호를 칭하기 시작했다. 기원전 334년, '서주(徐州)의 회맹'에서 제나라와 위(魏)나라가 서로 왕호를 승인한 뒤에 화북의 제후도 연이어 왕호를 칭했으며 한(韓), 위(魏), 조(趙), 진(秦), 초(楚), 제(齊), 연(燕)의 7국을 중심으로 여러 왕이 병립하는 상태가 되었다. 주나라의 왕권은 여러 왕들 중의 하나가 되어 전혀 위세를 떨치지 못하게 되었다.

이 무렵 제나라의 선왕(宣王)을 회견했던 맹자[孟子: 맹가(孟軻)]는 '중국'과 사방의 이적(夷狄)을 서로 대비하면서 "해내(海內)의 지(地: 천하)에는 방(方) 1000리(里)의 영역이 9개 있으며, 제나라가 그 가운데 하나를 영유하고 있는" 것

〈그림 13〉 전국시대의 형세

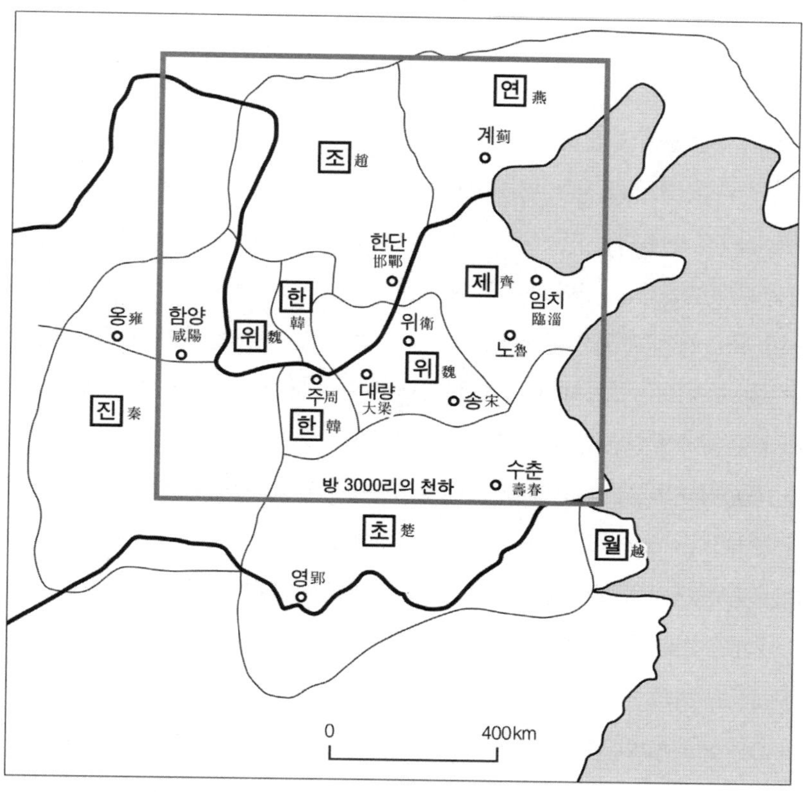

을 지적한다(『孟子』 梁惠王上篇). 방 1000리를 9개 합하면 방 3000리(사방 약 1200km)의 천하가 된다.

맹자는 또한 농가학파(農家學派)인 허행(許行)과의 토론 중에서 우(禹)가 제수(濟水), 탑수(漯水)를 소통시켜 바다로 물을 흘러나가게 하며 여수(汝水), 한수(漢水), 회수(淮水), 사수(泗水)를 배수시켜 장강으로 흘러 들어가게 했기 때문에, '중국'이 농업 생산을 할 수 있게 되었다고 논한다(『孟子』 滕文公上篇). 이에 의하면, '중국'이 장강 이북의 화중·화북의 농경 사회를 지칭하고 있다는 것은 명백하며, 이 영역은 또한 방(方) 3000리에 이르는 천하의 넓이와 거의 일치한다(〈그림 13〉 참조).

전국시대 말기의 천하와 구주

전국시대 말기에 진(秦)나라에서 편찬된 『여씨춘추(呂氏春秋)』는 처음으로 9주에 의해 구획되는 방 3000리(사방 약 1200km)의 '천하'의 구조와 그 특성을 명확하게 기술하고 있다. "무릇 예제에 맞는 복장을 몸에 걸치고 수륙의 교통이 서로 통하고 통역을 필요로 하지 않는 영역은 3000리 사방이다. 옛 왕자(王者: 군주)는 이 천하의 중심을 선택하여 기내(畿內)의 영역으로 삼고, 기내의 중심에 궁전을 건조하며 궁전의 중심에 종묘를 건립했다. 천자가 이처럼 1000리 사방의 땅을 갖고 기내로 삼는 것은 천하의 중추로서 통치하기 위해서이다"(『呂氏春秋』 愼勢篇). 천자가 왕으로서 통합하는 천하는 언어권과 교통권 및 정치 문화를 공유하는 농경 사회의 영역이었다.

마찬가지로 전국시대 말기의 진(秦)나라에서 편찬된 『상서(尙書)』 '우공편(禹貢篇)'은 우의 치수, 국토 창조 전설에 기초하여 9주로 구획된 방(方) 5000리(약 2000km 사방)의 천하를 기술하고 있으며, 9주의 각 주로부터 공납되는 전조(田租), 부(賦), 공헌물 및 각 주에 부속되어 있는 주변 여러 종족으로부터의 공헌물을 상세하게 기술하고 있다. 우가 창조한 국토인 우적은 전국시대 말기까지 9주로 구획되는 동일한 정치 문화권의 천하로서 관념되게 되었던 것이다.

우가 창조한 천하 구주설(天下九州說)은 전국시대 중기에는 이미 출현해 있었으며, 또한 맹자를 비롯한 유자(儒者)는 그것을 '중국'이라고 불렀다. 맹자보다 다소 늦게 기원전 4세기 말부터 3세기 중반에 걸쳐 활약했던 추연(鄒衍)은 "유자가 말하는 중국은 천하에서는 '81분의 1'에 불과하다. 중국은 적현신주(赤縣神州)라고 불린다. '적현신주' 중에도 9주가 있으며, 우가 정비했던

9주가 그것이다"라고 논하고, 또한 "중국의 바깥에도 '적현신주'와 마찬가지의 주가 9개 있으며, 이것이 본래의 9주이다"(『史記』 孟子荀卿列傳)라고 언급하며 대천하설(大天下說)을 피력하고 있다. 이 '대천하설'은 이미 존재했던 유자의 '천하=9주=중국'설을 전제로 하여 비로소 성립된 언설이었다.

천하의 전체적 국토 관념은 전국시대에 여러 왕권의 경합 및 성장과의 상호 관계 속에서 생성·전개되었으며, 구체적인 정치 문화 및 경제·세제(稅制)와 불가분의 관계인 국가관으로 발전되었던 것이다. 그렇다면 이러한 전체적 국토 관념은 어떠한 사회를 기반으로 생성되고 전개되었을까?

2. 소농민 사회의 형성: 백생(百生)에서 백성(百姓)으로

서민 백성의 출현

청(淸)나라 시기 고증학의 비조 가운데 한 명인 염약거(閻若璩, 1636~1704)는 유가의 고전인 사서오경 중에 보이는 백성(百姓)이라는 어구(語句)에 대해 검증한 바가 있다(『四書釋地又續』 百姓條). 그 결과, 『상서(尚書)』 '요전(堯典)'·'순전(舜典)', 『예기(禮記)』 '대전(大傳)' 등 오경(五經) 중에서는 작위·영지를 가진 백관(百官)으로서의 백성이 산견되는 데 반해서, 후발의 『대학(大學)』, 『중용(中庸)』, 『논어』, 『맹자(孟子)』의 사서(四書) 가운데 보이는 25건의 백성 표기는, 『맹자』 '만장상편(萬章上篇)'에서 인용하고 있는 『상서』 '순전'에서의 1건 외에는 모두 통상적인 서민을 의미하는 '백성'이라고 지적하고 있다. 이것은 옛 시대에는 작위·영토를 가진 백관이었던 백성이 전국시대에는 서민을 의미하는 것으로 변화했음을 보여주고 있다. 오늘날의 중국에서도 서민에 대해 친밀감을 내포하여 '노백성(老百姓)'이라 부르고 있다.

유가의 고전에 보이는 백관으로서의 백성은 그 실체가 서주 시기에 각국의 제후 아래에서 지배 집단을 편성했던 백생(百生)이라고 보아도 좋다. 이 백생이 기원전 5세기까지에는 실체를 달리하는 피지배자인 서민 백성으로 나타났던 것이다. 이러한 백생으로부터 백성으로의 변화를 직접적으로 표현하고 있는 사료는 보이지 않는다. 그것은 이 변화의 배경에 있는 사회의 동향을 추적함으로써 비로소 밝혀질 것이다. 거기에는 주로 왕권·제후에 대한 공헌(貢獻)·군사적 봉사를 떠맡았던 종자(宗子)-백생(百生)의 친족 집단을 대신하여, 서민 백성이 군사·역역(力役)의 담당자로 재편성되는 사회적 변화가 있었다.

소농 경영과 소농민 사회의 형성

첫 번째의 사회적 변화로서 거론하지 않으면 안 되는 것은 춘추·전국 시기를 통해서 소가족이 주체가 되어 경영하는 소농 경영이 광범위하게 형성되었다는 점이다. 이미 살펴본 바와 같이, 앙소 문화 시기에는 넷 전후의 소가족이 복합 세대를 편성하여 소비와 생산의 기본 단위가 되었다. 이 복합 세대에서 소가족이 자립하여 생산과 소비를 행하는 가(家)를 형성하게 된 것이다. 그 실태를 우선 살펴보도록 하겠다.

법가(法家)의 개조로 여겨지는 이회(李悝)[1]가 위(魏)나라 문후(文侯, 재위: 기원전 424~387)에게 '지력(地力)을 다하는 가르침(盡地力之教)'을 설파했다. 이회는 그중에서 기원전 5세기 말부터 4세기 초에 걸친 소농 경영의 양상을 다음과 같이 설명하고 있다. 문후와 함께 귀를 기울여보자.

> 지금 한 명의 농부가 5인 가족을 부양하며 100무(畝)[2][3.64헥타르(hectare)]의 토지를

---

1) 이극(李克)으로 일컬어지기도 한다. _옮긴이

2) 논밭 넓이의 단위에 해당하는 '묘'의 원래 명칭이다. 또 헥타르는 1만 m^2이다. _옮긴이

경작한다고 가정하여 보겠습니다. 그는 매년 1무[3.64아르(are)]당 1.5석(石)[30리터(litre)]의 조[粟]를 수확하며, 100무에서는 150석(3000리터)을 수확하게 됩니다. 그중의 10분의 1을 세(稅)로 위에 납부하므로 15석을 공제하면, 나머지는 135석이 됩니다. 식료는 1인이 1개월에 1.5석을 소비하므로, 5인일 경우 1년에 90석이 되어 나머지는 45석입니다. 1석당 30전으로 환산할 수 있기 때문에 45석이면 1350전이 됩니다. 이(里)의 사제(社祭)[3] 및 상신제(嘗新祭)[4] 등 봄·가을의 제사에 300전을 사용하면, 나머지는 1050전이 됩니다. 의료는 1인당 대략 300전을 사용하므로, 5인은 1년간 1500전을 소비하게 되며, 따라서 450전의 부족분이 발생합니다. 그 위에 불행하게도 발생하는 질병·장렴(葬斂)의 비용 및 관아로부터의 임시 징수는 전혀 계산에 들어 있지 않습니다(『漢書』 食貨志).

여기에서 묘사되고 있는 것은 매년 자기가 점유하는 100무의 토지를 경작하면서, 다소의 적자를 내는 가운데 가까스로 생활을 영위해 가는 5인의 소가족에 의한 농가 경영의 모습이다. 100무의 토지는 『예기』 '왕제편(王制篇)' 및 『맹자』에서는 '백무지분(百畝之分)', '분전(分田)'이라고 불렸으며, '구분전(口分田)', '직분전(職分田)'의 지목(地目)에서 보이는 바와 같이, 그 이후 당(唐)나라 시대에 이르기까지 토지 소유 및 경영의 기본 단위가 된다.

이러한 가계 계산은 남자가 도맡아 하는 조의 주곡 생산에만 의거하고 있으므로 다소 에누리하여 생각할 필요가 있다. 여기에는 야채 재배 및 닭, 돼지 등의 가축 사육은 계산에 넣고 있지 않다. 또한 성인 여성이 담당하는 의료(옷감) 생산도 들어가 있지 않다. 이회의 가계 계산 중에서 부족분이 발생하는 최대의 요소는 의료의 구입이다. 하지만 의료의 원료가 되는 마사(麻絲)

---

3) 봄에 토지신에게 드리는 제사를 지칭한다. _옮긴이

4) 가을의 추수 이후 드리는 제사를 지칭한다. _옮긴이

및 견사(絹絲)의 생산과 기직(機織: 베틀로 베를 짜는 것)은 '남경여직(男耕女織)'의 관용구가 보여주는 바와 같이, 주로 여성 노동에 의해 이루어졌다. 이러한 여성 노동을 계산에 넣으면, 의료용 1500전은 불필요해지며, 조 35석(1050전)이 남는 것으로 계산된다. 다만 이회가 생략한 질병, 장렴의 비용 및 임시 조세 징수 등을 추가하여 계산할 경우, 역시 빠듯한 생활을 하는 것에는 변함이 없다고 할 수 있다. 이 가르침의 요점은 5명의 소가족이 1년에 한 차례의 경작을 하는 방식의 농법으로 100무의 토지를 경영하는 부분에 있다.

기원전 4세기 중반 무렵, 맹자는 100무의 분전을 남편이 경작하고 5무의 택지에 뽕나무를 심으며, 아내가 양잠(養蠶: 누에치기)을 하여 비단을 짜고 암탉 다섯 마리와 암퇘지 두 마리를 사육한다면, 노인을 포함한 8명의 가족이라도 굶주리거나 추위에 떠는 일은 없다고 논하고 있다(『孟子』 盡心上篇). 이것은 이회의 '지력을 다하는 가르침'과 함께 전국시대 소농의 표준적인 경영을 보여주는 것으로 생각할 수 있다.

사회적 분업의 형성

맹자는 또한 군주가 신하·서민과 함께 나란히 농업 노동에 종사해야 한다고 주장하던 농가학파 허행의 제자들과도 토론을 했다. 그중에서 맹자는 우선 관(冠) 등의 장식품, 부(釜: 솥)·증(甑: 시루) 등의 도제(陶製) 취사 용구, 철제 농구 등 농민 자신이 제작할 수 없는 물건은 곡물과 교환해서 입수하는 것, 즉 백공(百工)·수공업자들과 농민 간에 사회적 분업 관계가 존재하고 있음을 확인한다.

다음으로 맹자는 통치하는 군주는 정신노동에 종사하는 '노심자(勞心者)'이며, 생산 노동에 종사하는 농공(農工: 농부·직공)의 '노력자(勞力者)'와의 사이에도 마찬가지로 분명한 분업 관계가 존재하기 때문에 농공 '노력자'는 군주 '노심자'에게 생산물을 제공하여 군주를 부양해야 한다고 주장했다. 이리하여 통치자와 피지배자가 모두 농업에 종사해야 한다고 설파했던 군신 병경설(君臣並耕說)은 배척되었다(『孟子』 騰文公上篇).

여기에서는 소농 경영의 형성을 기반으로 한 농공 간 사회적 분업의 존재, 지배자 집단과 서민 백성 사이의 정신노동과 육체노동 간 사회적 분업의 존재가 명확하게 인식되고 있다. 소농 사회는 사회적 분업의 형성과 상호 불가분의 관계를 갖고 성립되었던 것이다.

농경 방식의 변화

춘추·전국 시대에 소농민 경영과 사회적 분업이 형성된 과정의 근저에는 화북 농업의 변화 및 진전이 있었다. 그것은 수년간 작부(作付: 작물 심기)를 한 다음에 버리는 방식을 반복하는 앙소 문화 시기 이래의 이동 농법으로부터 매년 동일한 경지에 한 차례 작부하고 한 차례 수확하는 1년 1작 방식의 농법으로 농경 방식이 전환되었다는 것이다.

맹자가 언급한 바와 같이, 기원전 7세기부터 4세기에 걸쳐서 화북에서는 철제 농구가 출현하여 보급되었다. 앞부분이 두 갈래로 갈라져 있는 포크 형태의 뇌(耒: 쟁기), 스푼 형태의 사(耜: 보습)라고 불리는 목제 경기(耕起)[5] 용구의 앞부분에 철이 박히게 되어 경기 심도(深度)가 비교적 깊어지는 것과 함께, 이랑을 만들어 씨앗을 조파(條播: 줄뿌림)하는 것이 일반화되었다. 또한 서(鋤)라고 불리는 호미 형태의 중경(中耕: 중갈이)·제초(除草) 용구가 출현하여, 조파된 이랑 위의 잡초 제거 및 비배(肥培: 거름을 주고 가꾸는 것) 관리가 용이해졌다(〈그림 14〉 참조). 맹자는 이것을 "깊게 갈고 정성껏 김을 맨다(深耕易耨)"라고 표현했다(『孟子』 梁惠王上篇).

이리하여 경작지를 바꾸어나갈 필요가 점차 없어지고, 매년 동일한 장소

---

5) 곡식을 심기 위해 땅을 갈아 일구어놓는 것을 의미한다. _옮긴이

〈그림 14〉 전국시대의 농구

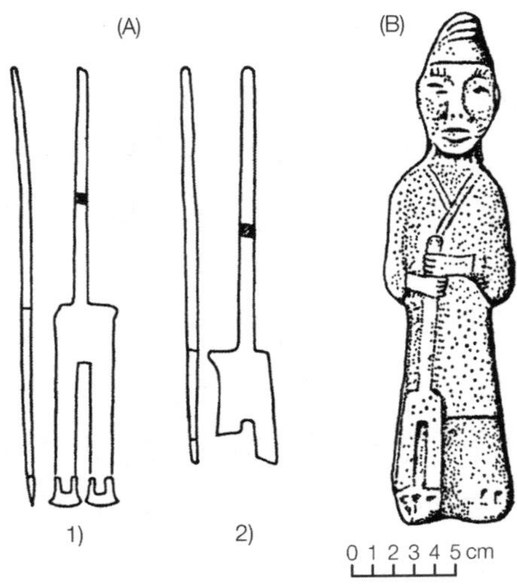

(A) 기남성(紀南城)에서 출토된 뇌(耒, 쟁기)

(B) 장만(張灣)에서 출토된, 뇌를 들고 있는 흙인형

1) 1호 뇌사(耒耜)

2) 2호 뇌사

를 점유하며 경작을 계속하는 1년 1작 방식의 농경과 소가족에 의한 농가 경영이 가능해졌다. 다만 이회 및 맹자가 논하고 있는 바와 같이, 3~4헥타르[고시엔 구장(甲子園球場)의 규모 3.8헥타르에 상당]의 토지에서 5~8인의 가족밖에 부양할 수 없었기 때문에, 1년 1작 방식의 농법이라고 해도, 아직 상당히 조방(粗放)한 농업 생산의 단계였다는 것에 유의하고자 한다. 첨언하면 후술하는 상앙(商鞅)의 변법(變法)이 실시된 이후 무제(畝制)의 확장에 의해 진한(秦漢) 시대의 분전[分田: 1경(頃)=100무(畝)]은 4.6헥타르가 되어, 거의 도쿄 돔(東京ドーム)의 규모(4.7헥타르)가 된다.

이랑을 만들어 1년 1작을 하는 농법의 성립에 맞추어 노나라에서는 기원전 594년 가을에 역사상 "처음으로 무(畝)에 세(稅)를 부과"하게 되었으며(『춘

秋』), 기원전 6세기와 5세기의 교체 시기에는 진(晋)나라 각지에서 다양한 길이의 무제에 기초한 1년 1작 방식의 농법과 수확량의 5분의 1을 수취하는 조세 제도 등이 시행되었다[은작산(銀雀山) 한묘(漢墓)에서 출토된 『孫子』 吳問篇]. 그것은 전국시대에 진입하여, 이회가 위(魏)나라의 문후(文侯)에게 말했던 10분의 1 세(稅)로 연결되어 간다. 조세의 성립은 지배자인 '노심' 집단과 서민 백성의 '노력' 간 분업 관계에 기초한 공적 권력 관계의 존재를 의미한다.

보병전의 출현

두 번째의 사회적 변화는 청동제의 무기를 갖춘 보병(步兵)의 출현이다. 이리두 유적으로부터 청동제 월(鉞: 도끼)이 출토되어, 중국의 무기·형구(刑具)가 금석 병용(金石並用) 시기에 진입했음을 알 수 있다. 은나라 시대에는 모든 청동제 무기가 빠짐없이 나왔으며, 전국시대 말기까지의 전쟁은 청동제 무기를 갖고 싸우는 것이 일반화되었다. 또한 은나라 후기에는 전차가 출현하여 은나라 말기에는 전쟁에 널리 사용되었다.

주나라는 전차를 병력 편성의 기본 단위로 삼고 조직적인 전차전을 전개했다. 주나라가 은나라를 멸망시킨 요인 중 하나는 조직적인 전차전에 의한 기동력의 확대였다. 표준적으로 말하면, 말 4마리가 끄는 전차 1승(乘: 대)에 3인의 전사가 타 1명이 전차를 조종하고 다른 2명이 궁시(弓矢), 모(矛), 과(戈), 극(戟)[6] 등의 무기를 갖고 전투에 참가한다. 전사는 지배자 집단을 구성하는 세족(世族)의 성원들이며, 별도로 전차 1승마다 수십 명의 비전투원인 여인(輿人)·졸(卒)이라고 불리는 민중이 부속되어 있었다.

기원전 6세기 중반, 진(晋)나라에서는 현마다 전차 100승의 군역이 부과

6) 궁시(弓矢)는 활, 모(矛)는 직선형의 창, 과(戈)는 기역자 모양의 창, 극(戟)은 모와 과를 합한 것으로서 직선형의 창에 기역자 모양의 날을 단 무기이다. _옮긴이

되어, 현대부(縣大夫)를 중심으로 하는 지배자 '세족' 계층이 전차에 탑승하여 전투를 하는 전사를 배출하고, 사회 하층으로부터는 전사를 위한 보조 노역을 담당하는 여인(輿人)·졸(卒)이 징발되었다. 이 체제 중에서, 기원전 541년에는 진(晋)나라에 본격적인 보병전이 등장한다. 다만 아직까지는 보병을 주력으로 삼았던 산융(山戎) 등 이종족과의 산간지 전투에 한정되었다.

기원전 6세기 말, 5세기 초에는 변경 제후인 오·월 양국에서 독립 보병 부대가 등장한다. 오·월 세력의 북진에 따라, 이 보병 부대가 중원 여러 지역에 확대되는 것과 함께, 백성 소농(小農)이 이것을 군역으로 부담하게 된다. 진(秦)나라에서는 기원전 408년에 백성에게 대검(帶劍: 칼을 차는 것)을 허가하게 된다. 그것은 서민의 무장을 공적으로 인가하는 것을 의미했으며, 진나라에서 서민을 군역에 대량 동원하여 보병으로 편입시키는 것을 말해주고 있다. 이것은 그로부터 약 50년 후에 실시되는 상앙의 변법에서 '경전(耕戰)의 사(士)'['경작과 전쟁을 동시에 수행하는 사(士)'_옮긴이]를 실행하는 전제 조건이 되었다. 소농 경영의 광범위한 형성 및 그들을 담당자로 하는 보병의 출현에 의해, 경영을 하면서 군역을 담당하는 가(家)의 주체가 이제까지의 수장층인 세족으로부터 백성 소농으로 전환되었던 것이다. 백관 백생으로부터 서민 백성으로 전환되는 변화의 사회적 기반은 여기에서 찾아볼 수 있을 것이다.

3. 봉건제에서 현제(縣制)로

춘추현(春秋縣)의 성립: 진(晋)나라 '패자 체제'와 현

다음으로 이러한 사회 변화의 과정이 어떠한 형태로 서주 시기부터 이어져왔던 봉건제를 해체시켜 나아가는지, 기원전 6세기 후반 진(晋)나라의 '50현 체제'를 구체적인 사례로 삼아 확인해 보도록 하겠다.

일본의 역사학자 요시모토 미치마사(吉本道雅)는 패자였던 진나라를 중심으로 회맹을 통해 중원 제후가 종속되는 정치 질서를 '패자 체제'라고 불렀으며, 또한 패자 진나라 및 각 종속 제국의 국내에서 여러 대에 걸쳐 유력 씨족이 경위(卿位)를 독점적으로 세습하는 정치 체제를 '세족 지배체제'라고 일컬었다. 이것은 과도기의 체제인데, 아직 봉건제 안에 머물러 있는 정치 체제였다.

춘추시대 중기에 성립된 '세족 지배체제'와 그 해체에 대해서 현제(縣制) 성립의 관점에서 확인해 보도록 하겠다. '패자 체제'를 확립하는 문공(文公)이 진(晉)나라의 국군이 되었을 때인 기원전 7세기 후기 진나라의 정치 편성은 다음과 같았다.

> 기원전 636년의 봄, 문공(文公)과 부인 영씨(嬴氏)가 주나라의 왕성으로부터 진(晋)나라로 귀환했다. …… 서(胥)·적(籍)·호(狐)·기(箕)·란(欒)·극(郤)·백(伯)·선(先)·양설(羊舌)·동(董)·한(韓)의 여러 세족이 조정의 정무를 관할하고, 국군과 동족인 희성(姬姓)의 선량(選良, 선발된 뛰어난 인물)들이 중앙 제관(諸官)의 정무를 관할하며, 재능 있는 이성(異姓) 세족이 지방의 정무를 관할했다. 진공(晋公)은 공헌물로 생활했고, 대부(大夫) 신분의 세족은 봉읍으로부터의 수입으로 생활했으며, 사(士) 신분인 자는 전토로부터의 수입으로 생활했고, 서인 농민은 자신의 노동으로 생활했으며, 수공업자·상인은 관부에서 일하며 생활했고, 신분이 낮은 자는 부여된 관부에서의 직무를 수행하여 생활했으며, 궁정 요리인은 식료 가공에 의해 생활했다. 정치는 평화롭고 민중은 풍요했으며, 재정에는 부족함이 없었다(『國語』 晋語).

이에 의하면, 국군[진공(晋公)]의 조정에 공족(公族) 11족, 중앙에 동성(同姓)인 희성(姬姓) 제족(諸族), 지방에 이성(異姓) 제족이 배치되어 있으며, 이러한 식읍[食邑: 채읍(采邑)]을 가진 여러 세족 대부가 재물을 상납하는 공납제에 의해 공실(公室)이 유지되었다. 국군을 정점으로 하는 공족·동성 제족·이성 제족의 족적(族的) 결합은 여전히 서주 초기의 의후 봉건, 노(魯)·위(衛)·진(晋) 봉건의 족적 편성과 공통되어 있으며, 족제적(族制的) 지배자 집단이 존재했다는 것을 의미한다. 또한 진나라의 정치 지배가 부계의 혈연적 계보 관계를 기초로 하는 제씨(諸氏) 세족과 희성(姬姓)·이성(異姓) 여러 씨족의 복합적 집합체이며 고도로 발달한 수장제 단계의 사회였음을 보여주고 있다.

다만 이 시기에 진나라의 세족층은 군제 개혁을 둘러싸고 격렬한 세력 싸움을 벌였으며, 기원전 539년까지 난(欒)·극(郤)·서(胥)·원(原)·호(狐)·속(續)·경(慶)·백(伯)의 여러 세족이 차례로 몰락했다. 군제 개혁과 세족 지배층의 재편이 커다란 과제가 되었다. 한편 진나라에서는 이보다 조금 앞선 기원전 7세기 중반 무렵부터 계층제 취락군의 형식을 이용하여 중심 성곽 취락을 중핵으로 하는 현제(縣制)가 서서히 시행되었다. 그것은 혈연적 계보 관계와는 다른 군사적 요소를 수반하며 편성되는 체제였다.

현(縣)으로 재편된 계층제 취락군은 세족에게 영지(領地)로 제공되었고, 현을 영유한 세족은 현대부로서 현성(縣城)을 중심으로 하는 취락군을 지배했다. 현은 진나라에 계속(係屬)된 공읍(公邑)임과 함께, 세족의 채읍[采邑: 사령(私領: 개인 영지)]이기도 한 양면성을 갖고 있었다. 각 세족은 한씨(韓氏) 일족 7현, 기씨(祁氏) 일족 7현, 양설씨(羊舌氏) 일족 3현처럼, 몇 개 현을 족적(族的)으로 영유하며, 전체적으로 진나라 지배자 집단을 편성했다. 기원전 537년의 그 양상을 『춘추좌씨전』은 다음과 같이 전하고 있다.

> 한기(韓起)의 휘하에는 조성(趙成), 중행오(中行吳), 위서(魏舒), 범앙(范鞅), 지영(智盈)의 5경(五卿)이 있고, 양설힐(羊舌肸)의 휘하에는 기오(祁午), 장적(張趯), 적담(籍談), 여제(女齊), 양병(梁丙), 장격(張骼), 보력(輔躒), 묘분황(苗賁皇)의 8대부(八大夫)가 있으며, 모두 비범한 선량(選良)이다. 한양(韓襄)은 공족 대부(公族大夫)가 되었고, 한수(韓須)가

명을 받아 외교를 담당하고 있다. 한씨(韓氏)의 일족인 기양(箕襄), 형대(邢帶), 숙금(叔禽), 숙초(叔椒), 자우(子羽)는 모두 대가(大家)이다. 한씨가 군역을 내는 7읍은 모두 대현(大縣)이다. 양설씨(羊舌氏)의 4족(四族)도 모두 강가(强家)이다. 진나라는 설령 한기(韓起)와 양힐[楊肸, 양설힐(羊舌肸)]을 잃더라도 5경 8대부가 한수(韓須)·양석(楊石)을 보좌하고 10가(家)가 영유하는 9현으로부터의 대전차 900승, 기타 40현에서 차출되는 후방의 전차 4000승으로 무위(武威)를 떨치며 커다란 치욕을 씻기 위해 보복할 것이다.

기원전 6세기 후반의 진나라는 한기를 중심으로 하는 6경 8대부의 지도하에 49현으로부터 4900승의 전차 군단을 공출하는 '군사 연합체'로서 편성되어 있었다. 즉 진나라에서는 현을 단위로 하여 현마다 대략 100승의 전차 군단의 군역이 부과되었으며, 군역을 담당하는 전사는 각 현대부를 중심으로 군단을 편성하고 각 현대부는 나아가 한씨(韓氏)·양설씨(羊舌氏) 등 세족마다 족적(族的) 결합을 기초로 하는 대군단을 편성한다. 이러한 세족마다의 대군단은 6경 8대부의 지도하에 진나라 군단으로서 타국에 대치한다. 진나라에서는 현제를 단위로 하는 군사적 편성에 의해, 다른 혈연적 계보를 갖는 지배 계층인 경·대부의 제가(諸家) 및 세족이 통합되었으며, 족적 결합을 기초로 하는 지배자 집단의 연합 체제가 성립되었던 것이다.

진현(晋縣) 하층의 움직임

세족·제가가 편성하는 지배자 집단에 대해서 진(晋)나라 현제의 하층에서는 기원전 6세기 중반에 이미 농민의 요역 편성이 조직적으로 실시되었다. 『춘추좌씨전』은 기원전 543년의 일로서, 다음과 같은 매우 흥미로운 기술을 남기고 있다.

> 진(晋)나라 도공(悼公)의 부인이 실가(實家, 친정)인 기(杞)나라의 성벽을 수축하러 갔던 여인(輿人)들을 대접했다. 그중에 강현(絳縣)의 노인이 있었다. 자식이 없었기에 역역(力役)에 끌려나와 대접을 받은 것이었다. 노인이라는 것에 의심을 품은 자가 있어, 연령(年齡)을 물었다. "저는 소인(小人)입니다. 연(年, 햇수)을 세는 것은 알지 못합니다". …… 그 현대부가 누구인지 조맹(趙孟)이 물어보았더니 자신의 배하(配下)였다. 조맹은 노인을 불러 사죄했다. …… 그래서 노인을 관직에 올려 정무를 보좌하도록 하려고 했지만, 노령을 이유로 사절했기 때문에 경지(耕地)를 주고 요역 면제 조치를 취하여 강현의 사(師)로 삼았으며, 노인을 징발한 여위(輿尉)를 관직에서 쫓아냈다.

이 기록에 의해, 기원전 6세기 중반 진나라 현제의 조직 실태를 알 수 있다. 현의 장관(長官)은 현대부이며, 그 아래에 여위가 있어 요역 징발을 맡았다. 또한 이때 현에는 아울러 현사(縣師)를 두었다. 서진(西晋)의 두예(杜預: 222~284)가 집필한 주석(註釋)에 의하면, "현사는 지역을 관장하고, 남녀 인민을 변별하는" 것을 직무로 삼았다. 이것은 현대부를 세족이 맡고 있다는 점을 제외하면, 축성 노동에 징발되는 여인(輿人)·주민이 거주지마다 편성되기 시작했던 것, 그리고 현령·현위를 간부로 하는 진한(秦漢) 시기의 현제 조직의 골격이 여기에서 형성되기 시작했다는 것을 의미한다. 그와 함께, 관료제에 의한 서민 백성의 조직화가 진전되고 있음을 알려주는 것이다.

기원전 6세기 중반의 진나라에서는 현제의 하층을 구성하는 여인·현인(縣人: 백성)의 차원에서, 요역 편성을 중심으로 민중의 거주지에 의한 조직화가 상당히 진행되었다. 하지만 지배자 집단에서는 또한 혈통에 의한 족적 결합을 기초로 하는 군사적 편성에 의해 통합되었다. 이 군사적 편성에 의해 결합되어 있던 족제적 지배자 집단은, 소경영을 형성하고 있던 여인·현인의 보병으로의 편성 및 정치 사회로의 진출 속에서 해체 과정으로 향하게 되며, 그 와중에서 관료제에 기초한 새로운 현제가 구축되기 시작했다. 이것이 중국에서의 국가 형성, 즉 '영웅 시대'의 최종 국면이다.

3진 분립과 전국시대 현제의 형성

기원전 514년, 한(韓)·조(趙)·중행(中行)·위(魏)·범(范)·지(智)의 6경(六卿)이 진(晋)나라의 공족(公族)인 기씨[祁氏: 7현을 영유했음], 양설씨[羊舌氏: 3현을 영유했음] 등을 멸망시키고 그 영지를 재편하여 새로운 현대부를 임명했다. 이것을 계기로 하여 진나라의 내부에서 6경 간의 경합을 비롯한 족제적 지배자 집단 내부의 경합·재편이 활발해진다. 대략 60년간에 걸친 재편 과정 중에서, 기원전 453년에는 한(韓)·위(魏)·조(趙)의 3경이 다른 3경 세력을 배제하고 진나라를 삼분했으며, 이렇게 분립한 삼국은 나아가 기원전 403년 주왕으로부터 제후가 되는 것을 승인받는다. 이리하여 진나라의 지배자 집단은 최종적으로 해체된다.

진나라에서는 이 삼국 분립의 과정에서 관료제에 의한 새로운 현제가 시행되었다. 진나라 삼분에서 중심인물이었던 조양자(趙襄子, 재위: 기원전 457~425)의 치세 시기에 임등(任登)한 인물이 중모현(中牟縣)의 현령이 되어 상계(上計)를 할 때 중모현의 사(士)를 추천하여 채용되도록 했다(『呂氏春秋』 知度篇). 또한 이회(李悝)가 '지력(地力)을 다하는 가르침'을 설파한 위(魏)나라 문후 시대에 업(鄴)의 현령이었던 서문표(西門豹)가 1년마다 상계를 행했다(『韓非子』 外儲說左下第三十三). 상계는 중앙정부에 그 현의 정치·재무 관련 보고를 하는 것과 함께, 지방의 현인(賢人)과 조세·공헌물을 공납하는 제도이다. 상계 제도의 존재는 1년을 단위로 하는 재무 운영과 세족이 아닌 관료를 지방으로 파견하여 통치하는 행정이 이미 확립되었음을 보여준다.

진(晋)나라에서는 족제적 지배자 집단이 편성하는 현제로부터 관료를 파견하여 통치하는 현제로의 전환이 공족(公族)의 멸망으로부터 진나라의 삼분에 이르는 60년 남짓의 사이에 진행되었다. 다만 이 과정을 구체적으로 알 수 있는 진나라 관련 사료는 남아 있지 않다. 비교적 구체적인 양상을 파악할 수 있는 것은 상앙의 변법을 중핵으로 하는 진(秦)나라의 체제 개혁 과정이다. 다음 절에서는 그 경위를 진(秦)나라와 관련해 살펴보도록 하겠다.

4. 상앙(商鞅)의 변법: 기원전 4세기 중엽의 체제 개혁

화북의 서부에 위치하고 있던 진(秦)나라는 이미 살펴본 바와 같이, 후발의 제후국이었으며, 기원전 4세기 중반에는 "중국(中國)의 제후의 회맹에 참가하지 않았고, 이적(夷狄)이나 마찬가지의 취급을 받았다"(『史記』 秦本紀). 진나라는 중원 제국에서의 개혁보다 다소 늦은 기원전 5세기 말부터 4세기 중반에 걸쳐서 상앙의 변법이라고 불리는 일련의 개혁을 중심으로 정치 사회를 재편했다. 그 중핵은 소농민·소농 사회를 호적에 의해 파악하고, 그들을 등급제의 작위를 지닌 국가의 성원으로 편성하여 군역, 요역, 조세를 부담케 하는 것에 있었다. 다음에서는 그 재편 과정 중에 창출된 정치 사회의 특징을 확인해 보도록 하겠다.

변법(變法)의 전제

진(秦)나라의 개혁 과정도 삼진(三晋)의 개혁과 마찬가지로 반세기 남짓의 장기간에 걸쳐 이루어졌다. 그것은 기원전 409년에 "처음으로 이(吏)에게 대검(帶劍)을 허락하고", 그 이듬해인 기원전 408년에는 "처음으로 백성에게 대검을 허락하는" 것과 함께 "처음으로 곡물[禾]에 조세가 부과되었다"(『史記』 六國年表)는 것에서 시작한다. 기원전 5세기 말, 진나라에서는 관리와 백성 모두에게 무장하는 것이 허락되었고, 조세를 매개로 하여 통치자 집단과 피지배 집단을 구성하게 되었던 것이다.

그 이후 기원전 379년에는 포(蒲), 남전(藍田), 선명씨(善明氏)를 처음으로 현으로 삼았고, 기원전 375년에는 호적 제도를 시행했으며("爲戶籍相伍", 『史記』 始皇本紀), 그 이듬해인 기원전 374년에는 위(魏)나라와의 전쟁을 위한 전선 기지였던 역양성(櫟陽城)에도 현을 설치했다. 중원 제국에서는 새로운 현제의 시행과 함께 이미 호적 제도가 시작되었던 것으로 여겨진다. 조나라와 위나라에서 확인할 수 있는 현으로부터의 상계에서 가장 중요한 항목은 호구 수의 보고였다. 다만 사승(史乘)에 호적을 명기하고 있는 것은 진(秦)나라의 기사를 효시로 한다.

진(秦)나라 동부에 현제가 시행되었다는 것과 호적에 의한 백성·소농의 편성 사이에는 상호 관계가 있으며, 동쪽에서 대치하고 있던 대국(大國) 위(魏)나라와의 전쟁을 수행하기 위한 군사적 요청에 응했던 것이라고 할 수 있다. 상앙의 변법은 이러한 개혁을 전제로 하여 시작된다.

호적에 대해서

상앙 변법의 제도적 전제가 되었던 호적은 조세 징수, 요역 및 병역 징발을 위한 호구·전토 장부이며, 그 이후 청조(淸朝)에 이르기까지 서민 백성 지배를 위한 정치적인 장치가 되었다. 여기에서 호적에 대해서 개관하며 상앙 변법이 중국사에서 갖는 역사적 의미를 미리 밝혀두고자 한다.

호적은 조세, 요역, 병역을 수취하기 위한 대장(臺帳)이다. 호적을 편성하는 단위인 호(戶)는 통상적으로 조세, 요역, 병역의 징수 단위이며, 납입 책임자인 호주는 진한(秦漢) 시대에는 호인(戶人), 당송(唐宋) 시대에는 호주(戶主)·호두(戶頭)·당호(當戶) 등으로 불렸다. 호적은 통상적으로 호주가 자신의 책임하에 자주적으로 신고하고, 세역(稅役)은 호(戶) 단위로 합산하여 일괄 납입되었다. 호적은 세역 수취의 형태에 따라 시대마다 기재 내용 및 양식을 달리한다. 하지만 그것이 호구·전토 장부라는 점은 그 이후 명(明)나라의 부역황책(賦役

黃冊), 청(淸)나라의 편심책(編審冊)에 이르기까지 기본적으로 일관되고 있다.

호적은 향(鄕)·리(里)를 단위로 하여 편성되었다. 즉 소속되어 있는 친족 집단 및 혈통과는 관계가 없으며, 주민을 거주지에 따라 구별하여 거주지를 단위로 국가에 대한 공적 의무를 이행케 하는 장치였다. 따라서 호적의 출현은 중국에서의 국가의 형성과 같은 의미이다.

호적은 그 명칭처럼, 호(戶)별로 편성되는 부분에 공통점이 있다. 이 경우 주의해야 할 것은 호(戶)와 가(家)와 가족을 구별하는 것이다.

가족(家族)은 혈연관계에 기초하여 편성되는 사회 조직이며, 한 쌍의 부부와 미혼 자녀들로 구성되는 소가족과, 복수의 혼인 관계로 구성되는 몇 세대(世代)의 소가족이 모인 대가족(확대가족)으로 대별할 수 있다.

가(家)는 가족으로만 편성되는 경우와, 가족에 비(非)혈연 성원인 비자유민[非自由民: 노비(奴婢), 부곡(部曲, 부하) 등], 외래 동거인[객(客), 전객(佃客) 등]을 추가하여 편성되는 경우가 있다. 양자는 생계를 함께하고 있다는 점에서 공통되는 사회 조직이기 때문에, 가를 가족과 구별하여 세대(世帶)라고 부르는 편이 낫다.

호(戶)는 호구·전토를 호적에 등록하는 단위이며, 통상적으로는 사회에 가장 많이 존재하는 소가족을 단위로 하여 등록한다. 따라서 이 경우, 호(戶)와 가[家: 세대(世帶)]와 소가족은 서로 일치하는 경우가 많다. 상앙의 제1차 변법에서는 분이령(分異令)을 내려 소가족의 분출(分出)을 정책적으로 추진했으며, 제2차 변법에서도 부자·형제가 같은 실내에서 생활하는 것을 금지하여 분이령을 보강했기 때문에, 진나라의 호적은 호(戶)와 가(家)와 소가족이 대체적으로 일치했을 것이다.

그러나 이 점으로부터 호(戶)를 가(家)와 직접적으로 동일시하거나, 가와 가족 간의 차이점을 무시하는 일이 종종 있었다. 정치 제도와 사회 조직이 혼동되었던 것이다. 이 혼동은 해당 시대에 사료를 기술하는 자에게서도 발생했기 때문에 상당히 까다롭다.

등록 단위인 호(戶)는 통상적으로 가(家)를 기초로 한다. 진한(秦漢) 시기 이후의 중층(中層) 이상의 가에는 비(非)가족 성원이 포함되는 일이 많으므로, 노비 및 객(客) 등이 호적에 등재된다. 가가 가족(家族: 혈연)으로만 조직되는 경우에는 호(戶)=가(家)=가족이 되어 인식상 혼란이 없다. 하지만 가가 확대가족으로 편성되는 경우, 또는 비가족 성원을 포함할 경우에는 사정이 달라진다.

확대가족은 호적에 등록할 때 몇 개의 소가족으로 분할하여 등록하는 일이 있다. 이 경우, 호(戶)의 정치 편성은 가(家)의 사회 조직과는 일치되지 않는다. 거꾸로 유력 가족의 아래에 많은 소가족이 1호로 편성되는 일도 있다. 30가 내지 50가를 1호로 통합한 북위(北魏) 전기의 종주독호제(宗主督護制)가 그 전형적인 사례이다. 이 경우 호는 많은 가의 장부상의 집합체이며, 호와 가와 가족은 서로 일치하지 않는다.

어떤 경우에도 주로 세역(稅役) 부담의 경감이나 은폐를 목적으로 한다. 국가의 측에서 말하자면 검괄(檢括), 괄호(括戶) 등으로 칭하며 단속, 적발의 대상이 되었다. 호적은 호적으로부터의 이탈인 도호(逃戶)·유망(流亡), 기재기만(記載欺瞞)에 의한 탈세·피역(避役)을 포함하여, 국가 군현제와 서민 백성 간의 최전선의 투쟁 장소가 되었다.

제1차 변법

그렇다면 상앙은 호적을 체제 개혁 가운데 어떻게 규정했을까? 변법의 구체적인 내용에 파고들어 보도록 하겠다.

상앙(商鞅, ?~기원전 338)은 본명이 공손앙(公孫鞅)이었으며, 위(衛)나라 종실(宗室)의 서자(庶子)였다. 당초 위(魏)나라에 출사(出仕)하여 영달을 추구하려 했지만 뜻을 이루지 못하고, 때마침 개혁을 추진하고자 했던 진(秦)나라의 효공(孝公, 재위: 기원전 361~338)에게 환심을 잘 사서, 개혁을 담당하게 되었다. 상앙이라고 불리게 되는 것은 체제 개혁이 성공하여 상(商)·어(於)의 영지를 받아 열후(列侯)가 된 후에 상군(商君)이라고 불렸기 때문이다.

상앙의 체제 개혁은 7년간에 걸쳐 두 차례 진행되었다. 기원전 356년에 실시된 상앙의 제1차 변법은 백성이 편성하는 소가족의 가(家)를 단위로 하여 경지·택지·노예 및 기타 동산과 함께, 이것을 호적에 부가하고 군역을 지게 하는 개혁이었다. 법가의 한비자(韓非子)는 나중에 그들을 '경전(耕戰)의 사(士)'라고 불렀다. 이리하여 전쟁에 종사하여 군공(軍功)을 세운 이는 상급의 작위를 부여받고 전택지(田宅地)의 점유 한도 확대 등 다양한 은전을 받았다.

사회의 이러한 군사적 편성은 백성뿐만 아니라 진나라 종실(宗室)에도 파급되었다. 군공이 없는 공족(公族)은 종실의 호적에 부재되지 않으며, 특권을 부여받지 못하게 되었다. 여기에서는 소농민, 백성과 마찬가지로 지배자 집단도, 혈연·혈통 원리에 의한 정치적 편성이 군사적 편성으로 교체되었던 것이다. 군사적 공적에 의해서만 지배자 신분을 획득한다고 하는 진나라의 작제(爵制) 질서는 족제적 지배자 집단의 해체와 직접 생산자인 소농민의 거주지에 의한 편성을 나타내며, 국가의 형성을 의미한다.

상앙의 제1차 변법은 백성의 소가족이 영위하는 소농 경영을 호적을 통해서 군사적으로 편성하는 부분에 주안점이 있었다고 할 수 있다.

상앙은 또한 5가, 10가마다 십오제(什伍制) 조직을 만들게 하여, 주민끼리 서로 범죄를 감시하도록 했다. 이 십오제에 의한 상호 감시의 틀은 혈연적 계보에 의한 사회 통합으로부터 벗어나고자 하는 소농 사회에서 소농 세대 상호에게 분단을 가져왔다. 그것은 거듭되는 전쟁에의 동원과도 상호 작용하며, 소농 상호 간에 스스로 통합 규범을 만들고 그것을 공유할 수 있는 새로운 지연 조직을 형성해 나아가는 데 커다란 저해 요인이 되었다. 새로운 지연 단체의 미형성은 호적을 통한 국가의 직접적인 소농 지배와 유동성이 높은 소농 사회를 생겨나게 했으며, 전제주의적인 정치 지배를 재생산하는 온상이 되었다.

제2차 변법

제1차 변법이 시행된 지 햇수로 7년, "민(民)은 공전(公戰)에서 용맹하고 사투(私鬪)를 겁내게 되었으며, 향읍(鄕邑)은 잘 다스려졌다"(『史記』 商君列傳). 그래서 상앙은 기원전 350년, 제2차 변법에 착수한다. 첫째, 상앙은 함양(咸陽)을 새로운 국도(國都)로 조성하고, 옹성(雍城)에서 천도했다.

둘째, 소도(小都)·향(鄕)·읍(邑)·취(聚)라고 불렸던 크고 작은 취락을 재편하여 성곽이 있는 대규모 취락을 현, 중급 취락을 향, 소규모 취락을 리(里)로 삼아, 현-향-리의 삼계층제 취락군으로 구성되는 31개(다른 기록에서는

〈그림 15〉 전국(戰國)·진한(秦漢) 시기 군현향리(郡縣鄕里)의 개념도

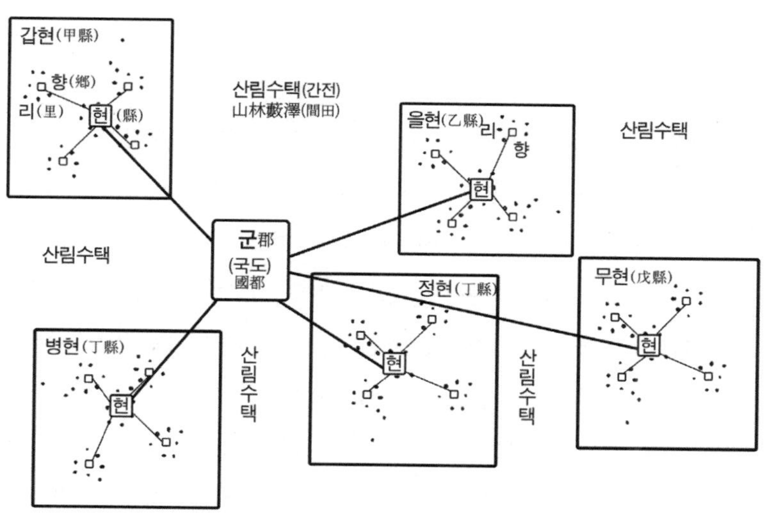

〈그림 16〉 천맥(阡陌) 개념도

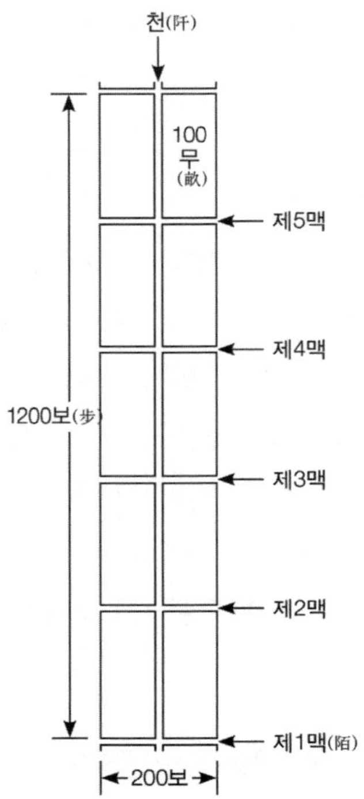

41개)의 현제를 진나라 전역에서 시행했다(〈그림 15〉 참조). 현에는 중앙정부로부터 현령, 현승(縣丞), 현위(縣尉)가 파견되어 행정 통치를 했다.

셋째, 현제의 시행에 따라 경지를 1000무[10경(頃)]와 100무[1경(頃)]로 구획하는 도로를 만들어 경구(耕區) 정리를 실시하며['천맥제(阡陌制)', 〈그림 16〉 참조], 분전제(分田制)를 제도화했다. 넷째, 도량형 제도를 조정하고 조세 부담의 공평화를 도모했다. 그로부터 2년 후인 기원전 348년에는 현으로부터 중앙정부로의 조세 공납 제도인 부제(賦制)를 정비한다.

기원전 356년부터 348년에 이르는 진나라의 체제 개혁은 진나라를 부강하게 이끌어 전국(戰國) 6국을 멸망시키고 천하 통일을 달성하는 기반이 되었다. 또한 진나라를 이어받은 한(漢)나라 이후 전제국가의 추형(雛形: 모형)을 만들어낸 것이기도 했다.

변법의 제반 결과(1): 현제에서 군현제로

진나라는 변법 이후, 우선 인접해 있는 위(魏)나라와 초(楚)나라에 대한 전쟁을 진행했다. 기원전 330년, 황하 이서(以西)에 있는 위나라의 영지를 획득하고, 나아가 황하의 동쪽에 있는 위나라의 영역을 침공하여 기원전 328년에는 위나라로부터 흉노(匈奴)와 접한 상군(上郡) 15개 현을 양도받았다. 진나라는 또한 기원전 312년 초나라가 영유하던 한중(漢中)의 땅 사방 600리를 공략하여 한중군(漢中郡)을 설치하고, 그 이듬해에는 속령화했던 촉(蜀)에도 군을 설치하여 직할령으로 삼는다. 이에 이르러 진나라 변경에 처음으로 군현제가 도입되었다.

군은 춘추시대 말기의 진(晋)나라에서 처음으로 출현한 행정구이다. 진나라의 군은 새롭게 획득한 변경 지대에 설치된 군관구로서, 국군(國君)이 이것을 직접 지배했다. 당초에 군과 현 간에는 통속 관계가 없었지만, 전국시대에 들어서면서 변경에 대한 군사적 확장이 진전되자, 군의 아래에 몇 개의 현을 분치하게 되어 군현 2급제의 지방 조직이 형성되었다. 그 결과, 기존의 현에도 그 통괄 관부로서 군이 널리 설치되었다. 진(秦)나라에서도 기원전 4세기 중반 상앙의 변법에 의해 전체 지배 영역에 현제를 시행했으며, 또한 영토를 확대하게 되자 북방의 유목 종족인 '흉노' 및 서남 방면의 티베트계 여러 종족과 접해 있는 변경 지대에 군을 설치하게 되었다.

기원전 288년에는 동제(東帝)라고 칭하고 있던 제(齊)나라에 대해 진나라는 서제(西帝)를 칭하게 되었는데, 그로부터 머지않아 양국 모두 왕호로 돌아왔다. 군현제의 진전과 함께 경합하는 왕권을 능가하는 통일 권력의 칭호가 모색되기 시작한 것이다.

또한 진나라는 기원전 278년 초나라의 구도(舊都) 영(郢)을 공략하여 그 영역을 남군(南郡)으로 삼고, 그 이듬해에는 무군(巫郡)·검중군(黔中郡)을, 기원전 272년에는 남양군(南陽郡)을 연이어 설치했다. 이리하여 기원전 256년에 주(周)나라를 멸망시킨 것을 시작으로 기원전 230년에 한(韓)나라, 기원전 225년에 위나라를 멸망시키며 차례로 6국을 공략해 나아간다.

기원전 222년, 진나라는 요동(遼東)으로 본거지를 옮긴 연(燕)나라를 멸망시키고, 이어서 대(代)에 할거하고 있던 대왕(代王) 가(嘉)를 사로잡아 조나라를 멸망시켰다.[7] 남방 전선에서는 초나라 및 강남 지방을 평정하고, 월족(越族)의 월군(越君)을 투항시키며 회계군(會稽郡)을 설치했다. 그 이듬해인 기원전 221년 진나라는 서쪽 방면으로 주력을 집중시킨 제나라의 허를 찔러 연나라의 남쪽으로부터 공격해 제왕(齊王) 건(建)을 사로잡고 제나라를 멸망시켰다. 여기에 이르러 춘추·전국 시대의 분열 시기는 막을 내리고, 군현제를 기초로 하는 중국 최초의 통일 전제국가가 형성되었다.

변법의 제반 결과(2): 순자(荀子)의 국가론

순자[荀子: 순황(荀況)]는 전국시대 유가의 마지막 대유(大儒)였다. 그는 사회의 형성부터 전국시대 국가의 틀에 이르기까지, 이것을 일관된 논리로 설명했던 유일한 사상가였다. 그는 기원전 3세기 중반에 진(秦)나라를 방문하여 당시 재상이었던 범저(范雎, ?~기원전 255)와 회견했다. 범저는 '장평(長平)의 전쟁'을 지도하여 조(趙)나라에 궤멸적인 타격을 가했던 인물이다. 그의 질문에 답하며 순자는 진나라의 도성·관부에는 위엄이 있고 사대부(士大夫)·백리(百吏)는 주의 깊게 규율을 지키며, 백성은 순박하다고 논하고

---

7) 기원전 228년 진(秦)나라가 조(趙)나라를 공격하여 수도 한단(邯鄲)을 함락시키자 공자 가(公子嘉)가 대(代)로 피난하여 대왕(代王)을 칭했다. 그로부터 6년 후에 진나라가 대왕 가(代王嘉)를 사로잡아 조나라는 완전히 멸망했다. _옮긴이

있다(『荀子』 强國篇). 상앙의 변법으로부터 거의 1세기가 지나, 진나라는 왕권 아래에 재상이 이끄는 관료제가 갖추어졌으며, 관료제에 의해 백성을 지배하게 되었다.

순자는 눈앞에 보이는 전국시대의 이 국가를 관찰하며 구체적으로 분석했다. 그는 맹자의 '노심(勞心)', '노력(勞力)'의 분업론을 계승하며, 이것을 더욱 전개하여 사회적 분업에 기초한 '예제 국가론(禮制國家論)'으로 집대성했다. 그것은 예제의 기초 위에 분업론을 적용한 대단히 현실주의적인 국가론이었으며, 중국에서의 전제국가의 계급적 기초를 뛰어나게 이론화했다. 다음에서는 『순자(荀子)』 '부국편(富國篇)'에 기술되어 있는 내용을 참조하여 그의 사회론·국가론을 개관해 보도록 하겠다.

순자는 "사람의 삶은 군(群)이 없으면 안 된다"라고 말하며, 인간의 특질을 군적(群的) 존재·사회적 존재라고 지적한다. 또한 그는 "군(群)을 이루면서도 나뉘지 않으면 곧 분쟁이 일어나게 되고, 분쟁이 전개되면 난(亂)이 발생한다. …… 나누는 것은 천하의 근본적인 이익이 된다"라고 논하며 군(群: 사회)의 질서 형성은 분(分: 분업)에 기초해야 한다고 주장한다. 아울러 순자는 "백기(百技)가 이루는 바는 한 사람을 양육하는 근원이 된다"라고 말하며, 질적으로 다른 다양한 노동·기능이 생산해 내는 갖가지 물건 및 다양한 직능·역할 분담에 의해 한 사람 한 사람의 생활이 성립된다고 지적한다. 즉 사회적 분업의 아래에서 한 사람 한 사람이 상호 의존하는 것에 의해, 군(群: 인간 사회)이 성립된다고 하는 것이다.

그는 별도로 군적(群的) 존재인 인간을 그 능력에 의해 구분하여 도(道)에 정통한 자를 군자(君子)라고 부르며, 물(物)에 상세한 사람들을 소인(小人)으로 규정한다. 그에 의하면, 군자는 정신노동을 행하는 '노심자'이며, 구체적으로는 왕-상국(相國: 재상)-사대부-관인백리(官人百吏)로 구성되는 관료제의 체계로서 존재한다. 소인은 육체노동을 행하는 노력자이고, 구체적으로는 농·공·상의 사회적 분업을 담당하는 서민 백성으로서 존재한다. 환언하면 순자는 군자=왕권·관료제에 의한 소인=백성의 지배를 정신노동과 육체노동의 사회적 분업에 의거하여 이론화한 것이다.

그리고 더 나아가 "사(士) 이상은 반드시 예악에 의해 질서화하고 중서 백성(衆庶百姓)은 반드시 법제(法制)에 의해 통치한다"라고 논하며, 예악과 법제에 의한 정치 사회의 질서화를 주장한다. 이러한 예악과 법제에 의한 정치 사회의 질서화는 전한·후한 교체기의 100년간에 걸쳐 현실화된다. 이에 대해서는 제4장에서 논하고자 한다.

순자가 파악한 정신노동으로서의 왕권·관료제 체계는 혈연적 계보 관계에 의해 지배자 집단을 형성했던 봉건제하의 국군(國君)-세족층의 해체 중에서 생겨나게 된다. 그것은 소농민 경영의 형성에 의해, 씨족제의 하층을 구성했던 유추로부터 서민 백성이 생성되는 과정과 상호 관계에 있었다. 필자는 순자의 분석에 기초하여 왕권-관료제 체계의 서민 백성에 대한 지배의 생성이야말로 전통 중국에서의 계급 지배, 황제-관료 계급에 의한 백성 계급의 지배, 즉 전제국가의 형성이라고 생각한다. 이것과 관련해서 다음으로 진한 제국(秦漢帝國)을 다루면서 확인해 보도록 하겠다.

3

제국의 형성

진한 제국(秦漢帝國)

진(秦)나라는 영정(嬴政, 기원전 259~210, 재위: 기원전 246~210)의 통치 시대가 되자, 앞에서 살펴본 바와 같이 차례로 6국을 멸망시키고 현의 위에 군을 설치하게 되며, 기원전 221년에 천하를 통일했다. 진왕 정(政)은 왕·천자의 호칭을 버리고 그것을 초월하는 왕권의 칭호로서 황제를 채택하고 자신을 시황제라고 칭했다. 황제 호칭은 천상의 절대신인 황천상제(皇天上帝)에서 유래했으며, 바로 우주를 주재하는 위대한 상제(上帝)를 의미했다.

시황제는 또한 "천하를 나누어 36군으로 하고, 군에는 군수, 군위(郡尉), 감어사(監御史)를 설치했다"(『史記』 始皇本紀). 춘추·전국 시대를 통해서 각국에서 형성되었던 군현제에 의한 지방 통치를 천하 일률의 지방 제도로서 재정립한 것이다. 또한 몽염(蒙恬)에게 명하여 30만 명의 병사를 이끌고 유목민을 공격하여, 하남[河南: 오르도스(Ordos) 지방]의 땅을 수중에 넣는 것과 함께, 옛 6국이 축조했던 장성을 연결하여 만리장성을 쌓아 북방 유목민에 대한 군사 경계선으로 삼았다. 그 판도는 화북·화중을 중심으로 화남, 내몽골에까지 이르렀으며, 천하를 '중국'으로 삼는 국가가 실현되었다. 우가 창조했던 국토인 '천하=9주(九州)'의 우적은 황제가 통치하는 36군의 천하로서 현실화되었던 것이다.

시황제가 지배하는 36군의 천하는 곧 한반도 및 화남·베트남 북부에 대한 군사적 확장을 개시한다. 그것은 이제까지 독자적으로 발전해 왔던 남방의 여러 도작(稻作: 벼농사) 사회 및 북방의 여러 유목 사회를 잠식해 나아가는 과정이었으며, 다양한 여러 사회를 포괄함으로써 전제적 통치가 제국화해 가는 것을 의미했다. 하지만 진나라 왕조가 단명으로 끝났기 때문에, 그 완성은 진한(秦漢) 교체기의 정치적 혼란을 거쳐 한무제(漢武帝) 시기까지 미루어진다. 다음에서는 그 경위를 살펴보도록 하겠다.

1. 군현제에서 군국제로

시황제의 군현제 지배

군현제는 춘추·전국 시대에 형성되기 시작해, '통일 진나라' 시기에 완성된다. 군현제 중에 현의 상급 조직인 군 및 주의 수는 그 이후 시대에 따라 크게 변동했음에도 불구하고 현의 수는 한(漢)에서부터 청(淸)에 이르기까지 대략 1200개에서 1500개 사이였다. 황제가 통치하는 전제국가의 기반은 군현제에 있었으며, 군현제의 근저(根柢: 밑바탕)는 현에 있었다.

'통일 진나라'의 군현제 통치의 구체적인 모습을 파악할 수 있는 자료가 최근 발견되었다. 2002년, 호남성 용산현(龍山縣) 이야진(里耶鎭)에 있는 이야고성(里耶古城)의 우물에서 3만 6000매(枚)의 간독(簡牘)이 출토되었다(〈그림 17〉 참조). 그것은 진나라의 동정군(洞庭郡) 천릉현(遷陵縣)이라고 하는, 이제까지 전혀 알려지지 않았던 변경 군현의 관부 문서를 중심으로 하는 일련의 문서이다. 일부분이 정리되어 공간되었지만, 아직 전모는 공개되지 않고 있다. 하지만 공개된 간독만으로도 원래 초(楚)나라에 속했던, 진나라 시대 변경인 천릉현의 행정 조직에 대한 상세한 모습을 파악할 수 있다. 현재 간독의 해독을 중심으로 세밀한 연구가 계속되고 있는데, 여기에서는 필자가 독해한 그 대략적인 내용을 소개해 보도록 하겠다.

〈그림 17〉 이야 간독(里耶簡牘)

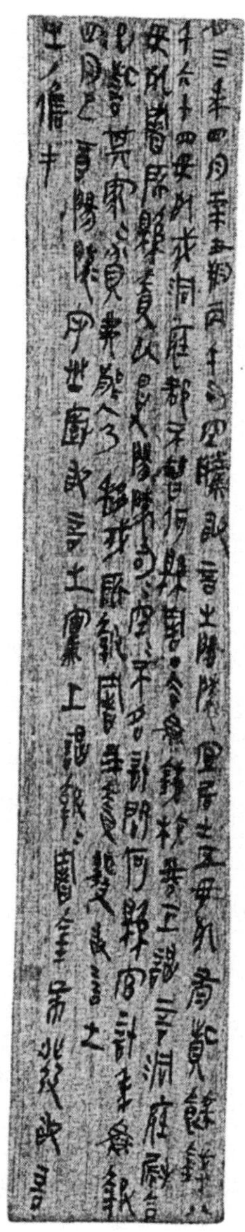

공개된 간독에 의하면, 천릉현의 상부 관부는 동정군이며, 동정군에는 동정 태수부(洞庭太守府)와 동정 군위부(洞庭郡尉府)의 두 관부가 있었다. 동정군의 태수부는 태수를 장관으로 하고, 행정을 중심으로 군 전체를 통괄하는 관부였으며, 군위부는 군위(郡尉)를 장관으로 하고, 군의 갑졸(甲卒)·현졸(縣卒)을 통괄(統括)하는 군정(軍政) 관부였다. 동정군에는 천릉현 외에도 유양현(酉陽縣) 등 여러 현이 소속되어 있었다.

천릉현은 현재의 호남성 서북부에 위치해 있었으며, 북쪽은 호북성, 서쪽은 사천성(四川省)에 인접해 있다. 이 지역은 현재 다양한 소수민족이 생활하는 도작(稻作) 지대이며, 예로부터 도작 사회였을 것이다. 한 간독에는 "백성의 습속은 농업을 선호하며 상업을 선호하지 않는다. 사전(槎田)하여 1년마다 경작지를 교체하고 중현[中縣: 중원(中原)]과 습속을 달리한다"라고 그 생업을 기록하고 있다. 사전(槎田)에 대해서는 지금 확실한 것은 말할 수 없지만, 중원의 '1년 1작' 방식의 농업과 달리, 격년의 휴한을 갖는 농업이 운영되었던 것으로 보인다. 사(槎)에는 '나무를 자른다(斫: 작)'는 의미가 있으므로, 어쩌면 개척지의 농업에 대해 기술한 것일지도 모른다. 어쨌든 이 지역의 도작이 선진 지대인 중원의 전작(畑作) 농업보다 뒤처져 있었던 것은 분명하다.

천릉현의 조직

다음으로 천릉현의 조직에 대해서 살펴보도록 하겠다. 천릉현에는 현령·현승·현주부 등 중앙정부에서 파견되는 간부 직원 외에 부서로서 이조(吏曹: 인사 관리), 위조(尉曹: 요역 관리), 호조(戶曹: 호구·조세·제사), 금포조(金布曹: 화폐), 창조[倉曹: 곡물·예신첩(隷臣妾) 관리], 고조(庫曹: 무기), 사공조[司空曹: 형도(刑徒) 관리], 옥조(獄曹: 사법), 복조(覆曹), 거조(車曹) 등이 있었으며, 별도로 공전(公田)을 관리하는 전관(田官), 가축을 관리하는 축관(畜官), 선박·수송을 관리하는 선관(船官) 등이 있었다. 각 조(曹) 및 각 관(官)에는 조색부(曹嗇夫)·영리(令吏), 좌(佐)·사(史) 등의 직원이 배치되었다. 이러한 현 관부의 부서 및 직원 배치는 한나라 시대의 현 조직과 거의 다르지 않았고, 전국 일률의 조직 규정의 존재를 엿볼 수 있게 한다. 이 조직 형태는 후한 시기까지 계승되며(이 책 제4장 참조), 수(隋)나라 초기의 개혁으로 변질될 때까지 이어진다.

현 관부의 직원 수에 대해서는 "이(吏)의 정원은 104명인데, 35명이 결원이다. 현재 관부에서 일하고 있는 사람은 50명"이라고 기재된 간독이 남아 있다. 전한 시기에는 1만 호 이상의 현에 현령, 1만 호 이하의 현에 현장(縣長)을 두었다. 제도상 1만 호 전후의 현이 진한 시기의 중규모 현이었다고 볼 수 있다. 약 1만 호의 현을 가정할 경우, 정원 104명인 이원(吏員)의 수는 적은 것으로 여겨진다. 다만 관청의 수선·청소, 간부 직원에 대한 시중·심부름 등, 관부의 유지에 필요한 단순 노무는 의무적으로 징발된 백성이 돌아가면서 담당했다. 또한 공사(工事), 공작(工作), 수작업 등에 필요한 육체노동은 예신첩[隸臣妾: 관노비(官奴婢)], 형도(刑徒) 및 백성의 요역이 이용되었다. 이원 이외의 관부의 노동자 수는 알 수 없지만, 이원을 훨씬 능가하는 수였을 것이라는 점은 틀림없다.

천릉현의 향리제

천릉현에는 현성(縣城) 내의 도향(都鄉) 외에 계릉향(啓陵鄉)·이춘향(貳春鄉)의 3향(三鄉)이 있었다. 또한 당정(唐亭)·이춘정(貳春亭) 등, 교통·경찰 업무 및 경지(耕地)의 천맥(阡陌)을 관리하는 정(亭)이 존재했으며, 별도로 통신 업무와 관련된 우(郵)가 존재했던 점도 간독의 기술 내용으로부터 알 수 있다. 향에는 향주(鄉主)인 향색부(鄉嗇夫), 그 직원인 좌(佐)·사(史)가 배치되었고, 정(亭)에는 교장(校長)이, 우(郵)에는 우인(郵人)이 배치되었다. 향은 그 취락의 내부와 주변에 몇 개의 리(里)를 갖고 있었으며, 이에는 이전[里典: 이정(里正)]이 배치되었다.

진나라의 변경에 위치했던 천릉현의 조직을 개관해 보면, 진나라의 현제가 용산 문화 시기 이래의 삼계층제 취락군의 형식을 기초로 하여 천하 일률로 현-향-리의 행정 조직으로 편성되었다는 것은 명백하다(〈그림 15〉 참조).

기본적으로 진제(秦制: 진나라 제도)를 계승한 전한의 제도에서는 향에는 삼로(三老), 유질(有秩)·색부(嗇夫), 유요(游徼)의 직(職)이 설치되었다. '삼로'는 향의 풍속에 대한 교화·선도를, '유질'·'색부'는 조세·요역의 징수를, '유요'는 경찰 업무를 각각 맡았다. 진나라 시기 향색부(鄉嗇夫)의 경우도 조세·요역의 징수가 주요 직무였을 것으로 보인다. 유의해야 할 것은 한(漢)나라 시대의 호적은 향호적(鄕戶籍)·호판(戶版)이라고 불렸으며, 향을 단위로 하여 작성되었다는 점이다. 진한(秦漢) 시기에는 '향색부'·'유질'이 호적을 작성하고, 그것에 기초하여 요역·조세 수취의 조정이 행해졌다고 할 수 있다.

『이야 발굴 보고서(里耶發掘報告書)』에는 이야고성(里耶古城)의 성호(城濠)에서 출토된 단간(斷簡)을 포함해 28개 사례의 호적 관련 간독(簡牘)이 소개되어 있다. 그것들은 기본적으로 소가족 단위의 호적인데, 그중에는 3인 형제 2조(組)의 혼인을 포함한 대가족과 신[臣: 남성 노예] 1인의 합계 11명으로 구성된 가(家)를 기재한 호적도 있다.

시황제의 통일 지배

이 군현제의 천하를 통일적으로 지배하기 위해, 시황제는 옛 6국 지역에서 개별적으로 사용되던 한자(漢字)를 전서체(篆書體), 예서체(隸書體)로 통합하고, 수레(車)의 궤도 폭을 비롯해 법령·도량형을 통일했다. 또한 궁정에 소장되어 박사(博士)가 이용하는 서적을 제외하고, 민간에 있는 유가 등 전국시대 제자(諸子)의 서적을 폐기시켰고, 유가를 중심으로 하는 제생(諸生)의 민간에서의 강학 및 언론을 금지했으며, 함양에 있던 제생 460여 명을 구덩이에 매장하여 탄압했다. 한나라 시대 이후의 사람들, 특히 유가는 이것을 '분서갱유(焚書坑儒)'라고 부르며, 문명의 붕괴라고 과장했다.

또한 시황제는 관부의 관리에게 통치에 필요한 법률·도량형의 제반 제도에 대해 학습하도록 지시했다. 법술주의(法術主義)의 철저함이다. 법령·형률(刑律)에 기초한 관료제 통치는 한나라 시대 이후의 여러 왕조에서도 지배의 기반적 장치로서 계승되었다. 시황제가 시작한 이러한 통일 정책은 다종 대량의 문서를 이용하여 전 국토에 일률적인 관료제 통치를 실시하고 황제의 전제 지배를 실현하기 위해 불가결한 시책이었으며, 청나라 왕조에 이르기까지 기본적으로 계승되었다.

시황제는 수레(車)의 궤도를 통일하는 것과 함께, 전 국토에 직도(直道) 및 치도(馳道)라고 불리는 간선도로망 및 역전제(驛傳制)를 정비하여, 황제의 명령 문서인 조칙 및 중앙·지방의 관부에서 발급되는 공문서의 신속한 전달을 촉진했다.

시황제는 또한 이 간선도로를 이용하여 11년의 통치 기간에 진나라의 고지(故地)를 비롯해 옛 6국의 영역을 전후 5회에 걸쳐 순행했다. 시황제는 순수(巡狩) 시에 대가로부(大駕鹵簿)라고 불리는 행렬을 편성하고 속거(屬車)라고 불리는 81승(乘)의 종행거(從行車)를 중심으로 엄청난 수의 전차·기마를 대동했다. 한나라 시대의 대가로부는 전차 천 승, 기마 만 필, 속거 81승의 편성이었다고 하므로, 시황제의 노부(鹵簿)를 준용했다는 것은 의심할 바 없다. 다만 천 승, 만 필은 성수(成數), '99(九九)=81'승은 성수(聖數)이기 때문에, 실수(實數)라고 해석할 필요는 없다. 이 '노부'의 편성은 종류와 규모를 확대하면서 청나라 왕조에 이르기까지 황제가 서민 백성에게 그 무위(武威)·위덕(威德)을 직접 요란하게 선전하는 장치로서 계승되었다.

기원전 218년의 동방 순행(東方巡行) 시에, 시황제는 낙양에서 가까운 양무현(陽武縣) 박랑사(博狼沙)의 치도 위에서 나중에 한(漢)나라의 열후가 되는 장량(張良, ?~기원전 189)의 암살대에 습격을 받았다. 장량이 고용한 역사(力士)가 30kg의 철추(鐵椎)를 던졌지만 속거의 쪽에 맞아 암살은 실패했다. 황제의 위무(威武)는 끊임없는 신체의 위험을 수반하며 진행되었던 것이다.

또한 순행 중에 시황제는 옛 6국 각지의 산악에서 직접 제사를 지내 그 제사권을 수중에 넣어가며, 그중의 7개소에는 진나라의 위덕에 의해 실현된 평화를 기리는 문장을 돌(石)에 새겼다.

시황제가 순행 중에 거행한 최대의 제사는 태산에서의 봉선(封禪)이었다. 봉선은 산꼭대기에서 비밀리에 행해졌다. 그것은 하늘에 천하 통일의 보고를 하고, 진나라 '황제 권력'의 영속과 자신의 불로장생을 기원하는 것이었다. 봉선 제사는 전설상의 성왕(聖王)을 제외하면, 시황제가 창시하고 실행한 제사였으며, 천하태평을 실현한 황제·천자가 아니면 거행할 수 없는 제의였다. 봉선 제사는 그 이후 한나라의 무제, 광무제(光武帝), 당나라의 고종(高宗), 무주(武周)의 측천무후(則天武后), 당나라의 현종(玄宗), 북송(北宋)의 진종(眞宗) 등 6명만이 행했을 뿐이다.

시황제의 정치는 통일된 제도·법제의 현실적 운용과 제사·제의의 전국적 통합을 지향했던 것이다.

한나라 고조(高祖): 군국제의 창출

기원전 210년, 순행의 도상에 시황제가 병사했다. 그것이 공표되자, 기원전 209년 진승(陳勝, ?~기원전 208)과 오광(吳廣, ?~기원전 209) 등의 농민군과 옛 6국의 왕족들이 각지에서 봉기했다. 사수(泗水) 지역의 정장(亭長)이었던 유방(劉邦)은 진승에게 호응하여 일어섰으며, 뒤이어서 패현(沛縣)을 거점으로 세력을 확대하게 된다. 구적(仇敵, 원수)을 피하여 회계군(會稽郡)을 떠돌던 항적(項籍, 기원전 232~202)은 자(字)가 우(羽)였으며, 대대로 초나라의 장군을 배출한 가문의 출신이었다. 그는 숙부 항량(項梁, ?~기원전 208)과 함께 회계군 군수의 목을 베고 항량을 군수로 추대하며 반란에 가담했다.

반란을 일으킨 여러 세력 중에서 결국 유방과 항우가 두각을 나타냈으며, 항우는 기원전 206년 진나라의 수도 함양(咸陽)을 불태우고 진나라를 멸망시켰다. 그는 자신을 서초패왕(西楚霸王)이라고 칭하며 '천하(天下)의 주(主)'가 되었고, 진나라의 군현제를 재분할하여 18개 왕국을 세웠다. 여러 왕이 병립되어 있던 전국(戰國)의 재현이었다. 유방은 '파(巴)·촉(蜀)'[사천성(四川省)], 한중[漢中: 섬서성(陝西省) 남부]의 41개 현을 영유하고 한왕(漢王)이 되었다. 한나라의 국호는 처음에 봉해진 '한중'의 지명에서 정해졌다. 그 이후 왕조 명칭·국호는 북송(北宋)에 이르기까지, 처음에 봉지로 받았던 지명을 따서 정해지게 된다.

18개 왕국은 결국 유방의 세력에 의해 공략을 받게 되며, 기원전 202년 정월에 항우가 살해되자, 제후들은 모두 한나라에 신속(臣屬: 신하로 예속)하게 되었다. 그해 2월, 여러 왕들에 의해 추대된 유방이 황제에 즉위했다. 한나라 고조(高祖) 유방(劉邦, 재위: 기원전 206~195)은 이성(異姓)의 공신 및 동성(同姓)의 친족을 새로이 왕국 및 후국(侯國)에 봉건했다.

기원전 196년, 고조는 건국 이래 모호해진 공헌제와 부제(賦制)의 개혁을 단행했다. 각 왕국·후국에 대해서는 매년 연두(年頭)의 10월, 황제를 알현하고 공헌물을 공납할 것을, 직할군에 대해서는 그 인구수에 63전(錢)을 곱한 금액을 부(賦)로 책정하여 중앙정부에 공납할 것을 명했다. 왕국·후국은 군현을 봉지로 삼는 봉건제였으며, 그들은 공헌제를 통해서 황제 아래에 통합되었던 것이다. 부를 공납하는 한나라 왕조 직할의 군현제와, 공헌제를 매개로 한 왕국·후국의 봉건제가 복합되어 있었기에, 이 지배 체제를 군국제(郡國制)라고 부른다. 이리하여 왕호는 왕권의 칭호가 아니라 황제에게 신종(臣從)하는 작위 가운데 하나가 되었다.

고조는 그의 마지막 해였던 기원전 195년 3월의 조칙에서 "나는 떨쳐 일어나 천자가 되어 천하를 제(帝: 황제)로서 영유했으며, 오늘날까지 12년째가 된다"라고 회고하며(『漢書』 高帝紀下), 천자를 자칭했다. 고조는 시황제가 배제했던 '천자' 호칭을 정식으로 부활시킨 것이다. 그 이후 청나라 왕조에 이르기까지 역대 황제는 천하를 지배하는 왕권의 칭호로서 '황제'와 함께 '천자' 호칭을 병용하게 된다.

문제(文帝) 시대의 천하

고조의 뒤를 이은 제2대 혜제(惠帝) 유영(劉盈, 재위: 기원전 195~188)은 재위 7년 만에 젊은 나이로 사망했다. 모친 여태후(呂太后) 치(雉, ?~기원전 180)는 소제(少帝)를 세우고 조정에 임했으며, 여씨(呂氏) 일족 중에 4명을 국왕(國王), 6명을 열후로 세우며 권력을 장악했다. 기원전 180년에 여태후가 사망하자, 유씨(劉氏) 일족인 주허후(朱虛侯) 유장(劉章, 기원전 201~177)이 승상 진평(陳平, ?~기원전 178), 태위(太尉) 주발(周勃, ?~기원전 169) 등과 쿠데타를 일으켜 여씨 일족을 일소하고 고조의 중자(中子)[1]로서 대왕(代王)이었던 유항(劉恒)을 맞이하여 황제로 옹립했다.

바로 그 문제(文帝) 유항(재위: 기원전 180~157)은 재위했던 23년 동안 검약하게 일하며 백성의 생활 안정을 도모했고, "오직 덕으로 민중을 교화했기 때문에, 천하는 은부(殷富)해졌다"(『漢書』 文帝紀贊). 하지만 문제가 즉위했을 무렵, 북방에서는 이미 흉노가 강대한 유목국가를 형성하고 있었다.

흉노는 기원전 4세기 말 무렵에 일어났고, 기원전 3세기 말에 모돈선우(冒頓單于)가 동방의 동호(東胡), 서방의 월지(月氏) 등의 여러 종족을 통합하여 몽골 고원을 지배했다. 기원전 200년, 고조는 흉노를 토벌하기 위해 친정(親征)했지만, 백등산[白登山: 산서성 대동시(大同市) 동북쪽]에서 대패하고 굴욕적인 화의를 맺었다. 문제의 시대에 이르기까지, 한나라는 매년 황금 및 고급 직물을 흉노에게 공납하며 신종을 보였다.

문제의 막내아들 양왕(梁王) 유승(劉勝)의 태부(太傅)[2]였던 가의(賈誼, 기원전 201~169)는 이 상태를 '도현(倒懸: 거꾸로 매달림)'이라고 부르며 다음과 같이 논했다.

> 천하의 형세는 '도현 상태'에 있다. 천자는 천하의 머리인데, 몸의 상부에 위치하기 때문이다. 만이(蠻夷)는 천하의 발이다. 그 하부에 위치하기 때문이다. 지금 흉노가

---

1) '가운데 아들'이라는 뜻이며, 유항은 고조의 사남(四男, 넷째 아들)이었다. _옮긴이

2) 왕이나 황제의 스승 역할을 하며 일반적으로 예법(禮法)의 제정, 반포, 수행을 맡았다. _옮긴이

오만하게도 침략을 가해왔으니 그 불경(不敬, 무례함)이 이를 데 없고 천하의 더할 수 없는 근심이 되고 있으며, 게다가 한나라는 매년 황금 및 고급 직물을 공납하고 있다. 이적(夷狄)이 공헌을 명하는 것은 군주의 권력을 행사하는 것이며, 한나라의 천자가 공헌물을 내는 것은 신하의 예(禮)를 취하는 것이다. 발이 거꾸로 위에 있고, 머리가 아래에 있는 것이 된다. 이러한 '도현 상태'를 해결하지 못한다면 국가·인민을 통치하는 것 등은 있을 수 없다(『漢書』 賈誼傳).

가의는 흉노의 강압을 앞에 두고 천자가 통치하는 천하가 이적을 포괄하는 영역이라는 것을 제시하고 있다. 가의는 또한 별도로 "지금 한나라는 중국에 제(帝)로서 군림하고 있다. 두터운 덕으로 사방의 이적을 회유하는 것이 좋다"라고 말했다(『新書』 匈奴篇). 전한(前漢) 전기에 천하는 중국과 사방의 이적으로 구성되는 영역으로서 인식되었다. 그것은 중국이 공헌제를 매개로 하여 주위의 여러 사회와 상호작용권을 창출하고 새로운 천하를 구축하는 기반을 만들어냈음을 의미한다.

2. 무제(武帝)의 시대: 제국의 형성

문제와 그 뒤를 이은 경제(景帝) 유계(劉啓, 재위: 기원전 157~141)는 2대에 걸쳐 왕국·후국의 영토와 권력을 삭감시키는 일에 진력했다. 이에 반항하며 기원전 154년 오초 7국(吳楚七國)이 반란을 일으켰지만, 겨우 3개월 만에 한나라 왕조에 의해 제압되었다. 이것을 전기(轉機)로 하여 왕국·후국의 권력 삭감이 가일층 추진되었다. 무제(武帝) 유철(劉徹, 재위: 기원전 141~87)의 시대에는 국왕·열후는 단지 조세의 일부를 수령하여 생활할 수 있을 뿐, 정치에는 관여하지 못하게 되었다. 왕국·후국은 직할 군현과 전혀 다르지 않게 되었다. 복합적이었던 봉건제는 형식적으로 되어 군현제에 편입되었으며, 여기에서 전국(戰國)의 체제는 실질적으로 종말을 맞이했다.

무제가 즉위했을 무렵, 국가는 장기간에 걸쳐 평온했고 자연 재해를 당하는 일도 없었으며, 민간 및 군현에는 곡물·재화(財貨)가 충만했다. 수도 장안에는 수백 억 전에 상당하는 재화가 축적되었으며, 태창(太倉)에는 묵은 곡물이 층층이 쌓여 있었는데, 결국 부패되어 먹을 수 없게 되는 모습이었다고 한다.

무제는 이러한 문제·경제 시대의 재정적 축적을 배경으로 여러 차례 외정(外征)을 행했다. 위청(衛青, ?~기원전 106), 곽거병(霍去病, 기원전 145~117) 등의 무장(武將)을 기용하여 이제까지 신종을 하지 않을 수 없었던 흉노에 대해서 반공(反攻)을 개시했다. 기원전 127년에는 하남(河南: 오르도스 지방)을 회복하여 삭방(朔方)·오원(五原) 2군(郡)을 설치했다. 기원전 121년에는 하서 회랑(河西回廊)을 제압하고 무위군(武威郡)·주천군(酒泉郡)을 설치했고, 기원전 111년에는 두 군에서 추가로 장액(張掖)·돈황군(敦煌郡)을 분치(分置)하여 4군으로 했으며, 서역에 교통을 통하게 했다. 남쪽으로는 기원전 111년에 남월(南越) 왕국을 멸망시키고 남해군(南海郡) 외에 9개 군을 설치했으며, 또한 운남(雲南)의 서남이(西南夷)를 평정하여 무도군(武都郡) 외에 5개 군을 설치하고 베트남 북부까지 군현화했다. 동쪽으로는 기원전 108년에 조선 왕국(朝鮮王國: 고조선)을 멸망시키고 낙랑군(樂浪郡) 등 4개 군(郡)을 설치했다. 이처럼 한나라 왕조의 군국 지배 영역은 사방으로 향하여 급속하게 확대되었으며, 다양한 변형을 수반하며 제국화했다.

삼보(三輔)-내군(內郡)-변군(邊郡)

외정(外征)에 의해 변경에 많은 군현이 설치되자, 한나라의 군국제는 제국이라고 부를 수 있는 정치적 편성을 갖게 되었다. 무제는 경제 이래의 군국

〈그림 18〉 전한 시기 군국(郡國) 조감도

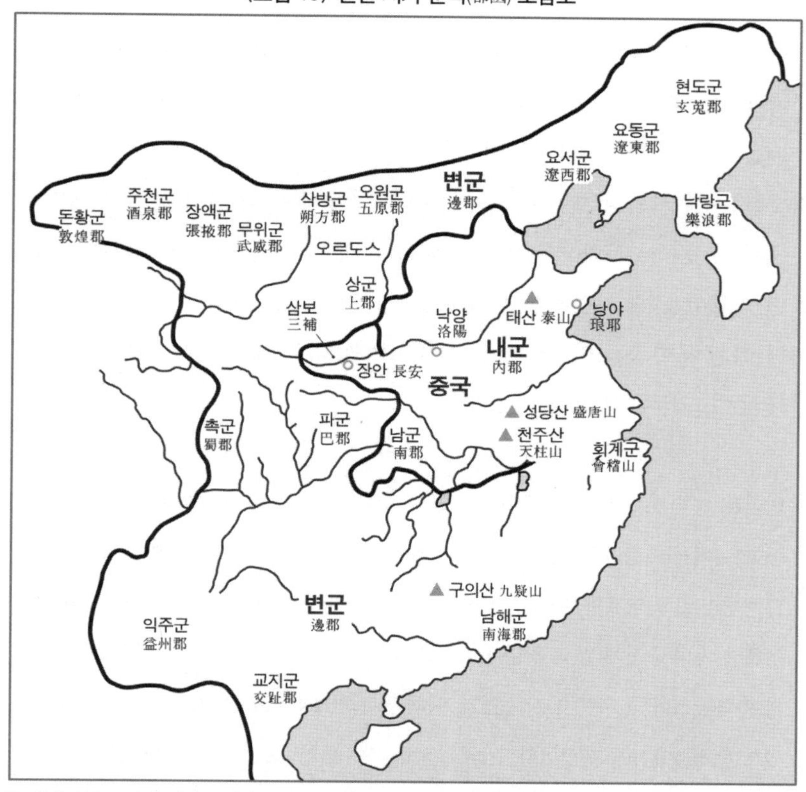

주: 한사군(漢四郡)의 위치는 원서의 내용을 그대로 표시했다. 그런데 "한사군의 위치를 중국의 요동지역으로 비정하는 견해도 있지만 한반도 중부·북부 및 남만주 일부에 걸쳐 있었던 것으로 보는 것이 일반적이며 낙랑군의 관할지역은 오늘날의 평안남도 일대와 황해도 북부였다는 것이 통설"(한국민족문화대백과사전)이며, 이와 관련해서는 논쟁이 계속되고 있다. _옮긴이

제 재편을 가일층 추진했다. 우선 기원전 104년, 경조윤[京兆尹: 장안(長安)], 우부풍(右扶風), 좌풍익(左馮翊)의 3군(郡)을 조성하고 '삼보(三輔)'라고 일컬으며 수도권을 편성했다. 이와 동시에 한인(漢人)이 거주하는 영역을 '내군 지역'[內郡地域: 전한(前漢) 말기에 34개 군, 19개 왕국]으로 삼고, 변경에 있어서 여러 종족이 혼거하며 부도위(部都尉)·속국도위(屬國都尉) 등 내군에는 없는 군사기관 및 도(道)라고 하는 현관부(縣官府)를 설치하는 영역을 '변군 지역(邊郡地域)'(전

한 말기에 46개 군, 1개 왕국)으로 삼았다(〈그림 18〉 참조).

무제를 계승한 소제(昭帝) 유불릉(劉弗陵, 재위: 기원전 87~74)은 기원전 81년 군국에 현량(賢良)·문학(文學)의 과목에 의해 관료 후보자를 추천토록 하여 그들을 장안에 모아 회의를 열었다. 회의의 주제는 소금·철기의 전매제를 비롯한 무제 시기의 재정 정책이었으며, 현량·문학의 사(士)는 정책 담당자인 상홍양(桑弘羊) 등과 거침없는 논의를 전개했다. 나중에 그 회의에 제출되었던 의문(議文)에 기초하여 환관(桓寬)이 『염철론(鹽鐵論)』을 편찬했다. 그중에서 어떤 문학(文學)의 사(士)가 변군 지대와 내군 지역 간의 지역적 분업에 대해서 다음과 같이 논하고 있다.

> 변군은 산곡(山谷, 산골짜기)에 위치해 있고 음양이 조화를 이루지 못하며, 추워서 얼어붙은 대지는 갈라져 있으며, 돌풍이 함지(鹹地, 염분이 있는 간석지)에 거칠게 불어 황폐해져 있고 모래와 돌맹이가 두껍게 쌓여 있기에, 지세가 좋은 곳이 아니다. 중국은 천지의 중심에 있고 음양이 조화를 이루고 있으며, 해와 달이 그 남쪽을 통과하며 북극성이 그 북쪽으로 나오고, 여러 종류의 조화로운 기(氣, 기운)를 포함하고 있으며 제물(諸物)을 생산한다. 지금 중국을 나와 변경으로 침입하여 대단히 불모하고 한고(寒苦)한 땅을 확장하고자 하는 것은 장강·황하의 유역을 버리고 산릉(山稜)·소택(沼澤, 늪·못)의 땅을 경작하려는 것과 같은 것이다. 중국으로부터 곡물창(穀物倉)에 축적된 것을 전송(轉送)하고 부고(府庫)의 재물을 급송하여 변군의 민중에게 공급하고 있기에, 중국의 민중은 수송을 위한 요역으로 고생하고 변군의 민중은 방어 임무로 고통을 겪고 있다. 변군의 민중은 경작을 하는 데 부지런하여도 곡물의 판매에는 적합하지 않으며 포백(布帛, 무명·비단)을 통해 얻는 이익도 없다. 중국으로부터 견사(絹紗)·진면(眞綿)을 공급받아 의복을 손에 넣고 있지만, 모피(毛皮, 털가죽) 및 두꺼운 천[3]만으로는 전혀 몸을 가리기에 부족하고, 여름에도 겹옷을 손에서 내려놓지 못하며, 겨울에는 꼼짝 못하고 혈거(穴居, 동굴에서 거주)하며, 부자(父子)와 부부

모두가 연와(煉瓦)로 만든 반(半)지하식 주거에서 생활하고 있다. 중국과 외변이 모두 공허해지면 명의 편작(扁鵲)의 혈류(血流) 치료에 비유되는 균수법도 역할을 하지 못하게 되며, 염철(鹽鐵)의 전매(專賣)에도 득이 될 것이 없다(『鹽鐵論』 輕重篇).

문학(文學)의 사(士)는 내군 지역을 '중국'이라고 부르며 생산 지역으로 삼고, 변군 지역에 군수(軍需)·생활 물자를 수송하느라 고생을 하고, 또한 비(非)생산 지역인 변군 지역의 주민은 내군 '중국'으로부터 수송되는 물자에 의존하면서 병역, 방위 임무를 맡아 고통을 겪는다고 논하고 있다. 이와 같이 내군 영역은 상대하는 변군·주변과의 사이에 지역 간 분업을 편성하여 상호작용권을 구성함으로써 '중국'이 되었다.

'변군 지역'은 전작 농경 사회, 도작 농경 사회, 수렵·채집 사회, 유목 사회, 오아시스 도시 사회 등 생업을 달리하는 여러 사회를 군현에 포섭하며 다양성이 있었다. 변군은 '삼보·내군'으로 구성되는 '중국'에는 없는 다양성을 지니면서, '중국'과의 사이에서 상호작용권을 창출해 냈다. 이 상호작용권은 '삼보-내군-변군'으로 구성되는 '중심-주변' 구조를 편성하고 호적을 통해서 황제가 실효적으로 백성을 지배하는 방(方) 만리(萬里)의 천하가 되었다.

방(方) 만리(萬里)의 천하

전한 말기에 갑자기 각광을 받게 되었던 유가의 경전 『주례(周禮)』는 '직방씨(職方氏)'·'대행인(大行人)' 등의 직책을 기술하는 가운데, 천하를 9주[九州: 중국(中國)]와 사해[四海: 이적(夷狄)]로 구성되는 방 만리(약 4000km 사방)의 영역으로서 기술하고 있다. 전한 말기 평제(平帝) 시기인 기원후(서기) 2년의 호구·국토 관련 통계에는, "무릇 군국은 103개, 현은 1314개, 도[道: 여러 종족이

3) 양털 등을 압축하여 만든 두꺼운 천, 일명 '펠트(felt)'를 지칭한다. _옮긴이

혼거하는 현(縣)]는 32개, 후국(侯國)은 241개. 토지는 동서 9302리, 남북 1만 3368리, 총면적은 1억 4513만 6405경(頃) …… 국가에 등록된 호수는 1223만 3062, 인구수는 5959만 4978명"이라고 되어 있는데(『漢書』 地理志下), 『주례』에 묘사된 방 만리의 천하는 한나라 왕조 극성[極盛: 전성(全盛)] 시기의 실효적 지배 영역과 합치하는 것이 되었다.

전국시대 말기부터 전한(前漢) 시기에 걸쳐서 유가의 경전 등에 기술되어 있는 천하는 방 3000리, 방 5000리의 중국, 나아가 중국과 이적(夷狄)으로 구성되는 방 만리로 확대되었으며, 전한 말기가 되어 황제·천자가 군국제에 의해 실효적으로 지배하는 천하의 영역과 일치하게 되었다. 그 이후 정사(正史)가 기술하는 역대 왕조의 국토는 늘기도 하고 줄기도 했지만, 대략 방 만리에서 추이한다. 이 방 만리의 천하를 실현한 사람은 무제(武帝)이다. 『주례』의 천하는 무제가 창출해 낸 '한 제국(漢帝國)'을 전제로 하지 않으면 서술할 수 없는 정치 공간이었다.

무제(武帝)의 재정 정책

'삼보-내군-변군'의 상호작용권을 창출해 낸 요인은 지금 논한 바와 같이 주변 지역에의 군사적 침공이었다. 이 군사적 요인과 불가분의 관계에 있었던 것은 앞에서 문학의 사가 언급했던 한나라 시대 특유의 재정과 재정적 물류의 편성이었다. 이러한 군사 요인과 재정 요인은 다양한 변형을 수반하며 상호 작용했고, 제국을 인구가 반감되도록 하는 혼란에 빠뜨렸다.

기원전 121년부터 기원전 105년 무렵까지를 정점으로 하는 대외 확장 전쟁이 매년 계속되자, 썩어서 버려야 했을 정도로 역대에 걸쳐 축적되어 온 많은 재물이 바닥을 드러냈고, 한나라의 중앙 재정은 파탄 나게 되었다. 무제는 재정의 파탄에 대응하기 위해, 제국(齊國)의 염상(鹽商: 소금 상인)이었던 동곽함양(東郭咸陽)[4] 및 낙양 상인의 아들 상홍양(桑弘羊) 등을 관직에 등용하고, 기원전 119년에 소금과 철기의 전매제를 실시했다. 또한 화폐의 개주(改鑄) 및 각종 증세를 행하고, 화폐의 도주자(盜鑄者) 및 탈세자에 대해 민중이 고발하도록 시켰다[일명 '고민령(告緡令)']. 이러한 전매 및 증세 정책과 밀고 제도에 의해, 중산층 이상의 농민·상인이 몰락하고 외정(外征)과 형벌 적용의 확대에 의해 인구가 반감되었다고 한다(『漢書』 昭帝紀贊).

무제는 또한 기원전 115년에 균수법을 개시했고, 기원전 110년에는 평준법(平準法)을 시행했다. 그런데 그 배경에는 다음과 같은 사정이 있었다.

한나라 시대의 재정적 물류

한나라 시대의 백성은 수확물의 30분의 1을 납부하는 전조(田租)와 경부(更賦)라고 총칭되는, 금액으로 표시되는 조세 및 역역(力役)·병역을 부담했다. 백성으로부터 징수된 한나라 시대의 조세·재물은 우선 모두 군국에 비축되었다. 각 군국은 그 호적에 등록된 인구수에 63전(錢)을 곱하여 산출된 금액 표시의 재물을 '부(賦)'라고 부르며, 연도 말에 이루어지는 상계 시에 공헌물·관료 후보자·재무 보고서와 함께 중앙정부에 공납했다. 부의 전국 총액은 40억 전에 달했으며, 중앙정부 재정의 기본 재원이 되었다.

장안을 중심으로 하는 수도권 '삼보'에는 황제 일족·중앙 관료를 비롯한 비(非)생산적 인구를 중핵으로 하여 약 240만 명의 인구가 있었으며, 식량·의료 등의 여러 생활 수단을 압도적으로 수도권의 외부에 의존했다. 또한 수도권에는 궁정을 비롯해 100개에 가까운 여러 관부 및 군대가 집합되어 있었다. 그 때문에 방대한 행정 경비·궁정 경비·군사 경비가 필요했다. 이러한 수요를 충당하기 위해 매년 공납되는 부 외에도 지방 군국에 축적된 재물 및 염철의 전매 수익을 중앙으로 순조롭게 수송할 필요가 있었다.

---

4) 기원전 118년 대농승(大農丞)에 임명되어 염철(鹽鐵)의 관리를 맡았다. _옮긴이

또한 전쟁을 직접 부담하는 변경의 여러 군에서는 안정된 행정 경비·군사 경비의 조달이 과제가 되었다. 변경의 여러 군에서 확대되는 행정 경비·군사 경비 관련 수요는 내군으로부터의 재물 조달 및 수송에 불안정을 노정시켰고, 중앙 수도권에서의 수요 충족을 더욱 빠듯하게 만들었다. 변경 여러 군과 내군 및 중앙 수도권이 편성하는 상호작용권에 왜곡이 생겨난 것이다. 변군과 수도권에서의 재물 수요를 안정적으로 충족하기 위해서 특히 내군 영역으로부터 재물을 수송하는 것과 관련된 개혁이 초미의 일이 되었다.

전한 시기의 7대 교역권

재물의 중앙화와 관련하여 이 당시 또 하나의 문제가 있었다. 『사기』 '화식열전(貨殖列傳)'에는 무제 시기의 경제 지리를 기술한 부분이 있다. 그것에 의하면 전국에 원격지 교역의 중핵이 되는 '도회(都會: 교역 센터)' 15개소가 있었으며, 그 도회를 중핵으로 하는 ① 관중 권역, ② 파촉(巴蜀) 권역, ③ 하북 권역, ④ 하남 권역, ⑤ 하(夏) 권역, ⑥ 초(楚) 권역, ⑦ 번우(番禺)[5] 권역의 7대 교역권이 존재했다. 15개소의 교역 센터를 중핵으로 하는 원격지 시장 교역이 전국시대 이래 발달하고 있었던 것이다(〈그림 19〉 참조).

이러한 원격지 시장 교역을 담당하는 상인들이 수도권에서의 재물의 수요를 예측하고 지방 군국으로부터 수요 물자를 매입하여 중앙에 수송하고 판매했는데, 그 최대 소비자인 중앙정부의 각 관부가 경쟁하며 구입하게 되었기에 수도권의 물가가 치솟는 사태가 발생했다. 즉 원격지 시장 교역이 재정적 물류와 경합하여 수도권의 경제·재정을 혼란하게 만들었던 것이다. 이리하여 지방 군국에서 수취·축적된 조세·전매 이익 등 여러 재물의 중앙으로의 원활한 수송과 수도권의 물가 안정이 초미의 급선무가 되었다.

---

5) '번우(番禺)'는 광주(廣州)의 옛 명칭이다. _옮긴이

〈그림 19〉 전한 시기 '7대 교역권' 지도

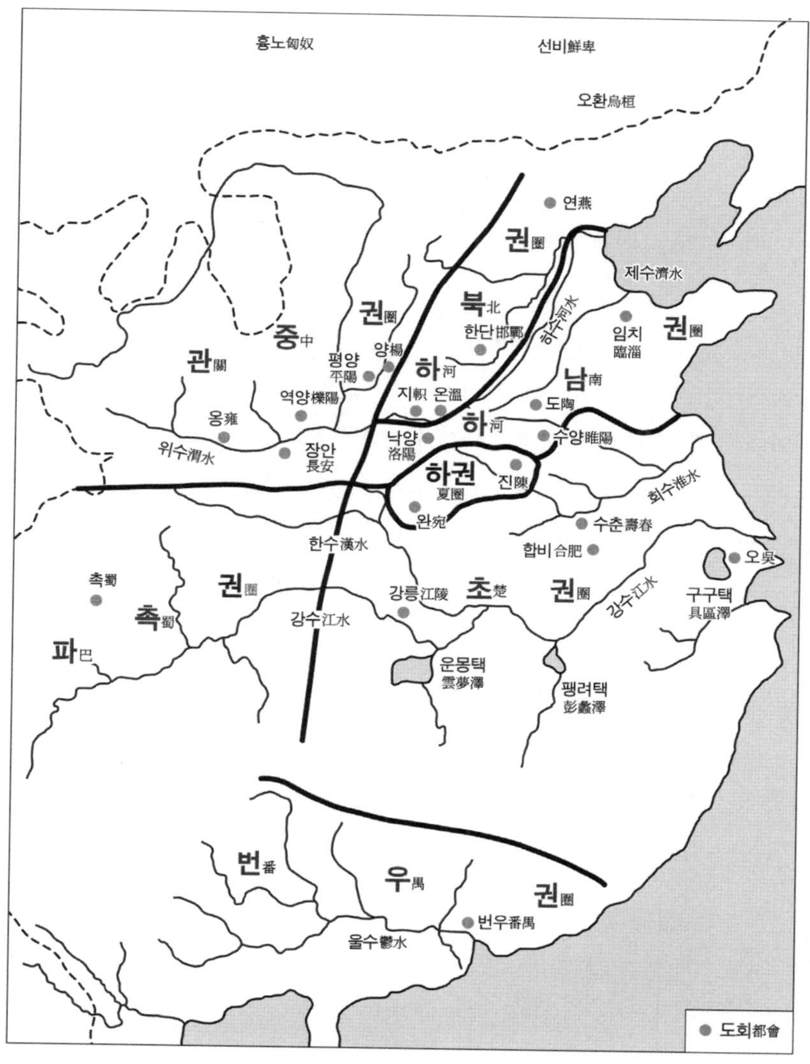

균수(均輸)·평준법(平準法)

기원전 110년, 수년 전에 선행된 균수 개혁에 입각하여, 상홍양(桑弘羊)이 본격적으로 균수(均輸)·평준(平準)을 실시했다. '균수'란, 예를 들어 『구장산술(九章算術)』 '균수편(均輸篇)'의 모두(冒頭)에 수록되어 있는 예제에서처럼, 일정량의 재물을 어떤 목적지까지 수송할 시에 수송을 담당하는 각 현의 호수(戶數)와 각 현으로부터 목적지까지의 거리를 비례에 맞추어 배분하고 현마다 차등을 두어, 수송하는 곡물의 양·수송 차량의 수를 공평하게 할당하는 것을 말한다. 일률적으로 균등하게 각 현으로부터 같은 양의 곡물과 같은 수의 역졸(役卒)을 징발하여 차량을 수송하도록 하는 것은 아니다. '균(均)'의 의미에 대해서는 제4장에서 다시 다루도록 하겠다.

세계사 교과서 및 각종 개설서는 균수·평준에 대해서 "균수란 특산물을 공납케 하고, 그 물자가 부족한 지역에 전매하는 물가 조정법이다. 평준이란 물자가 풍부할 때에 저장을 하고 물가가 오르게 되면 내다 파는 물가 억제법이다"라는 등으로 기술하고 있다. 균수·평준은 물가 문제로 의미가 축소되었을 뿐 아니라 국가에 의한 상업으로 이해되고 있다. 그런데 균수·평준은 전국적인 재물의 '수송 개혁'(균수)과 중앙 수도권의 '물가 조정'(평준)에 관련된 정책이었다. 이 두 가지의 개혁이 왜 필요하게 되었는지, 그 근거를 포함하여 질문이 제기되고 규명되지 않는다면 그 내용을 충분히 이해할 수 없다.

상홍양이 제안했던 균수·평준에 대해서 근본 사료인 『한서』 '식화지(食貨志)'는 다음과 같이 전하고 있다.

> 경사(京師, 수도)의 여러 관부가 각자 경쟁하며 물자를 구입하고 있기에 물가가 등귀하고, 그 위에 천하의 군국으로부터 수송되는 '부(賦)'가 그 수송비보다 적은 경우도 있었다. 그래서 상홍양(桑弘羊)은 대농부승(大農部丞) 수십 명을 두고 군국을 수십 개

의 부역(部域)으로 구분하여 각 부역에 적절히 균수관(均輸官)·염철관(鹽鐵官)을 두고, 원방(遠方, 먼 곳)의 각 군국에는 예전에 상인이 수도에 수송·판매했던 물자를 부로서 중앙에 수송케 하며, 평준관(平準官)을 수도에 두어 천하 전 국토의 모든 수송 물자를 수령케 하며, 공관(工官)을 초빙하여 차량의 여러 부품을 만들게 하고 그 비용을 대농부(大農府)가 부담하며, 대농부의 각 관부가 천하로부터 운반된 화물을 모두 독점하고 물가가 높이 오르면 판매하고 낮게 내려가면 구매하도록 시킨다. 이리하면 부상대고(富商大賈, 부유한 상인·큰 상인)는 막대한 이익을 탐하는 것이 불가능해지므로 농업으로 돌아오게 된다. 만물(萬物)이 등귀하는 일이 없어지고, 따라서 천하의 물가를 억제하게 되므로 이를 일컬어 '평준'이라고 한다고 제안했다.

여기에는 균수·평준 시행의 직접적인 이유와 그 구체적인 대책이 기록되어 있다. 상홍양이 거론하는 시행의 이유는 두 가지이다. 첫째, 중앙의 여러 관부가 각각 독자적으로 행정에 필요한 물자를 구매하기 위해 경쟁을 벌이고 있고, 관수(官需) 물자를 둘러싸고 물가의 등귀가 발생했던 점이다. 그 배경에는 관수 물자를 상품으로 삼는 원격지 교역 상인의 상업 활동이 존재했다. 둘째, 부라고 불리며 지방 군국에서 중앙으로 수송·공납된, 전(錢)으로 환산되는 재물과 관련된 문제이다. 부는 백성의 요역 노동에 의해 수송되었는데, 중앙으로 운반되어 납입되는 재물의 가격 이상으로 수송 비용이 드는 경우가 있어 수송의 원활화와 공평화, 즉 균수가 문제로 되고 있었다.

이러한 두 가지의 과제에 대응하여, 그 대책도 이중의 준비가 마련되었다. 첫째, 수송의 과제에 대해서 대농부[大農府: 재무 담당 관부(官府)이며, 이후 대사농(大司農)으로 개칭됨]가 우선 지방 군국을 수십 개의 부역(部域)으로 구분하고 하나의 부역마다 대농부승(大農部丞) 1명을 배치하며, 또한 각 부역 내의 요소(要所) 여러 곳에 균수관(均輸官)·염철관(鹽鐵官)을 두고 각 부승(部丞)의 아래에서 조부(租賦)·염철 전매의 관리와 수송을 직접 장악케 하여, 공평한 부담이 되도록 그 원활화를 도모했다. 이것이 균수법의 첫 번째 내용이다. 이러한 '중앙-지방 군국' 간의 수직적 물류는 '위수(委輸)'라고 불렸다.

상홍양의 제안에는 빠져 있지만, 균수법은 재물의 중앙화에 관련되어 있을 뿐만 아니라, 앞에서 인용했던 『염철론(鹽鐵論)』에서 문학(文學)의 사(士)가 지적하고 있는 바와 같이, 변군 지역의 재정 수요를 보전하기 위한 '내군-변군' 간의 물류 조정에도 적용되었다. 이러한 각 군 간의 수평적인 물류 조정은 '조균(調均)'이라고 불렸다. 균수법은 '위수'와 '조균'을 통해, 옛날의 명의 편작(扁鵲)의 혈류 치료에 비유될 수 있는 재물 수송의 원활화로 '한 제국'을 소생시키고자 하는 시책이었다.

두 번째의 과제는 원방(遠方: 먼 곳)의 군국으로부터 수도에 수송되는 '부(賦)'의 내용에 관련되는 것이었다. 대농부(大農府)는 중앙의 여러 관부가 상인으로부터 경쟁을 통해 구입하던 물자를 부로 대체하여 현물로 공납케 하고, 이것으로 여러 관부의 수요를 충당케 했다. 그것을 위해 장안에 평준관을 두고 이러한 지방으로부터의 재물을 수취케 하여 관리를 강화했으며, 모두 대농(大農) 산하의 여러 관부에 이러한 물자를 독점적으로 축적케 하여 관부의 수요 충족에 대응하는 것 외에 물가의 고저를 주시하며 축적 물자의 구입·판매를 행하여, 수도 장안 주변의 물가 등귀를 억제하고자 했다. 이것이 평준의 내용이다. 그 결과, 산동[山東: 하북(河北)·하남(河南)]의 내군 지역으로부터 경사(京師: 수도)로의 곡물 수송은 매년 600만 석(石)이 증가했으며, 1년 만에 태창(太倉)·감천창(甘泉倉)이 가득하게 되었다. 변군에서는 곡물이 남아돌게 되었고, 균수된 견백(絹帛)은 500만 필에 달했다고 한다.

한나라 시대에 물자 유통의 중핵은 재정 수요 및 조세 수송과 관련된 '수도권-내군-변군' 간의 재정적 물류였다. 이러한 재정적 물류의 경쟁자로서 활동했던 원격지 교역 상인을 배제하고, 다시 말해 중앙과 지방 간의 재정적 물류를 '7대 교역권'으로 구성되는 시장 유통과 분리시키고, 대농부의 아래에 중앙정부의 사업으로서 통일적으로 운영했던 것이 균수·평준인 것이다.

균수법·평준법의 핵심은 백성의 요역 노동을 이용하여 수행되는 재정적 물류와 시장 유통을 구별하고, 상인·시장 유통을 재정적 물류로부터 배제하여 시장 유통에 의한 재정 교란을 회피하는 것에 있었다. 이 원칙은 8세기 중엽 당나라 시대의 개원·천보 연간에 하서 회랑에서 상업 유통과 결부된 재정적 물류가 시작되고, 북송 시기에 군수 물자를 상인이 수송케 하고 어음을 지급하는 '입중법(入中法)'이 제도화될 때까지 기본적으로 유지되었다.

제의(祭儀)에 의한 천하 통합

반고(班固: 32~92)는 『한서(漢書)』 '무제기(武帝紀)'의 말미에 덧붙인 논찬(論贊: 논평)에서 55년간 재위했던 무제의 공적을 정리하고 있다. 그 내용에 대해 조금 해설을 추가하면서 다시 확인해 보면, 다음과 같다. ① 제2대 혜제(惠帝)의 무렵부터 부활하여 출현했던 제자백가의 여러 학설을 물리치고 유학(儒學)을 중시했던 것, ② 효렴(孝廉)·현량(賢良) 등의 과목을 설치하여 군국으로부터 인재를 추천받아 관리 등용을 도모했던 것[향거리선법(鄕擧里選法)], ③ 이것과 관련하여 태학(太學)을 설립하고 박사 제자원(博士弟子員)을 두어, 학교의 경로로부터도 인재의 등용을 도모했던 것, ④ 왕조의 덕을 토덕(土德)으로 삼고 이것에 기초하여 역(曆)을 만들며 진(秦)나라 이래의 10월 세수(歲首)를 1월 세수로 삼았던 것, ⑤ 도량형·복식을 비롯한 여러 제도를 정비하고 음률을 정하여 음악 제도를 만들었던 것, ⑥ 천지에 대해 제사를 드리는 교사 제도(郊祀制度)를 체계화하고 9차례에 걸친 태산 봉선을 행하여 백신(百神)을 향해 제사를 올렸으며, 아울러 주(周)나라의 자손을 찾아내 현창(顯彰)하며 전체적으로 한나라가 주나라의 후계 왕조임을 명확히 한 것 등이다.

이 중에서 특히 주목하고자 하는 것은 시황제를 본받아 전후 20회에 걸친 '군국 순행'을 행하고 순행 장소였던 군국에 종묘를 설립하는 것과 함께, 각지의 신(神)들에게 제사를 올려 무제가 실현한 제국의 영역 전체를 축복하며, 무위(武威)·위덕(威德)을 선포했던 점이다. 특히 기원전 106년에 거행했으며 남순(南巡)이라고 불렸던 '군국 순행'은 성당산[盛唐山: 안휘성(安徽省) 육안현(六安縣) 서쪽], 구의산[九嶷山: 호남성 영요현(寧遼縣) 남쪽], 천주산(天柱山: 안휘성 잠산현(潛山縣) 서북쪽] 등, 강회(江淮) 지방의 명산(名山)·대천(大川)에 제사를 올리고, 그 땅의 신명(神明)들을 모으며, 나아가 장강을 내려와 낭야(郞邪)를 거쳐 대해(大海)로 들어가 그 기운을 모아 그러한 것들을 태산에서 합사(合祀)했던 것으로, 제의에 의한 천하 통일을 명백히 했던 것이다.

반고의 무제에 대한 평가는 예악·제사, 제도 개혁 등의 내정에 기울어져 있으며, 외정(外征)에 의한 제국화에 대해서는 언급을 하지 않는다. 『한서』 '무제기'의 서술은 대부분 외정과 관련된 내용이기 때문에, 분명히 비판의 뜻이 포함된 평가라고 할 수 있다.

반고가 평가했던 내정 관련 제반 개혁은 유가 학설에 의거하여 일거에 전면적으로 실현되었던 것처럼 지금까지 이해되어 왔다. 무제가 유학을 국교화했다는 설도 있다. 하지만 그것은 일종의 과대평가이며, 오해를 초래한다. 교사(郊祀) 제도 및 태산 봉선의 제의는 유학의 교설보다도 오히려 무(巫: 무당) 및 방사(方士)라고 불리는 사람들이 샤머니즘 계통의 제의에 의해 거행한 것이었다. 무제가 기원전 113년에 시작했던 하동(河東) 분음(汾陰) 후토사(后土祠)에서의 제지 교사(祭地郊祀), 기원전 112년부터 시작했던 감천궁(甘泉宮) 태일단(泰一壇)에서의 제천 교사(祭天郊祀)도 그 대부분은 무당 및 방사들이 거행했던 것이며, 유학의 예악·제의에 의한 것은 아니었다. 이러한 제의 및 궁정에서 노래하고 춤을 추는 음악은 초나라 계통의 음악을 중심으로 하는 각지의 민간 음악이었으며, 아악(雅樂)이라고 부를 수 있는 것은 아니었다. 유학에 기초한 예악 제사 및 정치적인 여러 장치가 거의 정비되어 있지 않았던 것이다.

다만 무제가 착수했던 제반 개혁은 그 이후 한가(漢家)의 고사(故事)가 되어 전한 말기의 유학에 의거한 본격적인 제도 개혁을 이끌었고, 그 이후 중국 '전통 왕조'의 국제가 형성되는 기반을 준비하는 것이 되었다. 그 경위에 대해서는 제4장에서 살펴보도록 하겠다.

고대 중국의 제국: 공헌제, 봉건제, 군현제의 중층

'한 제국(漢帝國)'은 어떠한 의미에서 제국이라고 부를 수 있는지, 마지막으로 그 역사적 특질을 확인해 보도록 하겠다.

첫째, 제국은 직할 영역을 수도권 삼보(三輔)-내군-변군의 '중심-주변' 구조에 의해 편성하는 것과 함께, 그 바깥에 있는 주변 여러 종족에 대해서 부단히 군사적 확장 정책을 취하며 영토를 확대하는 것을 그 본질로 한다. 당시 사람들은 이러한 제국 직할 영역을 '천하'라고 불렀고, 그중의 '수도권 삼보-내군'의 영역을 '중국'이라고 불렀다. 이 '중국'은 기원전 4세기 중반에 맹자가 '중국'이라고 불렀던 영역과 일치한다(제2장 참조). 그것은 그 이후의 모든 '중국'을 일관하는 중국의 핵심 영역이었다.

둘째, '한 제국'에서의 중심-주변 구조의 형성은 내군 영역과 변군 영역 사이에 지역 간 분업이 형성되어 정치적인 상호작용권을 만들어낸 것에 기인한다. 무제의 군사적 영토 확장에 수반하여 광대한 변군 영역이 형성되자 '변군'은 변경 방위와 출격 기지로서의 역할을 명확히 하게 되는 것과 동시에, 군량·군수 물자와 전투원·병참 부문을 내군 영역에 의존하게 되었다. '내군' 영역과 '외군' 영역은 중앙정부에 의한 재정적 물류 관련 지령과 군역·요역 편성 아래 통합되고, '수도권 삼보-내군-변군'으로서 구조화되었던 것이다. 무제 시기는 그 절정기였으며, 후술하는 바와 같이 왕망(王莽) 시기에는 경서에 의한 그 재정의와 고전화를 지향했다.

셋째, 제국 영역 내부에서는 황제가 군현제에 의해 호적에 등록된 백성을 직접 통치하는 전제 지배를 행했다. 또한 황제는 군현제 지배의 내부에 군현을 봉지로 삼는 왕·열후를 봉건하여, 형식적으로는 군현제에 봉건제가 중층으로 존재하는 지배 구조를 구축했다. 아울러 황제는 매년 원단(元旦)[6]의 원회 의례에서 각 군국으로부터 공헌물과 관인이 될 인물을 공납받아, 군국제를 기반으로 하는 공헌제를 편성했다. '군현제', '봉건제', '공헌제'라고 하는 서로 다른 원리에 의거한 중층적인 지배 종속 관계를 기초로 하여 구축된 것이 '한 제국'이다.

넷째, 제국 영역 외부의 주변 제족(諸族) 및 여러 외국과는 전쟁을 통한 대외 확장에 의해 제국 영역으로 편입시키는 것을 제외하면, 봉건제와 공헌제에 의해 느슨한 '지배 종속' 관계를 구축했다. 주변 제족에 대한 봉건제는 국왕, 열후, 장군 등의 작위 및 군직(軍職)을 수여하고, 형식적으로 그 영지를 봉토(封土)로 삼도록 하는 것으로서, 공헌물의 공납 및 제사·전쟁에 대한 지원 등의 직무가 부과되었다[일명 '책봉 제도(冊封制度)']. 제국 영역 외부의 봉건제는 제국 영내의 봉건제와 마찬가지로 형식화되었지만, 신분 질서를 수반하는 군신 관계가 성립했기에, 단순한 공헌제보다는 황제에 대한 종속의 정도가 강했다.

다섯째, 제국 지배층은 제국 영역 외부로부터의 단순한 공헌(貢獻)은 황제·천자의 덕치(德治)가 파급되는 영역을 실증하는 것으로 이해했다. 특히 진귀한 식물·동물·기물(器物)의 공헌은 하늘(天)이 황제의 위덕(威德)을 치하하는 상서(祥瑞: 복되고 길한 일이 일어날 징조)라고 간주했다. 현실에서는 제국 영역 외부로부터의 공헌은 부정기적으로 실시되었으므로 제국의 무력·위덕의 성쇠(盛衰)에 의해 그 영역이 수시로 변화했다. 공헌제는 제국 직할지의 군국, 제국 외부의 봉건제, 제국 외부의 단순한 공납 관계를 잇는 보편적인

6) 설날 아침, 즉 1월 1일 아침을 지칭한다. _옮긴이

통합 원리였으며, 제국 지배의 광대한 저변을 구성했다.

'한 제국'은 직할 영역에 대한 군현제, 직할 영역의 왕국·후국과 제국 외부 주변 지역의 제국(諸國)·제족(諸族)에 대한 봉건제, 그리고 황제의 문덕(文德)·무위(武威)가 미치는 전체 범위에서 이루어지는 공헌제의 중층 위에 재생산되었다. 이 구조는 기본적으로 수당(隋唐) 제국에까지 이어지며, 명청(明淸) 시대에도 미친다.

4

중국의 고전 국제(古典國制)

왕망(王莽)의 세기

1. 선제(宣帝)의 중흥

무제의 사망과 선제의 즉위

무제의 만년에 인구가 반감되었다고 말해질 정도로 사회는 극심하게 피폐해졌다. 자연 재해도 하나의 원인이 되어, 기원전 107년에는 동방 내군(內郡)의 유민이 200만 명을 헤아렸고, 호적이 없는 자는 40만 명에 달했다. 기원전 99년에는 태산군(泰山郡) 및 낭야군(琅邪郡) 등 제국 동방의 여러 군에서 수천 명 규모의 대군도(大群盜: 대규모 도둑떼) 또는 수백 명 규모의 군도(群盜: 도둑떼)가 셀 수 없을 정도로 발생했다. 그들은 군·현의 관부를 습격하고 또한 향리 사회도 약탈했다. 무제는 포승지(暴勝之)·왕하(王賀) 등 '수의어사(繡衣御史)'라고 불리는 사자(使者)를 각지에 파견해 군병(郡兵)을 이용하여 도둑떼를 진압케 했다. 수년 동안에 걸쳐 도둑떼의 수령은 대략 체포했지만 근절시키지는 못했으며, 도적은 다시 점차로 증가했다.

기원전 91년 7월, 무제는 요양을 위해 장안의 서북쪽 125km에 위치한 감천궁(甘泉宮)에 체재했다. 이때 위태자(衛太子) 유거(劉據)가 무제를 저주한다고 참언하는 자가 있었다. 궁지에 내몰린 위태자는 장안에서 반란을 일으켜 승상 유굴리(劉屈氂, ?~기원전 90)가 이끄는 군대와 전투를 하게 되었고, 수만 명의 사망자가 나왔다. 위태자는 장안을 탈출했지만 머지않아 도망친 장소에서 자살했다. 태자 일족은 태어난 지 얼마 되지 않은 태자의 손자 한 명을 제외하고 모두 멸족당했다.

무제는 기원전 87년 2월, 중병에 걸렸다. 그는 막내아들로서 8살이었던 유불릉(劉弗陵)을 태자로 삼고 곽광(霍光, ?~기원전 68)을 대사마대장군(大司馬大將軍)으로 임명하여 어린 태자를 보좌하도록 유언했다. 그 이튿날 무제가 사망하고, 태자가 황제로 즉위했다[소제(昭帝), 재위: 기원전 87~ 74].

소제의 재위 기간 동안 대사마 곽광이 실권을 장악했다. 그는 상홍양 등 재무파 관료를 교묘하게 배제하고, 조세의 경감 및 술 전매(專賣)의 폐지 등 여러 정책을 통해서 무제 시대에 생겨난 다양한 왜곡을 조정했다. 하지만 그 도상에 소제가 후사(後嗣)가 없이 일찍 사망했다. 곽광은 소제의 뒤를 이을 황제로 무제의 손자인 창읍왕(昌邑王) 유하(劉賀)를 세웠는데, 황음(荒淫)하다는 이유로 곧 폐위시켰다. 그는 민간에서 은밀히 양육되던 위태자의 손자 유병이(劉病已)를 찾아내 황제로 즉위시켰다. 그가 바로 선제(재위: 기원전 74~49)이다.[1)]

---

1) 이 선제가 할아버지 유거의 시호를 여(戾)로 정했기 때문에 유거는 여태자(戾太子)라고도 불리게 되었다. 또 자신의 이름을 병이에서 순(詢)으로 고쳤다. _옮긴이

선제의 중흥

선제는 기원전 68년에 곽광이 사망한 이후, 그 일족을 배제하고 실권을 황제의 수중으로 회복시켰다. 그는 민간에서 자랐고 시경을 학습했으며, 사회의 실태와 민중의 어려움을 숙지하고 있었다. 그래서 유학 및 법술(法術)에 밝은 인물을 등용하고 조세·요역을 삭감하며, 유망(流亡)하는 민중을 고향으로 귀환시켜 정착하도록 했다. 실제 문제에 입각한 관대한 정치를 행함으로써 사회는 조금씩 안정을 되찾았다. 대외적으로는 흉노의 내분을 틈타 간섭했는데, 호한야선우(呼韓邪單于)를 지지하고 장안으로 불러들여, 기원전 51년 정월 한나라에 조공케 하여 흉노와의 관계를 안정시키는 데 성공했다.

선제는 내정·외정의 안정을 기초로 하여 자기 권력의 정통성을 명백히 하고자 했다. 그는 창업 황제인 유방을 고조(高祖)로 삼고 여씨(呂氏)의 소란이 종식된 이후 즉위한 문제를 태종(太宗)으로 삼는 종묘 제사의 계열 위에, 무제를 세종(世宗)으로 자리매김했다. 선제는 고조·태종의 군국묘(郡國廟) 설치와 마찬가지로, 무제가 순행했던 49개의 군국에 무제묘(武帝廟)를 세우고 묘제(廟祭)했다. 고조-태종-세종을 묘제하는 것에 의해, 선제는 우선 증조부 무제, 조부 위태자로부터의 권력 계승에 대한 정통성을 명확히 했던 것이다. 반고는 『한서』 '선제본기(宣帝本紀)'의 논찬(論贊: 논평) 중에서 이것을 '중흥'이라고 평가했다.

한가 고사(漢家故事)와 경학(經學)

한나라는 창건 이래 기본적으로 진(秦)나라의 관제·법제·제의를 답습하여 국제를 정비했다. 그 과정에서 무제 시기부터 소제 시기에 걸쳐 영(令)·율(律) 및 제의의 주변에 '한가 고사(漢家故事)'라고 불리는 선례·구례(舊例)가 축적되었다. 그 내용은 조정(朝政), 재판, 제사, 의례, 거복(車服) 제도 등, 국제의 전반에 걸쳐 있었다. 선제 시기의 승상 위상(魏相, ?~기원전 59)은 한나라 초기 이래의 고사를 편찬하고, 그 편찬된 고사에 의거하여 정무를 수행했다. 선제는 특히 '무제 고사(武帝故事)'를 준수하며 무제가 가동하기 시작한 국제의 정비를 추진했다.

소제 시기부터 선제 시기에 걸쳐, 태학의 '박사 제자원'의 정원이 증가하는 것과 함께, 또한 효렴·현량 등의 과목에 의해 군국에서 인재를 추천하고 공헌하는 찰거 제도[察擧制度: 향거리선(鄕擧里選)]도 확대되고 정착했다. 유학의 소양을 지닌 관리가 많이 나와 관료제의 저변을 밑받침하게 되었다. 또 『효경』, 『예기』, 『대대례기(大戴禮記)』 등의 경서 및 예학서의 정리·편찬이 추진되고, 『춘추곡양전(春秋穀梁傳)』과 같은 경서의 주석서가 출현하여, 복잡해진 경서의 텍스트와 그 해석을 둘러싸고 다양한 학파가 형성되었다.

호한야선우가 조공했던 기원전 51년 3월, 선제는 정전(正殿) 미앙궁(未央宮)의 북쪽에 있는 석거각(石渠閣)에 박사(博士)를 중심으로 하는 유가를 모아, 경서의 텍스트 및 해석의 이동(異同)에 대해서 논의케 했다. 참가자는 성명을 파악할 수 있는 자만 해도 23명에 달했으며 제출된 의주(議奏)는 165편에 이르렀다. 태자태부(太子太傅) 소망지(蕭望之, 기원전 106~47) 등이 이들 의주를 평가하고, 선제가 직접 그 시비를 결재했다. 그는 유학 흥륭의 추세 속에서 묘제(廟祭)뿐만 아니라, 무제가 시작했던 교사 제의, 지방 순수(巡狩), 산천 제사를 계승하고 유가적 제의를 도입하여 국가 제의를 정비하기 위한 기반을 정돈했던 것이다.

선제는 유학을 병용했지만, 국정의 중심은 역시 진제(秦制)를 계승한 법술·형벌의 쪽에 있었다. 기원전 69년의 사죄(死罪) 안건은 4만 7000여 명에 이르렀다고 한다(『風俗通義』 正失篇). 태자 유석[劉奭: 나중의 원제(元帝)]이 부친 선제를 향해 조용히 "폐하께서 형벌을 이용하고 계신 것은 매우 심각합니다. 유생을 임용하시면 좋을 것 같습니다"라고 제안했을 때, 선제의 안색이 변하며 "한가(漢家)에는 자체의 제도가 있으며, 무엇보다 패도와 왕도를 섞어서 이용하고 있다. 오로지 덕교(德敎)·주정(周政)만을 이용하는 것은 아니다"라고 하며 몹시 꾸짖었다(『漢書』 元帝紀序). 선제의 중흥은 법제와 예악, 즉 패도와 왕도를 혼합한 국제의 추진이었다. 법제와 예악의 병용, 그 상호 보완의 틀은 그 이후 1세기 남짓에 걸쳐 전통 중국 국제의 기본 원칙이 되었다.

2. 왕망의 세기

고전 국제의 형성

유학에 심취한 원제(元帝, 재위: 기원전 49~33)가 즉위하자, 선제의 방침과 달리 덕교(德敎)·주정(周政), 즉 유학을 중점적으로 이용하는 방향으로 나아가게 된다.

원제가 즉위한 지 얼마 되지 않은 기원전 46년, 제시학파(齊詩學派)의 익봉(翼奉)이 상주문(上奏文)을 제출하여 수도를 낙양으로 옮기고 기내(畿內) 제도를 비롯한 유학 예제에 의거하여 국제를 개혁할 것을 제안했다. 이 상주를 계기로 하여 『예기』 '왕제편(王制篇)' 및 『주례』 등, 유가의 고제(古制)에 의해 '한가 고사'를 검증하고 비판하면서 새로운 여러 제도를 가동하기 시작했다. 이 국제 개혁은 왕망(王莽, 기원전 45~서기 23)이 실권을 장악했던 평제(平帝) 원시(元始) 연간(서기 1~5)에 최고조에 달했고, 왕망의 신(新)나라 왕조가 멸망한 이후 후한의 초대 황제 광무제(光武帝)에 의해 다시 가동되어, 제2대 명제(明帝)의 영평(永平) 3년(서기 60)에 완성되었다.

그 내용은 〈표 2〉 '전한 말기·왕망 시기의 국제 개혁 일람' 및 〈표 6〉 '후한 초기의 국제 재정립(再定立) 일람'에서 보이는 바와 같이, '재상 3공-상서 체제', 도성·기내 제도 및 지방 12주[州: 목(牧)·자사(刺史)] 제도, 그리고 교사 제의를 중심으로 하는 종묘제(宗廟制)·명당(明堂)·벽옹례(辟雍禮) 등의 여러 제

〈표 2〉 전한 말기·왕망 시기의 국제 개혁 일람

사항	제안자	제안 연도	부활·확정 연도
①낙양(洛陽) 천도	익봉(翼奉)	초원(初元) 3년(기원전 46)	광무(光武)·건무(建武) 원년(서기 25)
②기내(畿內) 제도	익봉	초원 3년(기원전 46)	왕망·시건국(始建國) 4년(서기 12)
③삼공(三公) 설치	하무(何武)	수화(綏和) 원년(기원전 8)	애제(哀帝)·원수(元壽) 2년(기원전 1)
④12주목(十二州牧)	하무	수화 원년(기원전 8)	광무·건무 18년(서기 42)
⑤남북 교사(南北郊祀)	광형(匡衡)	건시(建始) 원년(기원전 32)	평제(平帝)·원시(元始) 5년(서기 5)
⑥영기(迎氣)[오교(五郊)]	왕망(王莽)	원시(元始) 5년(서기 5)	평제·원시 5년(서기 5)
⑦칠묘 합사(七廟合祀)	공우(貢禹)	영광(永光) 4년(기원전 40)	평제·원시 5년(서기 5)
⑧관직(官稷)[사직(社稷)]	왕망	원시 3년(서기 3)	평제·원시 3년(서기 3)
⑨벽옹(辟雍) [명당(明堂)·영대(靈臺)]	유향(劉向)	수화 원년(기원전 8)	평제·원시 4년(서기 4)
⑩학관(學官)	왕망	원시 3년(서기 3)	평제·원시 3년(서기 3)
⑪이왕후(二王後)	광형·매복(梅福)	성제(成帝) 시기	성제(成帝)·수화(綏和) 원년(기원전 8)
⑫공자 자손(孔子子孫)			평제·원시 원년(서기 1)
⑬악제 개혁(樂制改革)	평당(平當)	성제 시기	명제(明帝)·영평(永平) 3년(서기 60)
⑭천하지호(天下之號)	왕망		왕망·거섭(居攝) 3년(서기 8)
⑮구석(九錫)·선양(禪讓)		원시 5년(서기 5)	평제·원시 5년(서기 5)

사·의례 및 거복(車服) 제도 등, 행정기구와 제의·예악 제도를 포괄하는 체계적인 국제 개혁이 되었다. 주목해야 할 것은 이제까지 각지에 분산되어 있던 종묘·교사단(郊祀壇)을 궁전 내부 및 수도 장안의 주변에 집약시키고, 도성을 중심으로 1년 주기로 다양한 예제·제의를 거행하게 되었다는 점이다. 예악·제사 제도도 행정 제도와 마찬가지로 도성을 중심으로 집권적인 편성이 취해졌다.

기원전 46년부터 서기 60년에 걸쳐 약 1세기 동안 이루어진 국제 개혁을 주도한 사람은 왕망이었으며, 그 국제는 다음의 위(魏)·진(晋)에도 수용되었다. 그것은 후세에 '한위 고사(漢魏故事)', '한위 구제(韓魏舊制)' 등으로 불리게 되며, 북위(北魏) 효문제(孝文帝)의 '한화 정책(漢化政策)', 수(隋)나라 초기 문제(文帝)의 제반 개혁에서 전형적으로 보이는 것처럼 역대 왕조가 부단히 되돌아가 참조하는 정치 사회의 '바람직한 모습'이 되었다. 필자는 이것을 중국에서의 고전 국제라고 부른다.

천하 관념과 생민론

왕망의 세기에 출현한 고전 국제는 천하 관념의 아래에서 전개되는 생민론(生民論)과 승천론(承天論)을 근저적 세계관·정치적 질서원리로 삼는 국제였다. 오늘날 '일본국 헌법'이 국민주권·기본적 인권·평화주의를 기초로 하여 국가의 형태를 전개하고 있는 바와 같이, 전통 중국의 국가 형태는 생민론과 승천론을 기반으로 하고 있다.

생민론이란 '천자=관료제 통치'에 의한 생민·백성의 질서화와 관련된 언설이다. 이 사고방식은 전한의 원제 및 성제(成帝) 유오(劉驁, 재위: 기원전 33~기원전 7) 2대의 치세 시기에 현저해졌다. 기원전 12년, 성제에게 제출된 다음과 같은 곡영(谷永)의 상소는 가장 간결하게 이 사고방식을 표현하고 있다.

> 제가 듣건대 하늘(天)은 민중을 낳았지만, 민중은 스스로 통치하는 것이 불가능했다. 따라서 하늘은 왕자(王者)를 세워 그들을 통치하도록 했던 것이다. 널리 해내(海內, 천하)를 통치하는 것은 천자를 위한 것이 아니며, 영토를 나누어 봉건하는 것은 제후를 위한 것이 아니다. 모두 민중을 위한 것이다. 인통(人統)·지통(地統)·천통(天統)이 순환하는 역법(曆法)을 설치하고 그것에 대응하는 하·은·주 3왕조를 교체시키며, 무도한 천자를 배제하고 유덕한 천자에게 위임하여 천하를 일성(一姓)의 사유물로 삼지 않은 것은, 천하는 곧 천하의 천하이며 일인(一人)의 천하가 아님을 명백히 하는 것이다(『漢書』 谷永傳).

무도한 천자를 배제하고 유덕한 천자에게 위임하여 왕조를 교체시키는 것이 "천하는 천하의 천하이며, 일성(一姓)·일가(一家)의 사유물이 아니다"라고 하는 설명은, 예컨대 "나는 나의 나다"라고 말하는 것과 같으며, 주어와 수식어 및 술어가 모두 동일하기 때문에 아무것도 설명해 주지 못한다. 하지만 천하를 긍정적으로 세 번 중복하는, 논리를 초월한 천하의 설명은 이중

부정 이상의 작용을 하여 하늘(天)의 절대성과 왕조를 초월하는 천하의 보편성을 전제로 천자·황제 권력의 정당성을 설명하는 논리가 되었다.

또한 여기에서는 하늘이 낳은 민중[生民]의 자치 능력 결여에 의한, 하늘로부터 천자에의 위임 통치와 그 통치 영역인 천하의 절대적 공공성이 논해지고 있다. 하늘로부터의 권력 위임과 민중의 자치 능력에 대한 무조건적인 부정은 천자=황제에 의한 전제 지배를 정당화하는 정치적 이데올로기였다.

이러한 진술은 전한 말기부터 후한 시기에 걸쳐 황제 자신 및 관료들이 반복해서 언급하여 정착시켰고, 또한 당나라 시대에 이르기까지 사승(史乘)에 산견되며, 황제·천자의 천하·생민에 대한 지배의 정당성을 설명하는 이론이 되었다.

승천의 세계관

이러한 생민론의 전제로서 존재했던 것이 '승천'의 세계관이다. 그것은 천명을 받은 천자·황제가 북극성·태극(太極)을 중심으로 정연하게 회전하는 하늘의 질서를 자신의 것으로 삼으며 종묘·교사(郊祀)의 제의 체계를 중핵으로 하는 예악 제도와, 3공 9경을 중심으로 하는 관료제에 의해 지상에 천하 질서를 실현하는 것을 말한다. 예를 들면, 성제(成帝)가 즉위할 때 승상 광형(匡衡)과 어사대부(御史大夫) 장담(張譚)은 교사 개혁의 필요성을 다음과 같이 논하고 있다.

> 제왕의 정치에서 하늘의 질서를 계승하는 것보다 더 중요한 것이 없으며(帝王之事莫大乎承天之序), 하늘의 질서를 계승하는 데에는 교사보다 더 중요한 것이 없다. 따라서 성왕(聖王)은 모든 마음과 힘을 다하여 그 제도를 구축하는 것이다(『漢書』郊祀志下).

또한 기원전 20년 2월의 조칙에서 성제 자신도 종묘 제사와 관련하여 다음과 같이 마찬가지의 사고방식을 보이고 있다.

> 짐(朕)은 천지의 질서를 승(承: 계승)하여 황제로서 종묘를 유지하고 있지만(朕承天地, 獲保宗廟), 총명함에는 부족한 부분이 있으며 민중을 안녕케 할 수 있는 덕도 없다. 형벌이 적절하지 않고 민중은 원죄(冤罪: 억울하게 뒤집어쓴 죄)에 의해 생업(生業)을 잃게 되어, 궐문(闕門: 대궐의 문)에 와서 호소하는 자가 끊이지 않고 있다. 이리하여 음양이 조화를 이루지 못하고 한서(寒暑: 추위와 더위)가 시서(時序: 계절의 순서)를 상실하며, 해와 달이 빛을 잃고 백성은 그 죄를 뒤집어쓰게 되었다. 짐은 이것을 심히 슬프게 생각한다(『漢書』 成帝紀).

여기에서는 '승천', 즉 하늘(天)의 의사·질서를 자신이 받들어 실현하는 것과 종묘 제사의 유지가 백성 통치의 관건이라고 이해되고 있다. 한나라 시대의 황제는 후세의 황제와 달리 조칙을 직접 썼다. 하늘의 질서를 자신의 것으로 삼으면서도 민중의 생활을 안녕케 할 수 없는 정치적 무능을 스스로 표명했던 성제는 어떤 의미에서 정직했다.

황제가 '승천'의 사유에 의해 하늘의 질서를 자신의 것으로 삼고, 교사·종묘 제사를 유지하면서 관료제·제후를 통해서 정치 지배를 행한다고 하는 언설이 성제에게 고유한 것은 아니었다. '승천'의 사유는 전한 무제 시기 이후, 천지 자연과 인간 사회가 서로 깊이 관련되어 있다고 하는 '천인상관설(天人相關說)'을 설파했던 동중서(董仲舒) 등에 의해 언급되기 시작했으며, 원제·성제 시기에는 많은 관료가 언급하게 되었다.

그 이후 청나라 왕조에 이르기까지 각 왕조는 생민론·승천론에 의거하여 교사·종묘를 비롯한 예제·제의를 거행하며 하늘(天)로부터의 위임에 의거한 천하·생민 통치의 정당성을 실증하려고 해왔다. 그 세계관과 정치 이데올로기는 후한(後漢) 낙양성 이후의 궁성·도성 구축의 설계 구상이 되었으며, 오늘날 북경(北京)의 고궁과 그 주변에 흩어져 있는 천단(天壇) 및 지단(地壇) 등의 제사단에까지 그 모습을 남기고 있다.

황제는 생민론과 승천론을 통일적 질서원리·세계관으로 삼고 '천하는 천하의 천하'라고 하는 절대적 공공 공간으로서의 천하와 생민을 통치했다. 그 구체적인 사례가 원시(元始) 연간을 중심으로 성립된 교사·종묘 제의를 중핵으로 하는 15개 항목에 달하는 개제(改制: 제도 개혁)였다.

민중의 세계관

성제(成帝) 재위기의 20여 년간 천문(天文)의 이변 및 재해가 군발(群發: 짧은 동안에 집중적으로 발생)했다. 그것은 『춘추』에 기재되어 있는 242년간의 재이(災異: 재해·이변)의 수보다도 더 많다고 일컬어질 정도였다. 또한 성제에게는 아들이 없었기에, 적류[嫡流: 적가(嫡家)의 계통]가 끊어졌다. 방계로부터 원제의 손자 정도왕(定陶王) 유흔(劉欣: 나중의 애제(哀帝), 재위: 기원전 7~기원전 1)이 들어와 황제에 즉위했다. 그 애제도 아들이 없이 단명으로 끝났으므로, 다시 방계로부터 원제의 손자 중산왕(中山王) 유간(劉衎)을 맞아들이게 되었다[평제(平帝), 재위: 기원전 1~서기 5]. 선제의 '중흥' 이후 전성기에 있었음에도 불구하고, 재해·이변의 빈발과 안정되지 않은 황위 계승에 의해 사회에는 은연중 불안감이 감돌았고, 그 구제를 위한 방도가 모색되었다.

애제 치세의 기원전 3년 봄, 커다란 가뭄이 발생했다. 정월부터 3월에 걸쳐, 동방 내군의 민중이 소요를 일으켰다. 그들은 "종목인(縱目人)[2]이 온다"라고 외치며 서왕모 도래의 신탁을 알렸는데, 일군(一群) 수천 명의 규모로

---

2) 눈이 세로로 달린 사람을 의미하는데, 일반적으로 눈동자가 원통형으로 길게 튀어나온 사람을 지칭한다. _옮긴이

〈그림 20〉 서왕모도(西王母圖)

주: 용호좌(龍虎座) 위에 서왕모가 앉아 있다. 그 앞에는 두꺼비가 있고, 왼쪽에는 구미호(九尾狐), 선약(仙藥)을 갖고 있는 백토(白兎)가 있으며, 오른쪽에는 무기를 들고 있는 대행백(大行伯), 삼족오(三足烏)의 종자(從者)가 묘사되어 있다.

긴 머리를 풀어헤치고 맨발로 행진하거나, 수레나 기마로 여기저기 돌아다녔다. 민중은 동에서 서로 26개의 군국을 순회했고, 그 이후 장안으로 향했다. 그해 여름, 장안의 민중과 합류한 군국의 민중은 길거리의 도처에서 천지우주를 본뜬 박구[博具: 쌍육반(双六盤: 주사위 놀이판)]를 설치하고 가무를 하며 곤륜산(崑崙山)에 사는 서왕모에게 제사를 지냈다(〈그림 20〉 참조). 곤륜산은 중국의 서방, 세계의 중심에 있다. 그 서왕모가 내려준 신탁의 글에는 "서왕모(西王母)가 백성에게 고한다. 이 신탁을 몸에 지니면 죽지 않는 몸(不死身)이 된다. 내 말을 믿지 않는 자는 문추(門樞: 문의 지도리) 아래를 살펴보아라.

백발(白髮)이 있을 것이다"라고 기록되어 있었다. 생활의 안정과 불로장생을 기원하는 '서왕모 운동'도 수확기인 가을이 되자 결국 종식되었으며, 소요는 가라앉았다. 황제가 믿고 있던 생민·승천론과 민중이 기대하는 서왕모의 세계관 사이에는 만나는 부분이 거의 없었다.

왕망의 등장

원제(元帝)의 황후 왕정군(王政君, 기원전 71~서기 13)은 성제의 모친이었다. 그녀의 조부 왕하(王賀)는 원래 동평릉[東平陵: 산동성 역성현(歷城縣) 동쪽] 출신의 사람으로 무제의 시대에 수의어사(繡衣御史)가 되었다. 그는 위군(魏郡)의 도둑떼를 단속했는데, 도적을 함부로 주살하지 않았다. 이 때문에 무제의 위임에 응하지 않았다는 이유로 면관(免官)되었다. 그 이후 그는 구적(仇敵)을 피하여 위군 원성현[元城縣: 하북성 대명현(大名縣) 동쪽] 위속리(委粟里)로 이주했다. 결국 그곳의 향삼로(鄕三老)가 되었고, 위군의 사람들로부터 흠모를 받았다고 한다. 그의 아들 왕금(王禁)은 젊어서 장안으로 유학했으며, 법률을 배워 정위사[廷尉史: 검찰(檢察)·재판을 담당하는 관부의 하급 서기관]가 되었다. 왕금은 4녀 8남을 두었다. 그의 차남이 왕망의 부친 왕만(王曼)이고, 차녀가 원제의 황후가 된 '왕정군'이다.

외척이 된 왕씨 일족은 성제 시기에 5명의 대사마와 9명의 열후를 배출했으며, 정치의 실권을 장악했다. 하지만 왕망은 부친이 일찍 사망하여 혼자 남게 되었다. 그는 언행을 신중히 하며 예경의 면학에 힘쓰고 훌륭한 인물과 교제하며, 백부·숙부들을 예의를 갖추어 모셨다. 왕씨는 법리(法吏)의 가계(家系)였다고 말할 수 있다. 그런데 왕망은 예악에 힘쓰는 유가로 변신했다. 왕망은 그의 백부이자 대사마였던 왕봉(王鳳, ?~기원전 22)의 추천으로 황문랑(黃門郞)에 임관했으며, 기원전 16년 5월에 신도후(新都侯)에 봉해졌다. '신(新)나라'의 왕조 명칭은 여기에서 유래한다.

기원전 8년, 왕망은 4명의 백부·숙부의 뒤를 이어 대사마로 임명되어 보정(輔政: 정무를 보좌)했다. 하지만 그 이듬해 성제가 사망하고 애제가 즉위했기 때문에 사직하고 봉국(封國)인 남양군(南陽郡) 신야현(新野縣) 도향(都鄉)으로 갔다. 애제의 짧은 치세 시기에 왕씨 일족은 다소 세가 줄었지만, 애제가 일찍 세상을 떠나자 고모인 황태후가 곧바로 왕망을 대사마·영상서사(領尙書事)에 임명하고 중산왕(中山王) 유간(劉衎)을 맞이하여 황제로 즉위시켰다. 즉위한 평제는 당시 9세였기 때문에, 태황태후가 조정에 임했고 정무는 대사마 왕망이 장악했다.

왕망은 이미 살펴본 바와 같이, 평제의 재위 기간인 원시(元始) 연간을 중심으로 원제 시기에 시작되었던 유가 예제에 의거한 본격적인 제사·예제 개혁을 추진하고, 황제·천자를 정점으로 하는 국제를 대체적으로 완성했다. 유가적 소양을 지닌 많은 열후·관료들이 왕망을 지지했으며, 서기 5년 5월에는 고위 관료·열후 등 902명의 제안에 의해, 왕망에게 재형(宰衡)의 관직과 9개의 위신물[威信物: 구석(九錫)]이 수여되었다. 이리하여 왕망은 인신(人臣: 신하)으로서는 이제까지 존재하지 않았던 최고의 지위에 올랐다.

그해 12월, 평제가 갑자기 사망하자 왕망은 방계에서 한 살의 유영(劉嬰)[3]을 선택하여 즉위시키고, 자신은 가섭황제(假攝皇帝)[4]로 취임했다. 결국 그는 유영으로부터 권력을 이양받아, 서기 8년 진천자(眞天子)로 즉위했다. 다소 긴 내용이므로 일부를 생략하며 그 조칙을 참조해 보도록 하겠다.

나(予)는 부덕한 몸이면서 황제(黃帝)의 자손, 우제[虞帝, 순(舜)]의 말예(末裔, 먼 후손)이

3) 서기 5년에 출생하여 25년에 사망했다. 왕망의 괴뢰(傀儡)로서 정식으로 황제에 즉위하지는 못했지만, 일반적으로 전한 시기 '최후의 황제'로 간주되고 있다. _옮긴이

4) 구체적으로 왕망은 자신을 '가황제(假皇帝)'로 자칭했고, 다른 사람들에게는 자신을 '섭황제(攝皇帝)'라고 부르도록 했다. _옮긴이

며, 또한 태황태후의 일족이다. 황천상제[皇天上帝, 하늘(天)]께서는 …… 신(神)의 계시를 통해 나에게 천하의 민중을 위임하셨다. 적제(赤帝)인 한나라 왕조의 고조(高祖) 황제 유방(劉邦)의 영(靈)도 천명을 받들어 나라를 물려준다고 기록한 금책(金策)의 서(書)를 나에게 전해주셨다. 나는 심히 두려워하고 삼가하며 그것을 받아들이지 않으면 안 되었다.

이러한 길일(吉日)인 무진(戊辰)의 날에, 왕관을 쓰고 진천자(眞天子)로 즉위하여 천하를 영유하는 칭호를 정해 '신(新)'이라고 칭한다(定有天下之號曰新). 역(曆)을 개정하고 법복(法服)의 색을 교체하며, 제사의 희생(犧牲)·기지물(旗指物)5)·의례용 기물의 색을 바꾸도록 한다. [백통(白統)의 역(曆)을 채택하여] 12월 삭일(朔日, 음력 초하룻날) 계유(癸酉)의 날을 건국 원년(元年)의 정월 삭일로 삼고, 닭이 우는(鷄鳴) 시(時)를 1일의 시작으로 삼도록 한다. 법복의 색에는 토덕(土德)에 의해 황색을 존중하고, 희생(犧牲)의 색에는 백통(白統)에 의해 백색을 이용하며, 사절의 기지물은 모두 순황색으로 하고, 거기에는 '신사오위절(新使五威節)'이라고 써넣는다. 이리하여 황천상제의 위명(威命)을 계승하여 받들도록 한다(『漢書』 王莽傳上).

여기에서는 우선 하늘(天)로부터 천하·민중에 대한 통치를 위임받은 것, 한나라 고조로부터 국가를 이양받은 것을 기록하고 있다. 왕망은 천하·민중 지배의 정당성이 하늘·천명에서 유래한다는 것, 또한 그 정통성이 한나라 창업자로부터의 권력 이양에 의한 것임을 선언하고 천하를 영유하는 칭호로서 '신(新)'이라는 왕조 명칭을 정한 것이다. 왕조 명칭은 이때 중국사에서 최초로 천하를 영유하는 칭호라고 선언되었다. 나중에 송(宋), 명(明) 왕조의 창업 시에, 정사(正史)는 마찬가지의 문언을 명기하며 천하를 영유하는 칭호로서 왕조의 명칭을 정하고 있다(『宋史』 太祖本紀, 『明史』 太祖本紀二).

---

5) 옛날 싸움터에서 갑옷의 등에 꽂아 표지(標識)로 삼던 작은 깃발을 지칭한다. _옮긴이

또한 여기에 기록되어 있는 ① 천명의 이행(혁명), ② 천자 즉위, ③ 국호 제정, ④ 개원(改元), ⑤ 역(曆)과 복색의 개정은 '선양'이라고 불리며, 평화롭게 권력이 이행되는 형식이 되었다. 한위 혁명(漢魏革命)이 왕망의 이러한 선양 형식을 답습했기 때문에, 나중에 '한위의 고사'라고 불리게 되며, 역대 왕조 '창업' 시의 모범이 되었다.

3. 왕망을 낳은 사회

'균전제'의 발견과 붕괴

왕망의 국제 정비는 어떠한 사회 가운데로부터 생겨나게 되었던 것일까?

'서왕모 운동'이 장안을 목표로 하여 전개되던 기원전 3년 3월, 장안에서는 애제가 마음에 들어했던 시중(侍中) 동현(董賢, 기원전 22~기원전 1) 등 3명을 열후에 봉하고, 그 위에 동현에게 2000여 경이나 되는 광대한 전토를 하사했다. '1경=100무'가 소농민이 표준적으로 점유하는 전토였기 때문에, 터무니없이 넓은 땅이었다. 도성 장안의 면적조차 973경에 불과했다. 이것은 전년에 발생했던, 동평왕(東平王) 유운(劉雲)과 그의 왕비 알(謁)[6] 내외가 애제를 저주하고 모반하려는 계획을 고발한 것에 대한 포상이었다. 이 사건은 동현 등을 돋보이게 하고자 황제까지 연루되어 있던 원죄(冤罪) 사건이었다.

비정상적으로 동현에 대해 총애하는 모습을 수상하게 여겼던 승상 왕가(王嘉, ?~기원전 2)가 상주하여, 황제가 총애를 삼가 장래에 동현이 몸가짐을 성실하게 할 수 있도록 하라고 간언했다. 그중에서 2000여 경의 전토를 하

---

6) 유운의 부인이었던 왕비(王妃) 알(謁)의 성(姓)이 미상(未詳)이기 때문에, 일반적으로 유알(劉謁)로 일컬어진다. _옮긴이

사한 것에 대해서 승상 왕가는 "균전(均田)의 제(制)는 이로써 타괴(墮壞: 타락하고 붕괴)하게 되었다"라며 항의하고 있다(『漢書』 王嘉傳). 그런데 '균전제'가 전한 말기에 붕괴되었다는 것은 무슨 말일까?

북송(北宋) 이후의 역사가가 기술하기 시작해 어떤 역사 교과서에도 기술되어 있고 오늘날까지 누구도 의심하지 않는 명명백백한 '균전제'는 북위(北魏)가 5세기 말에 창시했으며, 8세기 중엽의 당(唐)나라 시대 중반까지 계속되었다. 서민 백성에게 '100무=1경'의 전토를 주는 제도였다. 그 '균전제'가 기원전 3년에 붕괴되었다는 것은 아무리 생각해도 기이하다. 하지만 승상 왕가의 항의는 의심할 수 없다. 의심해야 할 것은 북송 이후의 역사와 관련된 기술 쪽이다.

필자의 관견(管見: 좁은 소견)에 의하면, 최초로 '균전제'를 기술한 사람은 북송의 사마광(司馬光, 1019~1086)이다. 사마광은 『자치통감(資治通鑑)』의 당나라 무덕(武德) 7년(624) 4월 항목에서 '무덕 7년령(令)'의 발포를 구실로 삼아 "처음으로 균전 조용조법(均田租庸調法)을 정했다"라고 표기하며 그 아래에 정남(丁男)·중남(中男)에 대한 1경의 급전(給田)과 조용조 수취의 규정이 서로 불가분의 제도인 것처럼 기술하고 있다. '균전 조용조법'은 사마광의 조어이지 사료의 용어는 아니다.

당나라 시대에 편찬된 사료에는 당나라 시대의 정남급전제(丁男給田制)를 '균전제'라고 기술하고 있는 것은 없다. 예를 들면, 율령격식(律令格式)의 조문을 재편집하여 8세기 중엽의 당나라 사람이 자신의 국제를 기술한 『대당육전(大唐六典)』 30권에는 '균전제'라고 하는 문자가 실려 있지 않다. 서민 백성에 대한 전토 수수를 포함하여 이것을 '급전지제(給田之制)'라고 부르며, 그 구체적인 내용을 기술하고 있다. 또한 새롭게 발견된 북송의 천성령(天聖令)으로부터 복원할 수 있는 당나라의 개원(開元) 25년령 전령(田令)·부역령(賦役令)은 말할 필요도 없고, '천성령' 중에 남아 있는 당령(唐令)에 균전이라는 문자는 없다. '당령'을 기본적으로 계승한 일본령(日本令)에도 '균전(均田)'이라는 문자는 없으며, 반전(班田)·급전(給田)이라고 부르고 있다. 그렇다면 승상 왕가가 말하고 있는 '균전지제'라고 하는 것은 무엇일까?

'균전지제'란 무엇인가?

삼국시대의 인물 맹강(孟康)은 『한서』 '왕가전(王嘉傳)'에 나오는 '균전지제'를 해석하며 "공경(公卿)부터 아래의 이민(吏民)에 이르기까지 균전(均田)이라고 명명하여, 각각 경 단위의 전토를 보유했으며, 품제[品制: 계층(階層)] 안에서 균등히 하는 것이다. 이때 동현(董賢)이 2000여 경을 받았으므로 그 등급제를 파괴해 버린 것이다(自公卿以下 至於吏民 名曰均田 皆有頃數 於品制中令均等. 今賜賢二千余頃 則壞其等制也)"라고 했다. '균전'이란 고위 관료에서 하급 관원·서민에 이르기까지의 계층적 토지 보유이며, 각각의 '품제=신분 계층'에 응하여 토지 보유 면적의 수를 규정한 것이었다.

승상 왕가가 지적하고, 맹강이 해설하는 '균전지제'는 한나라 초기에는 그 실체가 존재했었다. 그것은 새롭게 발견된 '2년 율령(二年律令)'[여후(呂后) 2년(기원전 193)]에 규정하고 있는 바와 같은 작제적(爵制的) 토지 소유였으며, 20등(等) 작제의 차등에 의거하여 급전 규모를 달리하는 전제(田制)였다(〈표 3〉 참조). 급전의 기초는 서민 무작자(無爵者)의 1경[분전(分田)]이었는데, 작위의 상승에 따라 보유 전토가 많아지게 된다. 급전은 호적을 만들 때에 한 차례만 행해졌다. 토지의 매매는 허가되었지만, 매도한 토지의 보전(補塡)은 행해지지 않았다. 이러한 작제적 토지 소유는 상앙(商鞅) 제1차 변법의 작제적 질서의 형성과 제2차 변법의 천맥제(阡陌制)에 연원하는 것이었다.

한나라 초기의 '균전제'(작제적 토지 소유)는 서민 '무작자'의 1경(분전) 보유를 기반으로 하여 관내후(關內侯)의 95경을 최대한으로 삼고 있던 급전제였다. 따라서 열후[철후(徹侯)]의 작위를 갖고 있다고 해도 동현이 2000경의 전토를

〈표 3〉 중국 고대의 신분제적 토지 소유

한(漢)· 2년 율령(二年律令)		서진(西晉)· 점전제(占田制)·채전제(采田制)			남제(南齊) 점산제(占山制)		개원(開元) 25년령 전령(田令)		
작호 (爵號)	수전 (受田)	관품 (官品)	점전 (占田)	채전 (采田)	관품 (官品)	점산 (占山)	작 (爵)	직사관 (職事官)	영업전 (永業田)
⑳ 철후 (徹侯)	-	1품	50	10	1품	3	친왕 (親王)		100
⑲ 관내후 (關內侯)	95	2품	45	8	2품			정(正)1품	60
⑱ 대서장 (大庶長)	90	3품	40	6	3품	2.5	군왕 (郡王)	종(從)1품	50
⑰ 사차서장 (駟車庶長)	88	4품	35	-	4품		국공 (國公)	정2품	40
⑯ 대상조 (大上造)	86	5품	30	-	5품	2	군공 (郡公)	종2품	35
⑮ 소상조 (小上造)	84	6품	25	-	6품				30
⑭ 우경 (右更)	82	7품	20	-	7품	1.5	현공 (縣公)	정3품	25
⑬ 중경 (中更)	80	8품	15	-	8품			종3품	20
⑫ 좌경 (左更)	78	9품	10	-	9품	1			15
⑪ 우서장 (右庶長)	76						현후 (縣侯)	정4품	14
⑩ 좌서장 (左庶長)	74						현백 (縣伯)	종4품	11
⑨ 오대부 (五大夫)	25								10
⑧ 공승 (公乘)	20						현자 (縣子)	정5품	8
⑦ 공대부 (公大夫)	9								7
⑥ 관대부 (官大夫)	7								6
⑤ 대부 (大夫)	5						현남 (縣男)	종5품	5
④ 불경 (不更)	4								4
③ 잠뇨 (簪裊)	3							6품·7품	2.5
② 상조 (上造)	2							8품·9품	2
① 공사 (公士)	1.5								0.8
									0.6
사오(士伍) 공졸(公卒) 서인(庶人)	1경 (頃)	서인 (庶人)	1경(頃) (남자 0.7) (여자 0.3)		백성 (百姓)	1경 (頃)	정남 (丁男)	구분전 (口分田) 0.8	0.2
사구(司寇) 은관(隱官)	0.5						잡호 (雜戶)	0.8	0.2
							관호 (官戶)	0.4	-

받게 된다면, 그 누구라도 '균전제'의 붕괴를 한탄할 수밖에 없는 것이었다.

전국시대 말기·한나라 시대의 농촌 사회

작제적 토지 소유의 규정과는 별도로 급전 이후의 토지 매매는 인정되었기 때문에, 전국시대 말기 및 한나라 초기의 사회에는 농민의 계층 분화가 상당히 진행되었다. 당시의 사람들은 그것을 ① 대가(大家), ② 중가(中家)·중산(中産), ③ 빈가(貧家)의 3가지 계층으로 표현했다. 이러한 계층은 전토를 포함한 가산의 금액 평가에 의해 구분되었다. 그 표준은 가산 10금(金)[1금은 1만 전(錢)]이었는데, 이것을 '중가·중산' 계층의 지표로 삼았다. 대체적으로 말하자면, 중가는 가산 평가 액수 5~15금 전후, 경지 1~수(數) 경을 보유하고 있으며, 그 상층부에는 노예 1, 2명을 갖는 자도 있었다. 그들은 수십 가(家)로 구성되는 리(里)의 절반 가까이를 차지했다. '빈가'는 가산 수(數) 금, 보유지 10~수십 무로서 리(里)의 절반이나 그 이상을 차지했다. '대가'·부호(富豪) 계층은 소수였으며 리(里)를 몇 개 모은 향 또는 현 차원의 존재였다. 그들은 수(數) 경~수백 경의 토지를 보유했으며, 그중에는 수십 명에서 수백 명에 달하는 가내(家內) 노예, 노동 노예를 소유한 자도 있었다.

무제 시기에 들어서자, 거듭되는 대외 전쟁 및 재정 정책의 여파로 인해 중산 계층이 몰락하고 토지 매매가 격화되기 시작했다. 전한 말기의 성제 시기에는 국왕·열후 및 고위 관료·부호 계층에 의한 토지의 집적이 넘쳐나게 되며, 빈가 계층과의 사이에 커다란 균열이 발생했다. 애제가 즉위한 기원전 7년에는 관인·부호 계층의 토지 소유를 30경으로 제한하는 '한전책(限田策)'이 논의되었다. 하지만 애제의 외척 및 동현 등의 반대에 부딪혀 중단되어 버렸다. 작제적 토지 소유의 계층 질서에 심각한 붕괴 현상이 생겨난 것이다.

상앙의 천맥제를 기초로 하는 작제적 토지 소유가 위기에 내몰렸던 전한 말기에 동현에 대한 터무니없는 사전[賜田: 전토(田土)의 하사]을 계기로 하여 당시의 승상 왕가는 처음으로 그것이 '균전지제'의 붕괴라는 것을 발견했던 것이다. 여기에서 승상 왕가가 말하고 있는 '균전'에서의 균(均)의 의미에 대해 고찰해 보도록 하겠다.

민중의 평균 질서: 임안과 진평

'균전지제'의 근저에 있는 차등의 균은 평균(平均)·균평(均平)·균(均)·평(平)으로 표현된다. 평균은 비가 모든 사람에게 균등하게 내리는 것처럼 일률평등을 나타내는 일도 있다. 일반적으로는 이러한 의미로 사용된다. 하지만 잠시 관찰해 보면, 균평은 일률과는 정반대의 차등·구별·차서(次序)를 함의하는 일이 많다. 이 차등을 밑바탕에 지니고 있는 균평은 계층 분화와 사회적 유동성이 높았던 전한 시기의 농촌 사회를 유지해 나아가는 실천적 사유였다. 다음에서 그 전형적인 사례를 두 가지 소개해 보도록 하겠다.

우선 무제 시기의 임안(任安)과 관련된 사례이다. 『사기』 '전숙열전(田叔列傳)'의 말미에는 선제 시기의 저소손(褚少孫)이 증보한 임안과 관련된 이야기가 남아 있다. 아래는 그 내용을 의역한 것이다.

> 임안은 형양현(滎陽縣, 하남성 형양현 북쪽)의 사람이다. 어려서 부친을 여의고 빈곤하게 자랐는데, 타인에게 고용되어 수레를 끌고 장안으로 갔다. 장안에 머물면서 소리(小吏, 말단 관리)가 되고자 했지만 연줄이 없었다. 그래서 무공현[武功縣, 섬서성 미현(郿縣) 동쪽]에 호적 등록을 신청했다. 무공현은 부풍군(扶風郡)의 서쪽 경계에 위치해 있는 작은 현이다. 골짜기 입구에는 촉(蜀)으로 통하는 잔도(棧道)가 있고, 산에 둘러싸여 있었다. 임안은 무공이 작은 현으로서, 부호층이 없어 출세하기 쉬운 곳이라고 생각했던 것이다. 그는 무공현에 머물러 남을 대신하여 경찰·교통 업무를 담당하는 정졸(亭卒)이 되었으며, 나중에 정장(亭長)이 되었다. 현의 인민이 모두 수렵을 하러 나가면, 임안은 항상 사람들을 위해 고라니, 사슴, 꿩, 토끼 등의 획물(獲物)을

분배해 주고 노인, 연소자, 정장(丁壯)의 담당 장소를 난이도에 따라 배치했다. 중인(衆人, 뭇사람)은 모두 기뻐하며 "틀림이 없는 임소경(任少卿),[7] 분배를 평균으로 하며 지략이 있다"라고 하는 노래를 불렀다.

고독하고 빈곤했던 유민(流民)이 수도권의 서단(西端)에 있는 작은 현에 호적 등록을 하여 정졸, 정장이 되고, 나중에는 향삼로(鄕三老), 현장(縣長)으로 성장해 가는 모습이 기록되어 있다. 거기에는 빈부의 격차와 높은 사회적 유동성이 있는 전국시대 및 전한 시기의 사회 구조가 존재한다. 그중에서 출세하는 계기가 되었던 것은 차등을 매긴 획물(獲物)의 공평한 분배와, 연령 단계를 구별하여 난이도를 달리하며 인원을 배치한 점이었다. 사람들은 이것을 "분배를 평(平: 평균적)으로 하며 지략이 있다"라고 칭송하는 노래를 했다. 이 평은 차등·구분·차서를 포함하는 균평이다. 전한 무제 시기에는 민중 차원에서 차등의 균이 공유되었던 것이다.

덧붙이자면 임안은 나중에 더욱 출세하여 북군사자[北軍使者: 금군(禁軍) 사령관]가 되었으며, 위태자의 반란에 가담했다. 그런데 위태자가 패퇴하자 그는 체포되어 옥사한다.

또 하나의 사례로 전한 초기의 재상이었던 진평(陳平, ?~기원전 178)의 사례를 들어보겠다. 『사기』 '진승상세가(陳丞相世家)'에는 다음과 같이 기록되어 있다.

승상 진평은 양무현(陽武縣) 호유향[戶牖鄕, 하남성 개봉현(開封縣) 동북쪽] 출신의 사람이다. 젊었을 무렵 집안이 빈곤했으나, 독서를 좋아했고 30무의 토지를 경작하며 형인 백(伯)과 같이 살았다. …… 성장하여 처를 맞이할 때가 되었지만, 부자는 딸을

7) 소경(少卿)은 임안의 자(字)이다. _옮긴이

시집보내려 하지 않았고, 빈자의 딸을 맞이하는 것은 진평의 마음에 내키지 않았다. 그렇게 지내는 가운데, 호유향의 부자인 장부(張負)라고 하는 자가 있었는데, 그의 손녀가 5번 시집을 갔지만 그때마다 남편이 사망하여 누구도 아내로 맞이하려는 자가 없었다. 그런데 진평은 그녀를 아내로 맞이하고자 했다. …… 장씨의 손녀를 아내로 맞이한 후, 진평의 재산은 갈수록 넉넉해지고 교제 범위는 날마다 확대되었다. 호유향 고상리(庫上里)의 이사(里社)의 제사에서 진평은 재[宰, 연회(宴會)에서의 요리 감독]를 하게 되었는데, 고기 및 음식물의 분배가 대단히 '균'했다. 리(里)의 부로(父老, 어르신)가 "젊은 진(陳, 진평)이 재(宰)하는 모습은 훌륭하다"라고 말했다. 진평은 "아, 나에게 천하를 주관하도록 한다면 또한 이 고기(를 균등하게 분배하는 것)처럼 하면 되는 것이 아니겠는가"라고 말했다. [의역(意譯)]

이 이야기는 '통일 진(秦)나라' 왕조 시기의 일이다. 이미 향리 사회에는 빈부의 현격한 격차가 존재했으며, 진평은 30무의 토지를 경작하는 형과 함께 생활하는 빈농이었다. 부자와의 혼인을 계기로 성장해 나아가는 진평의 모습은 전국 시대 및 진한 시기의 높은 사회적 유동성을 여실히 말해준다. 이사(里社)의 제사에서의 진평의 감독은 일률적으로 균등하게 제사 고기와 음식물을 분배했다고 이해하기보다도, 역시 빈부·귀천·장유의 차서를 참작하여 '균등'하게, 다시 말해 차등을 두고 공평하게 분배했던 것으로 보아야 할 것이다. 일률적으로 균일하게 분배하는 것은 아이들도 할 수 있다. 따라서 부로(父老)가 감탄할 일이 없는 것이다.

'차등의 균'은 향리 사회의 수렵·제사, 즉 경제와 예제에 걸쳐있던 분배의 원칙이었고, 그것이 전개될 경우 재정적 물류에서의 균수(均輸)·조균(調均) 등, 국가의 재무 운영 및 왕조 의례의 실천 원칙이 되며, 진평이 하는 말에서 살펴볼 수 있는 바와 같이, 궁극적으로는 천하를 통치하는 '천하 균평(天下均平)'의 이념이 되기도 했다. 균·균평은 빈부의 격차가 확실히 존재했으며, 사회적 유동성이 높았던 한나라 시대의 사회 구조 속에서 제도를 설치하여 차등·차서의 제약을 만들고, 균형·조화가 있는 평균 질서를 창출하기 위한 밑바탕을 이루는 원칙이었다고 말할 수 있다. '균전지제'는 이러한 사회를 기반으로 하여 발견되었던 것이다.

사회에 이러한 '균평 질서' 의식이 존재하는 한, '균전지제'는 부단히 재건이 시도된다. 그 경위에 대해서는 뒤에 다시 살펴보도록 하겠다.

4. 후한의 고전 국제

왕망이 건국한 신(新) 왕조의 국제

황제에 즉위한 후의 왕망은 『예기』 '왕제편' 및 『주례』 등의 유가 경전을 전거로 삼아 여러 개혁을 연이어 실행했다. 하지만 현실에 적합하지 않은 화폐 개혁 및 전매제 등의 경제 정책은 도리어 사회를 혼란스럽게 만들었다. 그렇지만 혼란을 수반하지 않으면서도 후세 국제의 기초가 되는 제도도 만들어졌다. 그것은 기내 제도와 주목(州牧) 제도였다.

왕망은 서기 14년 『주관[周官: 주례(周禮)]』, 『예기』 '왕제편' 및 『상서』 '우공편(禹貢篇)' 등의 경서에 의해, 전한 이래의 지방 제도를 재정립했다. 왕망은 우선 『상서』 '우공편'의 9주에 의거해 천하 전 국토를 9개 주로 분할하고, 각 주에 장관으로서 주목(州牧)을 두었다. 또한 천하를 125개 군으로 분할하고 각 군에는 졸정(卒正)·연솔(連率)·대윤(大尹) 등 한나라의 태수에 상당하는 장관과 속령(屬令)·속장(屬長) 등 도위(都尉)에 상당하는 무관을 두었다. 또한 군과 주의 사이에는 부감(部監)이라고 하는 25명의 감찰관을 두어 1명의 부감이 5개 군씩 감찰케 했다. 군의 아래에는 전 국토에 2203개 현을 설치하고 현재(縣宰)를 장관으로 했다. 주목 이하 속장에 이르기까지의 관직에는 대

〈표 4〉 왕망이 세운 신(新)나라의 지방 제도

한(漢)나라 시대의 해당 관직	신(新)나라 시대의 관직 명칭	수(數)	담당관의 작위	비고
주자사(州刺史)	주목(州牧)	9	공(公)	천하(天下) 구주(九州)
군태수(郡太守)	졸정(卒正) 연솔(連率) 대윤(大尹)	125	후(侯) 백(伯) 무작자(無爵者)	천하 125군(郡)
군도위(郡都尉)	속령(屬令) 속장(屬長)	125	자(子) 남(男)	
—	부감(部監)	25	상대부(上大夫)	1부감(部監) 5군(郡)
현령(縣令)·현장(縣長)	현재(縣宰)	2203		천하 2203현(縣)

윤을 제외하고 5등작(五等爵)의 관인을 임명하고 세습시켰다. 이것은 군현제를 세습제인 봉건제와 융합시킨 것이었다(〈표 4〉 참조).

왕망은 또한 9주(九州)의 중심에 '방기(邦畿)'라고 불리는 기내 제도를 만들었다. 9주의 중앙 1주(一州)에는 서도 상안[西都常安: 장안(長安)]과 동도 의양[東都義陽: 낙양(洛陽)]을 설치하여 양도제(兩都制)를 채택했으며, 양도(兩都) 주변에 6위군[六尉郡: 전한 시기의 삼보(三輔)를 6군(六郡)으로 분할함], 6수군[六隊郡:[8] 전한 시기의 하동군(河東郡)·하내군(河內郡)·홍농군(弘農郡)·형양군(滎陽郡)·영천군(潁川郡)·남양군(南陽郡)]을 설치하여 '방기(邦畿)'라고 불렀으며, 또한 그 주변에 13군을 배치하여 모두 25군으로 구성되는 특별행정구를 편성했다. 중앙 1주 25군은 별도로 중부(中部)·좌부(左部)·우부(右部)·전부(前部)·후부(後部)의 5부제(五部制)로 편성했다. 왕망은 이 특별행정구를 『예기』 '왕제편'의 '천자의 현

8) 『한서』 '왕망전(王莽傳)'에 대한 안사고(顔師古)의 주(注)에 의하면 隊의 음은 遂(수)라고 한다. 여기에서의 隊는 遂와 통하는 글자[통자(通字)]이다. _옮긴이

〈표 5〉 왕망이 세운 신나라의 기내 제도

<table>
<tr><th>도읍(都邑) 명칭</th><th>근교(近郊)</th><th colspan="2">내군(內郡)[군명(郡名)]</th><th>5부제(五部制)</th><th>비고</th></tr>
<tr><td>상안서도
(常安西都)
[장안(長安)]</td><td>6향(六鄕)
[향사(鄕師)]
각 향(鄕) 10현(縣)
총 60현(縣)</td><td>6위군(六尉郡)
대부(大夫)
[태수(太守)]
속정(屬正)
[도위(都尉)]</td><td>경위(京尉)·부위(扶尉)
익위(翼尉)·광위(光尉)
사위(師尉)·열위(列尉)</td><td rowspan="2">우부(右部) 5군(郡)
좌부(左部) 5군(郡)
중부(中部) 5군(郡)
전부(前部) 5군(郡)
후부(後部) 5군(郡)</td><td rowspan="2">기내(畿內)
1주(州)
25군(郡)</td></tr>
<tr><td>의양동도
(義陽東都)
[낙양(洛陽)]</td><td>6주(六州)
[주장(州長)]
각 주(州) 5현(縣)
총 30현(縣)</td><td>6수군(六隊郡)
대부(大夫)
[태수(太守)]
속정(屬正)
[도위(都尉)]</td><td>조수(兆隊)·우수(右隊)
좌수(左隊)·전수(前隊)
기수(祈隊)·후수(後隊)</td></tr>
</table>

(縣)', 그리고 『주례』의 '왕기(王畿)'에 상당하는 영역, 즉 기내로 자리매김했다(〈표 5〉 참조). 왕망이 세운 신(新)나라의 기내 제도는 현실의 통일국가 체제에서의 최초의 제도화였으며, 후세의 기내 제도의 조형(祖型)이 되었다. 특히 수(隋)·당(唐) 두 왕조의 양기제(兩畿制)의 고전적 제도가 되었다.

경서에 의한 국제의 재정립은 군현제와 봉건제의 양자를 결합하여 행해졌다. 이 점에서 왕망의 지방 제도는 전한 시기 정치 질서의 연장선 위에 있었으며, 그것을 경서의 이름으로 철저하게 했던 것이다. 우선 천하 구주(天下九州)의 내부에 있는 군현제, 즉 125군·2203현에 대해서 말하자면, 왕망은 중앙 1주[기내(畿內)]의 25군을 '내군'으로 하고, 그 외측에 있는 여러 군을 '근군(近郡)'으로 규정했으며, 또한 근군의 밖에 위치하며 성새(城塞)가 있는 여러 군을 '변군'이라고 불렀다. 이것은 명백히 전한 시기의 '수도권 삼보-내군-변군'으로 구성되어 있던 '중심-주변' 구조를 재정립한 것이었다.

다만 이러한 재정립도 신(新) 왕조의 성수(聖數)인 5(五)를 무리하게 적용하여 천하를 125군으로 재편하고 『주례』에 맞추어 양기(兩畿)를 서도(西都) 6향(六鄕) 60현(縣), 동도(東都) 6주(六州) 30현(縣)으로 편성하고 전한의 약 1500현을 2203현으로 세분하며 나아가 군현 모두 명칭을 바꾸는 등, 현상을 무시한 재편을 행했다. 그 때문에 다른 여러 제도에도 많은 혼란이 발생했다. 그 혼란은 어떻게든 재조정할 필요가 있었는데, 그것은 후한 시기에 고전 국제의 재정립에 의해 수행되었다.

후한의 성립

왕망의 말년에 제국의 동방 및 남방의 장강 중류 지역에서 대기근이 발생했고, 서기 17년 가을 무렵부터 각지에서 군도(群盜)가 봉기했다. 또한 왕망의 정치에 한계를 느끼게 된 사람들은 한 왕조의 재흥(再興)을 내걸고 각지에서 반란을 일으켰으며, 제실(帝室: 황실)의 유씨(劉氏) 일족도 많은 반란에 가담했다.

남방의 군도 중에는 녹림(綠林)이라고 불리는 집단으로부터 전개된 하강병(下江兵), 신시병(新市兵), 평림병(平林兵) 등의 여러 집단이 있었으며, 평림병 중에서 한나라 종실(宗室)의 유현(劉玄, ?~서기 25)이 두각을 나타냈다. 서기 23년 2월, 군중에 의해 추대된 유현이 제위(帝位)에 올랐다. 그는 경시(更始)로 개원(改元)하여 백관·열후를 두고, 완성[宛城: 하남성 남양현(南陽縣)]에 도(都)를 세웠다. 장안에서는 이 해 9월, 왕망이 장안의 민중을 주체로 하는 반란군에게 살해되어, 신(新)나라가 멸망한다. 10월, 경시군(更始軍)은 진군하여 낙양을 도(都)로 삼고, 나아가 서기 24년 2월에는 장안에 입성하여 삼보를 평정했다. 하지만 체제를 충분히 정비하는 데까지는 이르지 못했다.

제국의 동방에서는 적미(赤眉), 청독(青犢), 동마(銅馬) 등의 군도(群盜) 및 반란이 일어났다. 적미군(赤眉軍)은 황색의 깃발을 내걸고 있던 왕망의 군대와 혼동되는 것을 꺼려 눈썹을 붉은색으로 물들이고 한나라에 가담할 것을 표명했다. 적미군은 경시군과 합류하고자 했지만 실현하지 못하고 서기 24년 겨울, 일전(一轉)하여 장안을 향해 원정길에 나섰다. 연전연승하는 가운데 중인(衆人)을 모아 적미군은 30영(營) 30만 명에 달하게 된다. 서기 25년 6월,

적미는 군중(軍中)에 있던 한나라 황실의 일족인 유분자(劉盆子)를 추첨으로 뽑아 황제에 즉위시켰으며, 그해 9월에 장안으로 입성했다. 이때 장안 근린에 있던 경시군을 비롯해 각지에서 황제가 난립하게 된다.

고조(高祖)로부터 셈하여 8세손이었던 유수(劉秀)는 처음에 경시군의 반란에 가담했지만, 결국 결별했다. 그는 동마군(銅馬軍)을 비롯해 하북(河北)의 여러 세력을 평정하면서 서기 25년 6월, 낙양에 진입하여 도(都)로 삼고 스스로 황제에 즉위하여 건무(建武)로 연호를 바꿨다. 그 이후 서기 29년까지 장안의 적미·경시군을 비롯해 각지의 혼란을 평정하고 실질적으로 천하를 통일했다.

고전 국제의 재정립

광무제(光武帝) 유수(재위: 25~57)는 즉위한 이후 통일 전쟁을 수행하는 것과 동시에, 왕망이 전한 말기까지 실현했던 국제 개혁을 다시 차례로 진행했다. 그것은 다음 황제 명제(明帝) 유장(劉莊, 재위: 57~75)의 초년(初年: 초기)인 서기 60년에 이르러 새로운 제도를 조직하며 완성되었다(〈표 6〉 참조). 원제 시기부터 명제 초년까지에 이르는 약 100년간에 형성된 유가적 제사·예악 제도·관료제의 골격은 천하를 영유하는 명칭과 함께 청(清) 왕조에 이르기까지 계승되었다. 한나라 이후의 여러 왕조는 한나라를 모범으로 받드는 일이 많았다. 그 한나라는 전한이 아니라 후한이었으며, 그 국제는 사실상 왕망이 만들어낸 것이었다. 삼국시대의 위(魏)나라가 이 체제를 답습했기에, 나중에 이것을 '한위 고사(漢魏故事)', '한위지법(漢魏之法)', '한위지구(漢魏之舊)'라고 부르게 되며, 동진(東晋) 남조(南朝)에서는 혹은 '한진지구(漢晋之舊)', '위진 고사(魏晋故事)' 등으로 불렀다.

한나라 시대의 영(令), 율(律), 예악은 '한가 고사(漢家故事)'의 광범위한 기반 위에서 유가(儒家) 경전에 의한 검증과 비판을 거쳐 구축되었다. 왕망이 세운

〈표 6〉 후한 초기 국제의 재정립 일람

사항	재정립(再定立) 연도(年度)	비고
① 낙양(洛陽) 천도	건무(建武) 원년(25년) 10월	
② 기내(畿內) 제도	후한(後漢) 초기	사예교위부(司隸校尉部) 설치
③ 삼공(三公) 설치	건무 원년(25년) 7월	
④ 12주목(十二州牧)	후한 초기	건무 18년(42년) 주자사(州刺史)로 개제(改制)
⑤ 남북 교사(南北郊祀)	건무 2년(26년) 남교(南郊)	중원 2년(57년) 북교(北郊)
⑥ 영기[迎氣, 5교(五郊)]	영평(永平) 2년(59년)	
⑦ 7묘 합사(七廟合祀)	건무 26년(50년) 체협제사(禘祫祭祀)	건무 2년(26년) 정월 소목(昭穆) 정위(定位)
⑧ 관직[官稷, 사직(社稷)]	건무 2년(26년) 사직(社稷)	
⑨ 벽옹[辟雍, 명당(明堂)영대(靈臺)]	중원(中元) 원년(56년) 명당·영대·벽옹	
⑩ 학관(學官)	건무 2년(26년) 경사학관(京師學官)	건무 5년(29년) 10월 태학(太學)
⑪ 이왕후(二王後)	건무 2년(26년) 5월 주승휴공(周承休公)	건무 5년(29년) 2월 은소가공(殷紹嘉公)
⑫ 공자 자손(孔子子孫)	건무 14년(38년) 4월 포성후(褒成侯)	
⑬ 악제 개혁(樂制改革)	영평 3년(60년) 8월 대여악(大予樂)	동평헌왕(東平憲王) 유창(劉蒼) 등의 공경회의
⑭ 천하지호(天下之號)	건무 원년(25년)	재수명(再受命)에 의해 한(漢)나라를 계승
⑮ 구석(九錫)·선양(禪讓)	[연강(延康) 원년(220년) 11월]	한위 고사(漢魏故事)
⑯ 향음주례(鄕飮酒禮)	건무 3년(27년)	복담(伏湛) 제안
⑰ 사시례(四時禮)[독시령(讀時令)]	건무 연간(年間)	후패(侯霸) 제안
⑱ 관면(冠冕)·거복(車服) 제도	영평 3년(60년) 8월	동평헌왕 유창 등의 공경회의(公卿會議)

신(新)나라가 멸망한 이후, 건무(建武)·영평(永平) 연간에 다시 정립된 원시(元始) 연간의 여러 개제(改制)는 새로운 제도를 섞어가며 광무제 시기의 '건무 고사(建武故事)', 명제(明帝) 시기의 '영평 고사(永平故事)'로 전개되었으며, 장제(章帝) 이후의 후한 시기 국제의 기반이 되었다. 방대한 '한가 고사'로부터 조

종(祖宗)의 고사(故事)가 되는 『한건무 율령고사(漢建武律令故事)』(3卷), 『건무 고사(建武故事)』(3卷), 『영평 고사(永平故事)』(2卷)가 찬정(撰定)되어, 그 이후의 여러 왕조가 참조해야 할 규범이 되었다. 필자는 후세의 여러 왕조가 부단히 참조할 국제였다는 의미에서 이것을 '전통 중국'에서의 '고전 국제'라고 부른다.

후한의 국가기구

왕망의 세기(世紀)를 통해서 유학을 기반으로 하는 국제가 정비되었다. 이것을 구체적으로 표현하고 있는 것이 후세에 '한제(漢制)'라고 불리게 되는 후한의 국가기구(國家機構)이다. 여기에서는 그 개략과 특징을 살펴보도록 하겠다. 진한(秦漢) 시기의 국가기구를 구성하는 기본 단위(基本單位)는 관부였다. '중도관(中都官)'이라고 불렸던 후한의 중앙정부에는 낙양의 도성을 중심으로 약 100개의 관부가, 군현(郡縣)의 지방정부에는 약 1300개의 관부가 있었다.

기본 단위인 관부는 한나라 시대의 비교적 커다란 저택과 동일한 구조를 지닌 건조물이었다. 건조물의 남면(南面)에는 중정(中庭)을 에워싸고 '조(曹)'라고 불리는 방을 배치하여 이원(吏員)의 집무실로 삼았다. 그 북측 중앙에는 관부 장관이 집무를 보는 가옥이 있었고, 그 오(奧: 깊숙한 곳)에는 합문(閤門)으로 칸을 막아 관부 장관의 사적 주거를 두었다. 관부는 그 자체가 독립된 하나의 가(家)였다(〈그림 21〉 참조).

관부는 몇 개의 조[曹: 부서(部署)]로 구성되어 있었으며 다음과 같이 세 가지 종류의 인원이 근무했다. ① 황제의 직접 임명을 받아 관부 전체를 지도하는 명관(命官)으로서, 관부 장관 및 관부 차관 외에 수 명의 부관(副官)이 있었다. ② 각 조(曹)의 장인 연(掾), 차관에 해당하는 속(屬)·사(史), 이원(吏員)인 서좌(書佐)·소사(小史)·간(幹) 등이 있었고 행정 사무를 직무로 삼았다. 그들

〈그림 21〉 **호오환교위 막부도**(護烏丸校尉幕府圖)

주: 막부(幕府) 동문(東門)을 따라서 하부(下部, 서측?)에 무명조(無名曹), 우적조(右賊曹), 좌적조(左賊曹), 위조(尉曹), 우창조(右倉曹), 좌창조(左倉曹), 남쪽에 공조(功曹), 상부(上部, 동측?)에 금조(金曹), 각조(閣曹), 새조(塞曹)의 옥사(屋舍)가 묘사되어 있다. 각 조(曹) 옥사(屋舍) 내부에는 책상과 관리가 묘사되어 있다.

은 속리(屬吏)·소리(小吏)라고 불렸다. ③ 관부 내부의 일상적인 노역을 담당하는 졸(卒)로서, 노역의 내용에 의해 오백(伍伯)·영하(鈴下)·시합(侍閤)·가리주졸(街里走卒)·정졸(亭卒) 등의 명칭을 갖고 있었고 백성으로부터 의무적으로 징발되었다.

후한의 관리는 전체 합하여 15만 2986명이었고, 황제 일족과 함께 지배계급을 구성했다. 그중에 황제에 의해 직접 임명되는 명관(命官)은 7576명[중앙관 1055명, 지방관 6521명]으로 전체의 약 5%였다. 나머지 속리(중앙 1만 4225명, 지방 11만 1647명)는 각 관부 장관이 인사를 행했다. 명관과 속리는 중앙 관부에는 1개 관부당 수십 명에서 백수십 명, 지방 군부(郡府)에는 수백 명이 근무했다.

후한 시기뿐만 아니라, 한나라 시대 국가기구의 특징은 이러한 여러 관부가 비교적 독립성이 높은 기구로서 존재하는 것과 동시에 관부의 느슨한 연합체 조직을 편성하여 행정 직무를 수행했던 부분에 있다. 여러 관부는 통솔 관부와 그것에 하속(下屬)되어 있는 몇 개의 관부로 연합체를 편성하여 특정의 행정을 수행했다. 이러한 '관부 연합체'가 다시 중층적으로 조합되어 관부 연합의 중층 체계로서의 국가기구가 형성된다. 그 구체적인 양태에 대해서는 뒤에 서술하도록 하겠다.

중앙정부는 재상부인 사도·사마·사공의 삼공부(三公府) 아래에 특정 행정을 담당하는 관부를 3개씩 배치했다(일명 '3공 9경제'). 3개의 각 관부 아래에는 다시 전문 행정을 담당하는 몇 개의 관부가 하속되어, '관부 연합체'를 편성했다(〈그림 22〉, 〈그림 23〉 참조). 9경 외에도 장작대장(將作大匠: 토목건축) 등의 단독 공사 관부 및 집금오(執金吾: 도성 경비)·성문교위(城門校尉: 성문 경비)·북군중후[北軍中候: 금군(禁軍)] 등의 군사, 경찰 계통 관부가 있었다. 이처럼 중앙정부는 3층으로 중층되어 있는 '관부 연합체'를 중핵으로 하여 편성되었다.

지방의 군국에서는 진(秦)나라의 동정군(洞庭郡) 천릉현(遷陵縣)의 사례에서 확인했던 바와 같이(제3장 참조), 장관에 해당하는 태수부와 군도위부, 변군에는 다시 복수의 부도위부(部都尉府)가 있었으며, 그 아래에 몇 개의 현관부(縣官府)가 하속되어 일종의 '지방 관부 연합체'를 편성했다(〈그림 24〉 참조).

특기할 것은 왕망의 시대를 통해서 상서(尙書)의 체제가 성립되었다는 점이다. 상서는 진(秦)나라 시대부터 설치되었는데, 황제의 가정기관(家政機關)인 소부(少府)에 속해 있었고 문서의 출납을 임무로 했다. 무제가 내조(內朝)·내정(內廷)을 통해 정무를 집행하게 되자 점차 중용되었고, 선제·원제 시기에는 후궁을 돌보는 환관이 상서 기능을 하게 되어 중상서관[中尙書官: 중서(中書)]이라고 불리게 되었다. 성제는 환관인 중상서(中尙書)를 물리치고 사인(士人)을 임용했으며, 처음으로 상서에 5조(五曹)를 설치하여 부서를 만들었다. 상서는 이리하여 행정의 전반을 다루는 '황제 비서실'의 기능을 수

〈그림 22〉 후한 시기의 중앙 관부 연합체

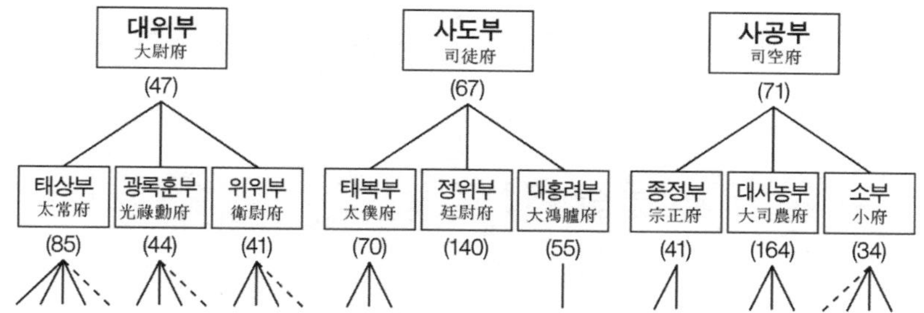

주: 괄호 안의 숫자는 이원(吏員)의 수(數)이다.

〈그림 23〉 대사농부 관부 연합체

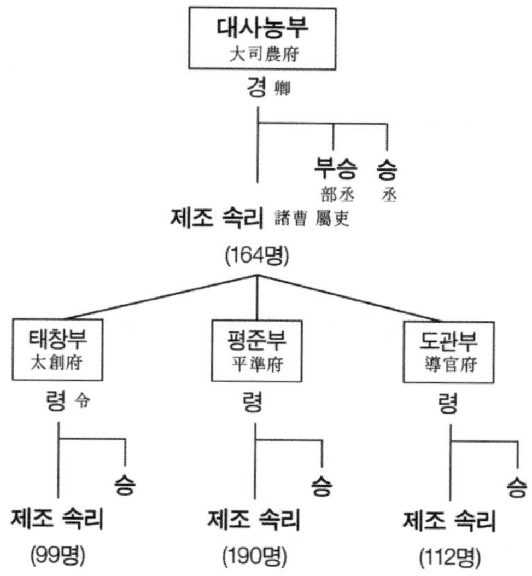

행하게 되었다.

후한 시기에 진입한 후 광무제가 권력을 장악하여 정치를 총람하게 되자, 비서실 기능을 하던 상서가 황제의 정치적 의사결정에도 중대한 영향을 미

〈그림 24〉 지방 관부 연합체

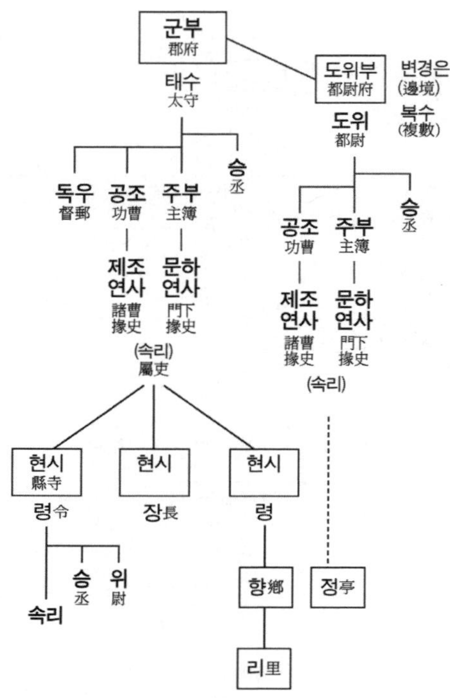

〈그림 25〉 후한 초기 상서대의 구성

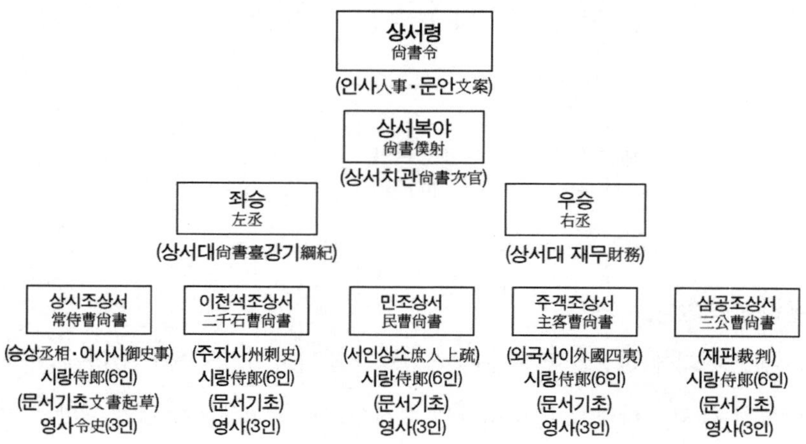

치게 되었으며, 황제의 직속 행정기구가 되어 상서대(尙書臺)라고 불리게 되었다. 3공 9경은 점차로 그 결정을 집행하기만 할 뿐인 행정부가 되었다. 후한 말기에 상서는 6조(六曹)가 되어, 수당(隋唐) 이후의 '6부 상서 체제'의 남상(濫觴: 시초)이 되었다(〈그림 25〉 참조).

이중의 군신 관계

황제를 정점으로 하는 관부의 '연합 체제'는 다음과 같은 두 가지의 질(質)을 달리하는 군신 관계에 의해 유지·통합되었다. 즉 ① 황제가 임명하고 직(職)을 부여하는 명관과의 사이에서의 '황제-명관'의 제1차적 군신 관계와, ② 관부의 관장(官長)이 임명하고 직을 부여하는 속리와의 사이에서의 '관장-속리'의 제2차적 군신 관계이다. 관부의 독립성의 근간은 제2차적 군신 관계의 존재에 있었다.

특히 지방 군현 각 관부의 관장은 자신의 관부에 소속된 속리에 대한 인사권을 갖고 있었다. 중앙·지방을 불문하고 관부의 관장과 속리의 관계를 한나라 시대 사람들은 군신 관계로 간주했다. 전임(轉任)·퇴임 이후에도 과거의 군신 관계는 '고주(故主)-고리(故吏)'의 관계로서 영속화되었다. 특히 군의 태수는 현의 속리 인사에 개입했고, 또한 '군도(君道)'라고 칭하며 그 속리의 정적(政績)에 따라 신상필벌을 가했으며, 주살하는 일마저 있었다. 지방 관부의 관장은 소전제군주(小專制君主: 작은 전제군주)였다. 모든 지방 속리는 그 군현에 속한 사람들 중에서 임용되었으며, 황제에 대해서는 배신(陪臣: 신하의 신하)의 관계에 있었다.

'황제-명관'의 제1차적 군신 관계는 황제에게 수렴되는 '일원적 관계'였지만, '관장-속리'의 제2차적 군신 관계는 관부 조직에 의해 규정되었기 때문에 관장이나 속리의 전임에 의해 복수의 군신 관계가 맺어져, 복수다원적이었다. 복수다원의 군신 관계 중에서 어떠한 군신 관계를 더욱 중시할 것인가,

그것은 개인이 선택할 수 있었다.

진한(秦漢) 시대의 황제는 천명을 받아 통치 권력을 위임받은 전제군주였으며, 유일한 정치적 의사결정권자로서 권력을 일신에 집중시킨 존재였다. 하지만 현실의 정치 운영은 이중의 '군신 관계'와 '관부 연합체'를 통해서 집행되었으며, 중앙집권제와는 다른 정치적 특질을 갖고 있었다. 그렇다면 이러한 분산적 경향을 내포하고 있던 한나라 시대의 전제주의는 어떻게 통합·유지되었을까?

원회 의례(元會儀禮)

관부의 질서를 유지하는 것은 조회 의례(朝會儀禮)이다. 조회에서는 군신(君臣)이 조현(朝見)하는 의식을 거행한 후, 그때마다의 정치 과제에 대해 황제의 질문 및 논의가 행해졌다. 중앙의 조정에 대해서 말하자면, 조회는 일반적으로 5일에 한 차례, 매월의 삭망(朔望: 1일, 15일), 원단(元旦)의 새벽에 거행되었다. 가장 성대한 것은 원단의 '조회 의례'이다.

한나라의 '조회 의례'는 한나라 초기에 숙손통(叔孫通)이 진제(秦制)에 입각하여 정비한 의례였다. 한나라 초기부터 무제 시기까지의 세수(歲首)는 10월 1일이었다. 기원전 200년 10월(1일), 처음으로 원단의 조회 의례가 거행되었을 때, 정연하게 진행되는 의례를 직접 본 고조(高祖)는 무심코 "오늘 처음으로 황제의 존엄을 알게 되었다"라고 중얼거렸다. 그렇다면 황제의 존엄을 원회 의례는 어떻게 표현했을까?

장형(張衡, 78~139)은 후한 중기의 '원회 의례'를 다음과 같이 묘사하고 있다. "그런데 맹춘(孟春: 음력 정월) 원일(元日: 설날)[9]에는 제후[諸侯: 군국(郡國)]가 사방에서 내조(來朝)하며 조정의 백관도 그 뒤를 따른다. 제후·군국 및 원방

9) 이때는 세수가 정월 1일이었다. _옮긴이

(遠方: 먼 곳)의 이적(夷狄)은 공헌물을 공납한다. 이들은 모두 황제의 신하로서, 그 증표로 옥(玉) 등의 예물을 바치는 것이다. 이때 정전(正殿)의 아래에서 조알하는 자는 대략 수만 명이나 되며, 동서의 2개 대열로 나뉜다"(『東京賦』). 전정(殿庭: 궁전의 뜰)의 동측에는 문관이, 서측에는 무관이 각각 대열을 이루며 늘어서 있었다.

이러한 '원회 의례'의 참가자 수만 명 중에 중핵이 되는 것은 중앙 관인 1055명이었다. 종자(從者: 시종)를 포함할 경우 그 몇 배가 된다. 그들은 그 신분에 따라 다른 질물[質物: 진상품(進上品)]을 황제에게 헌상하여 제1차적 군신 관계를 갱신한다. 삼공·제후는 벽[璧: 옥(玉)], 경(卿)에 해당하는 관료는 고(羔: 새끼 양), 대부(大夫)에 상당하는 관료는 안(雁: 기러기), 사(士)의 신분에 해당하는 관료는 치(雉: 꿩)를 질(質)로서 바친다. 각각의 질은 옥을 제외하면 동물의 사체이다. 춘추시대 이래, 이 의례를 '책명위질(策命委質)'이라고 불렀는데, 관작(官爵)을 배명(拜命)한 군주를 위해 목숨을 바쳐 섬기겠다는 것을 표명하는 신종(臣從) 의례였다. 특히 즉위 이후 최초의 '원회 의례'는 중요했다. '원회 의례'를 거행하기 전에 요절한 제7대 황제 북향후(北鄕侯) 유의(劉懿, 재위: 125년 3~10월)는 원단의 '군신 성례(君臣成禮)'(군신 관계의 정립)를 거치지 못했다는 것을 이유로 종묘에서 제사를 지내지 않았으며, 제호(帝號)도 받지 못했다.

또한 지방 군국에서 수(數)명씩 합계 수백 명에 달하는 상계리(上計吏)를 파견한다. '상계리'는 원회에 참가하여 1년간의 정치 회계 보고, 공헌물의 공납, 관료 후보자가 될 인재[효렴(孝廉)·현량(賢良)·문학(文學) 등의 과목에 의한 찰거자(察擧者)]를 상진(上進)한다. 또한 외국 및 여러 종족의 사절단이 참가하여 공헌물의 공납을 행한다. 공헌물은 '원회'가 열리는 장소인 전정(殿庭)에 성대하게 진열된다. 이것을 '정실(庭實)'이라고 부르며, 성대한 '정실'은 천자의 성덕(盛德)을 현시(顯示)하는 것으로 간주된다.

군국으로부터의 공헌물과 인물(人物)의 공납은 서주 시기 혜갑반(兮甲盤)의 명문(銘文)에 이미 나타난 바와 같이(제1장 참조), 왕권에 대한 전통적인 집단적 신종(臣從)·종속의 표명이었다. 원회에서의 인물의 공납은 찰거제(察擧制)를 계수(繼受)한 수(隋)나라 이후의 공거제(貢擧制)·과거제(科擧制)에도 계승되었다. 당나라 시대의 과거(科擧) 수험자는 공거인(貢擧人), 향공진사(鄕貢進士) 등으로 불렸으며, 전정에 진열되는 공헌물의 앞에 참열(參列)했다.

그런데 군국[국내(國內)]으로부터의 공헌물은 북송(北宋) 이후 '토공(土貢)'이라고 불렸으며, 명(明)나라 시대인 16세기 후반에 일조편법(一條鞭法)이 전개되자, 주현(州縣)의 토공(土貢)·방물(方物)도 일조(一條)에 편입되어 은납(銀納)이 되었으며, 재물(財物)의 공납제는 은정(銀錠: 은으로 만든 화폐. 정은 중량 단위)의 와중에서 융해(融解)되었다(『明史』 食貨志二). 그 이후에는 외국·여러 종족으로부터의 공헌, 즉 조공만이 행해진다.

과거(科擧)는 주지하는 바와 같이, 1904년 5월의 실시를 최후로 하여 1905년에 폐지되었다. 용산 문화 시기 이래의 공헌제는 이미 청인(淸人: 청나라 사람)의 의식 속에는 없었던 것으로 보이지만, 형식적으로는 1905년에 인물의 공납 제도가 폐지될 때까지 계속되었던 것이다.

'원회 의례'는 황제와 중앙 관료 간 군신 관계의 갱신, 중앙정부와 지방 군국 간의 공헌제, 즉 '공납-종속' 관계의 재생산뿐만 아니라, 외국·주변 여러 종족의 신종(臣從)까지 포괄하는 제국적 질서의 갱신을 상징하는 의례였다. 한고조로 하여금 황제의 존엄을 자각하도록 했던 것도 무리한 일이 아니다.

5

분열과 재통합

위진남북조(魏晉南北朝)

1. 한위 혁명(漢魏革命)

청류(清流)와 탁류(濁流)

후한은 제5대 상제(殤帝) 유륭(劉隆, 재위: 105~106)이 유아 시기에 사망한 후 적계(嫡系)가 끊어져, 차례로 방계로부터 어린 황제가 옹립되어 정권이 불안정해졌다. 전한 말기 정국의 재현이었다. 황제가 연달아 교체되자, 역대 황후와 그 외척들이 황제 권력을 둘러싸고 투쟁을 벌이게 되었다. 그중에서 환관이 대두하여 황제의 거처인 금중(禁中)에 출입하며 외척 세력과 투쟁하고, 제8대 순제(順帝) 유보(劉保, 재위: 125~144), 제11대 환제(桓帝) 유지(劉志, 재위: 146~168)를 옹립하는 데까지 이르렀다. 궁정 내부의 정국 불안정화는 관료제의 기능 악화를 초래했다. 특히 군태수 등 지방관의 임명 경로를 외척 및 환관이 거의 독점하게 되었다. 인사를 둘러싸고 지방 정치에 이권이 작

동하게 되어, 지방 사회는 더욱 피폐해졌다.

궁정·관료제의 혼란 및 지방 사회의 분단·피폐를 직접 눈으로 보면서, 나중에 '청류(清流)'라고 불리게 되는 관료층이 지방에 거주하던 사인층(士人層)과 연대하여 정계의 쇄신을 목표로 환관 세력에 대한 광범위한 저항 운동을 전개했다. 하지만 환관파가 반격을 꾀하여, 청류파 관인이 도당(徒黨)을 만들었다는 결론이 내려져 166년, 169년, 176년의 세 차례에 걸쳐 '당고(黨錮)의 금(禁)'이 발령되었다. 당고·당금(黨禁)이란 붕당을 결성한 관인·사대부로부터 관료가 될 수 있는 자격을 박탈하는 것이다. 환관파는 청류파 관인 및 주변의 인물을 체포·투옥시키고 관인 자격을 박탈했다. 제2차 당고에서는 100여 명이 살해되었으며 "천하의 지용(智勇)에 걸출했던 인물 및 유학의 실천자들까지 모두 당인(黨人)으로 간주되었다"(『後漢書』 靈帝本紀).

황건의 난

한편 피폐해진 지방에서는 2세기 초 무렵부터 하남(河南)·하북(河北)의 각지에서 유민(流民)이 출현하기 시작하고, 농민 반란이 발생하게 되었다. 그 세력은 점차로 남하하여 장강 유역으로까지 확대되었다. 그것은 36만여 명이 한꺼번에 봉기한 황건(黃巾)의 난으로 정점을 맞이했다. 장각(張角)을 교주로 하는 태평도(太平道) 교단은 36명의 부사(部師)를 통해 화북 각지에 하부조직을 편성했다. 그들은 184년 2월, 황건을 머리에 두르고 각지에서 같은 날에 일제히 봉기했다. 청류파와의 결탁을 두려워한 조정·환관 세력은 황급히 당금(黨禁)을 해제했지만, '사후 약방문'이었다. 익주[益州: 사천성(四川省)] 황건의 마상(馬相)처럼 그중에는 천자를 자칭하는 자까지 출현했다. 이 반란은 사회의 저변을 휘말려들게 하여 후한을 일거에 멸망의 낭떠러지로 몰아넣었다.

천하 삼분: 위·촉·오의 성립

189년 제12대 영제(靈帝) 유굉(劉宏, 재위: 168~189)이 사망하게 되자, 대(代)가 바뀌는 혼란 속에서 원소(袁紹, ?~202) 등이 환관을 주멸(誅滅)하여 궁정으로부터 일소했으며, 도망친 자들을 황하의 탁류에 빠뜨려 죽였다. 한편 '환관 주멸'의 움직임에 맞추어, 강족(羌族) 등을 이끌던 동탁(董卓, ?~192)이 수도 낙양으로 입성했다. 그는 교묘하게 병력을 증대시키고 조정의 실권을 장악했으며, 후한 최후의 황제 헌제(獻帝) 유협(劉協, 재위: 189~220)을 즉위시켰다. 그로부터 얼마 되지 않아 동탁은 장안을 도(都)로 삼고 헌제를 장안으로 옮겼다.

중앙 조정의 동향에 대해서 하남·하북의 지방관 및 군장(軍將)들은 원소를 맹주로 하는 반(反)동탁의 동맹군을 결성했다. 동탁이 부하인 여포(呂布, ?~198)에게 살해되자, 이 동맹군은 곧바로 몇 개의 군벌을 형성했다. 군장의 한 명이었던 조조(曹操, 155~220)는 동맹군을 기반으로 하여 자신의 세력을 확대했다. 결국 조조는 196년 헌제를 장안에서 낙양으로 맞이했으며, 200년 관도(官渡)의 전투에서 최강의 군웅이었던 원소를 격파하고 화북을 거의 통일하게 된다.

그 무렵 강남 지역은 2대에 걸쳐 손씨가 실효적으로 지배하고 있었다. 208년, 조조의 군대가 남하하여 장강 중류 유역의 형주(荊州)를 평정하고 나아가 강남의 평정을 목표로 동진했다. 손권(孫權)은 이에 대항하여 유비(劉備) 군대의 조력을 받으면서 장강 중류의 적벽(赤壁)에서 영격(迎擊)하여 대규모의 수군전(水軍戰)을 벌였다. 이른바 '적벽대전'이다. 조조의 군대가 패배하게 되자, 제갈량(諸葛亮, 181~234)이 설파했던 '천하 삼분지계'의 실현 가능성이 높아지게 되었다.

한위 혁명(漢魏革命)

216년 5월, 헌제가 조조의 작위를 올려 위국왕(魏國王)으로 봉했다. 이로써 권력 교체의 '초읽기'가 시작되었다. 하지만 220년 정월, 조조는 낙양에서 병에 걸려 사망하게 된다. 그해 10월 13일, 헌제는 중망(衆望: 뭇사람들의 신망)이 조조의 아들 위왕(魏王) 조비(曹丕)에게 있다는 것을 이유로 하여 관료층을 데리고 고조묘(高祖廟)에 제사를 지내고, 겸어사대부(兼御史大夫) 장음(張音)에게 황제의 새수[璽綬: 인장(印章)과 그것을 매단 대상(帶狀: 띠 모양)의 리본]를 들려주어 선양했다. 위왕은 29일 번양[繁陽: 하남성 내황현(內黃縣) 동북쪽]에 세워진 단에 올라가 하늘에 제사를 지내고 위나라의 백관, 열후, 제장(諸將), 흉노 선우(單于), 주변 여러 종족 수만 명이 지켜보는 가운데 황제에 즉위했다. 제사가 끝남으로써 즉위 의례가 완성되었던 것이다. 문제(文帝) 조비(曹丕, 재위: 220~226)는 '황초(黃初)'라고 개원(改元)하고 대사령(大赦令)을 발포했으며, 12월 낙양으로 돌아가 그곳을 도(都)로 삼고 위(魏: 낙양, 220~265)나라를 건국했다. 이것이 바로 '한위 혁명(漢魏革命)'이다.

이 정권 교체는 왕망이 시작한 선양 방식의 권력 이양으로서, '한위 고사(漢魏故事)'라고 불리며 후세의 본보기가 되었다. 『삼국지(三國志)』 '문제기 배송지주(文帝紀裴松之注)'에서 인용하고 있는 『헌제전(獻帝傳)』은 흡사 번문욕례(繁文縟禮)의 표본을 보여주듯이 상세하게 선양극(禪讓劇)의 순서를 기록하고 있다.

문제가 즉위한 그 이듬해, 유비[劉備: 소열제(昭烈帝), 재위: 221~223)]가 촉[蜀: 수도 성도(成都), 221~263]나라를, 그리고 그 이듬해에는 손권[孫權: 대제(大帝), 재위: 222~252]이 오[吳: 수도 건업(建業), 222~280]나라를 각각 건국하여 350여 년에 이르는 분열 시대가 시작된다.

분열 시기의 천하와 중국

"지금 천하는 삼분되어 있으며, 중국이 18주(州), 오(吳)와 촉(蜀)은 각각 1주를 보유하고 있을 뿐이다"라고 『부자(傅子)』(『三國志』 劉曄傳裴松之注)에서 논해지고 있는 바와 같이, 위·촉·오가 천하를 삼분하여 실효 통치하자, 천하 20주 가운데 중원 낙양에 도(都)를 두고 18주를 영유했던 위나라를 '중국'이라고 불렀다. 이리하여 '천하'의 영역과 '중국'은 다시 분화된다.

다소 시간을 뒤로 이동시켜 보면, 5호 16국(五胡十六國) 시기의 후조(後趙, 319~351)의 고조(高祖) 석륵(石勒, 재위: 319~333)에게 그 재상 서광(徐光)은 후조가 장안·낙양의 이도(二都)를 지배하여 '중국'의 제왕이 되었으며, 대립하고 있던 강남의 동진(東晋) 사마 정권(司馬政權) 및 성촉(成蜀)의 이씨 정권(李氏政權)과는 정통성을 달리한다고 논하고 있다(『晋書』 石勒載記下). 삼국 시기의 천하 삼분과 동일한 구조이다. '중국'을 지배하는 정권에 정통성이 존재한다는 것을 알 수 있다.

또한 전연(前燕, 337~370)의 모용준(慕容儁, 재위: 349~359)도 352년 업도[鄴都, 하남성 임장현(臨漳縣)]를 획득하고 황제에 즉위했을 때, 동진(東晋)에서 온 사자에게 '중국'의 추대에 의해 제왕이 되었다. 이것을 돌아가서 동진의 천자에게 보고하라고 말하고 있다(『晋書』 慕容儁載記). 중원에 있는 도성을 지배하는 왕권이 정통성을 지닌 왕권이고, 분열 시기에는 중원을 포함한 화북의 영역이 '중국'이었던 것이다.

2. 화북 지방 사회의 변모

이 후한에서 삼국 분열 시기에 걸쳐, 지방 사회의 기층에서는 '한위 혁명(漢魏革命)'이 별 상관없었던 것과는 달리, 심각한 변용(變容)이 생겨났다. 그 변용은 삼국시대에서 남북조(南北朝)에 이르는 권력의 분열을 근저에서 규정했다. 그것은 우선 제국 지배의 근간이 되는 지방 조직에서 출현했다.

지방 행정조직의 변모: 향리제(鄕里制)와 자연 촌락

'한 제국(漢帝國)'의 지방 행정조직은 용산 문화 시기 이래의 삼계층제 취락군의 형식(패턴)을 기반으로 하는 '현(縣)-향(鄕)·정(亭)-리(里)'에 의해 편성되었다. 이 행정조직은 고전 국제가 성립되었던 양한(兩漢) 교체 시기를 경계로 하여 크게 전환된다. 〈표 7〉에 의하면, 군국의 수(數)는 전한 103개, 후한 105개로 거의 변함이 없는 것에 반해서, 현 이하의 수는 크게 변화하고 있다. 후한의 현 수는 전한의 약 4분의 3이지만, 호수(戶數)의 감소에 상응하고 있으므로 그다지 문제가 되지 않는다. 하지만 향은 약 반수(半數), 정은 약 40%로 감소하고 있다. 서기 2년부터 약 150년 동안에 현 이하의 기층 행정조직이 격감했던 것이다. 향은 호적 편성의 기초 단위이며, 정은 천맥제(阡陌制)로 구획된 1경 단위의 경지에 대한 관리를 행하는 것과 함께, 관할 지역의 경찰 업무도 겸했으며, 또한 우(郵)와 함께 제국 전역을 잇는 통신·교통망을 편성했다. 향·정 조직이 호구 수의 감소 비중 이상으로 격감하고 있는 점은 기초가 되는 취락군의 해체, 즉 제국 기저부에 있는 삼계층제 취락군 형식의 해체를 의미한다고 볼 수 있다.

다소 시대가 뒤로 내려가 3세기 후반의 서진(西晉) 시기가 되면, 〈표 8〉에서 보는 바와 같이 정(亭)이 없어지고, 향은 현의 지배 호수(支配戶數)에 의해 설치되는 수가 결정된다. 향은 기층 취락과는 관계없이, 현의 호적에 등록되어 있는 호수에 대응하여 행정적으로 설치되었던 것이다. 진(晉)나라 왕조 이후에도 현-향-리의 3급제 지방 행정조직은 유지된다. 하지만 후한 말기부터 현저해지는 새로운 '기층 자연촌락'[둔(屯), 촌(邨), 촌(村), 오(塢), 구(丘) 등]을 직접적으로는 편성하지 않게 된다. 장부상의 호수(戶數)에 의해 현이 편성하

〈표 7〉 양한(兩漢) 시기 군현향정(郡縣鄕亭)의 호구 수 대조표

	전한(前漢)	후한(後漢)	후한/전한
군국(郡國)	103	105	—
현도(縣道)	1578	1180	74.80%
향(鄕)	6622	3682	55.60%
정(亭)	2만 9635	1만 2442	42.00%
호수(戶數)	1223만 3062	969만 8630	79.30%
구수(口數)	5959만 4978	4915만 0220	82.50%

자료: 전한은 『한서(漢書)』 지리지(地理志) 및 백관 공경표상(百官公卿表上)[평제(平帝) 원시(元始) 2년(서기 2)].
후한은 『속한서(續漢書)』 군국지5(郡國志五)[환제(桓帝) 영수(永壽) 2년(서기 156)], 향과 정의 수는 군국지 5 유소(劉劭) 주인(注引) 『동한서(東漢書)』[영흥(永興) 원년(서기 153)].

〈표 8〉 진(晋)나라 시기 향의 수 관련 설치 규정표

현(縣)의 호수(戶數)	500호(戶)	3,000호	5,000호	10,000호
향(鄕)의 수(數)	1향(鄕)	2향	3향	4향

자료: 『진서(晋書)』 직관지(職官志).

는 향리 조직과 현실의 자연취락이 이중으로 존재하게 된 것이다. 2세기 중반부터 3세기 중반에 이르는 약 100년간 사태는 더욱 철저하게 진행되었다고 말할 수 있다.

이러한 사태의 진행은 무엇보다 양한 교체기 및 후한 말기의 동란에 의한 물리적 파괴가 원인이라고 할 수 있다. 다만 단순한 물리적인 파괴라고 한다면 재건이 가능하다. 하지만 회복할 수 없는 경과를 밟게 되었다. 그 근본적인 원인은 더욱 심층적인 화북 농촌 사회의 변용과 정치적·군사적 요인에서 찾지 않으면 안 된다.

고려할 수 있는 정치적·군사적 요인은 광무제가 서기 30년 8월에 단행했던 군도위부(郡都尉府)의 폐지와 그에 따른 내군 영역의 군비 축소이다. 군도위(郡都尉)는 군의 갑졸(甲卒)을 통솔·지휘하는 군의 군사 장관이었다. 그 폐

지는 내군 영역의 무장 해제를 의미했으며, 또한 전한 시기를 통해서 아직 보존되고 있었던 '전국 체제(戰國體制)'의 근저적인 폐기를 의미했다. '군도위부'의 폐지는 전국 시대 말기 이래, 최하부의 군사·경찰 조직이었던 정(亭)의 존속에 타격을 가하는 것과 함께, 그 정의 직무인 천맥(阡陌)·경작지의 관리에도 커다란 영향을 초래했을 터이다. 천맥제는 후한 말기의 토지 매매 문서상의 기재를 최후로 하여 역사에서 사라졌다. 그것은 소농민층의 경제적 기반 중 하나가 소멸했다는 것을 의미한다. '한 제국(漢帝國)'의 해체는 전국(戰國) 군사체제의 해체와 단위 기층 취락군 및 '천맥제'의 해체를 요인으로 한 것이었다.

화북 농촌 사회의 변용

기층 취락군과 천맥제의 해체는 군사 체제의 해체와 상호 관계에 있을 뿐만 아니라, 또한 화북 전작(畑作) 농경이 변용하는 것과 상호 작용하면서 발생되었다. 화북의 전작 농경은 무제(武帝) 시기를 경계로 크게 변용했다. 경기(耕起)·정지(整地) 용구에 뇌(耒: 쟁기)·사(耜: 보습), 서(鋤: 호미) 등의 수노동(手勞動) 용구를 이용한 전국 시대 이래의 소농법적 농업 위에, 2마리의 소(牛)에 철제 쟁기를 메어 경기·정지를 행하는 대농법(大農法)이 보급되어, 전작 농법과 화북 농촌이 크게 변모했던 것이다(〈그림 26〉 참조).

대농법의 전형은 무제 시기 주로 수도권 및 서북 변군 지대에서 시행되었던 조과(趙過)의 '대전법(代田法)'이다. 그것은 우리(耦犂: 2마리의 소가 끄는 쟁기)·파종용 농기 등의 대형 농구가 중핵이 되고, 2마리의 소와 3인의 노동자가 5경 단위로 경영하는 농법이었다. 그것은 부부 2명이 겨우 '1경=100무' 단위로 경영하는 소농법과는 절대적인 격차가 있다. 대농법은 인접해 있는 4가(四家)·4맥분(四陌分)의 경영과 맥도(陌道)를 배제하지 않으면 성립하지 않는다. 수 경 단위로 경영하는 대농법은 1경의 분전을 기본 단위로 하고 소농

〈그림 26〉 후한 시기의 농장도

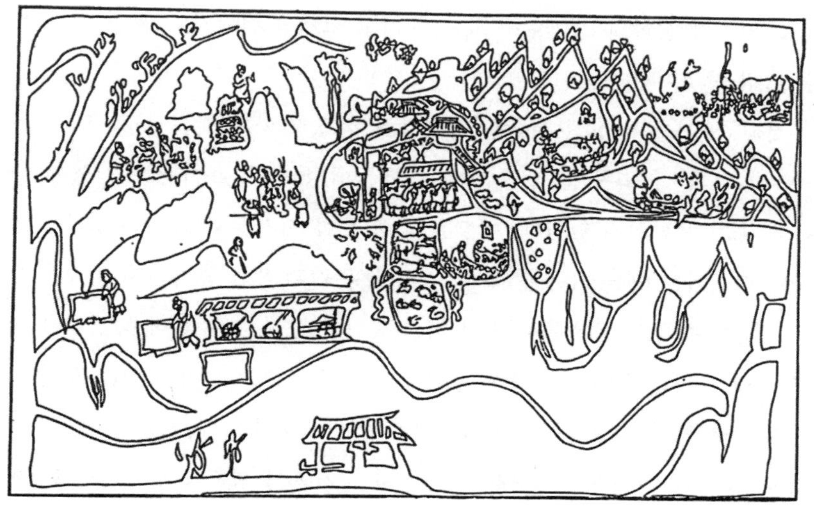

주: 그림 중앙의 산기슭에 있는 택(宅)과 원사(園舍)를 중심으로 그 우측에서 농경이, 좌측에서 채상(採桑), 마사(麻絲, 삼실)의 생산이 이루어졌음을 알 수 있다.

법을 전제로 했던 천맥제의 경구(耕區) 편성과는 양립되지 않는다(제2장 〈그림 16〉 참조). 대농법이 진전되는 것과 함께, 천맥(阡陌)을 구성하는 농도(農道)는 허물어지고, 농촌의 풍경은 점차로 변화하게 되었을 것으로 여겨진다.

2003년 6월, 하남성 내황현(內黃縣) 남부의 양장진(梁庄鎭) 삼양장(三楊庄)의 북쪽 500m에 위치한 황하고도(黃河故道)에서 7개소의 주거 유적이 발견되었다. 현재 그중 4개소의 발굴이 이루어지고 있다. 출토된 도기의 조성[組成: 도호(陶壺), 두(豆), 증(甑), 분(盆)], 수조(水槽) 등의 기형(器型), 출토된 3개의 '화천(貨泉)'1)으로부터 이 주거 유적이 전한 말 및 왕망 시기의 유적이라는 것이 판명되었다. 이 주거지(住居址)는 서기 11년 왕망의 고향인 위군(魏郡)에서 발생했던, 황하의 제방 붕괴에 의한 수해 때문에 매몰된 것으로 여겨지고 있

1) 왕망의 신(新)나라에서 발행한 화폐이다. 표면에 화천(貨泉)이라고 쓰여 있다. _옮긴이

다. 그것은 매몰 시의 농촌 현황을 그대로 남기고 있는 전례 없는 유적이며, 발견 당시에 중국의 '폼페이(Pompeii)'[2]라고 크게 선전되기도 했다. 그 내용은 놀라운 것이었다.

첫째, 농가는 밀집된 취락을 형성하지 않고 가까운 것은 25m, 먼 것은 500m가 넘는 거리를 둔 '산촌(散村)' 형태를 취했으며, 흩어져 있는 농가 사이에 농지가 펼쳐져 있었다. 이것은 용산 문화 시기 이래의 삼계층제 취락군의 형식과는 다른 취락 형태이다. 둘째, 독립된 개별 농가의 주위에는 뽕나무 등의 수목 및 채소를 심은 밭이 조성되어 있고, 그 주위에 농경지가 펼쳐져 있는 경관이었다. 농가가 광대한 경작지 가운데 흩어져 있는 것이다. 셋째, 농가의 옥사(屋舍)는 5명 이상의 사람이 거주하는 다소 넓은 '제2처 주거(第二處住居)' 외에는 모두 많아야 5명의 소가족이 생활할 수 있는 크기였다. 주거는 두 개의 중정(中庭)을 지닌 이진원식(二進院式)의 통일 규격에 의해 조성되었다. 다소 넓고 복잡하게 구성된 '제2처 주거'를 예로 들면, 1당 2내[一堂二內: 주방(主房)과 양측(兩側)의 협부옥(脇部屋)]의 기본 구성을 지닌 모옥(母屋)이 북쪽에 위치하여 남면(南面)하고 있고, 두 개의 중정(中庭)을 에워싸고 별도로 서상방(西廂房)·동상방(東廂房) 등의 옥사가 배치되어 있다. 이것이 이진원식(二進院式) 주택이다(〈그림 27〉 참조). 넷째, 농지에는 폭(幅) 약 60cm의 이랑이 세워져 있었으며 모두 남북 방향으로 뻗어 있었다. '제3처 주거(第三處住居)'의 농지에는 소(牛)의 발자국 흔적이 남아 있다. 또한 '제2처 주거'에서는 철제 쟁기가 발굴되었다.

이러한 것은 경지 가운데 흩어져 있는 농가의 주거와 소가족에 의한 대농법 경영의 보급을 엿볼 수 있게 한다. 현재의 내황현 양장진 삼양장은 한나

---

2) 이탈리아 나폴리(Naples)의 동남쪽 21km에 존재했던 고대 도시이며, 서기 79년 베수비우스(Vesuvius) 화산의 폭발로 인해 매몰된 것으로 알려져지고 있다. _옮긴이

〈그림 27〉 내황현(內黃縣) 양장진(梁庄鎭) 삼양장 유적 제2처 주거 평면도

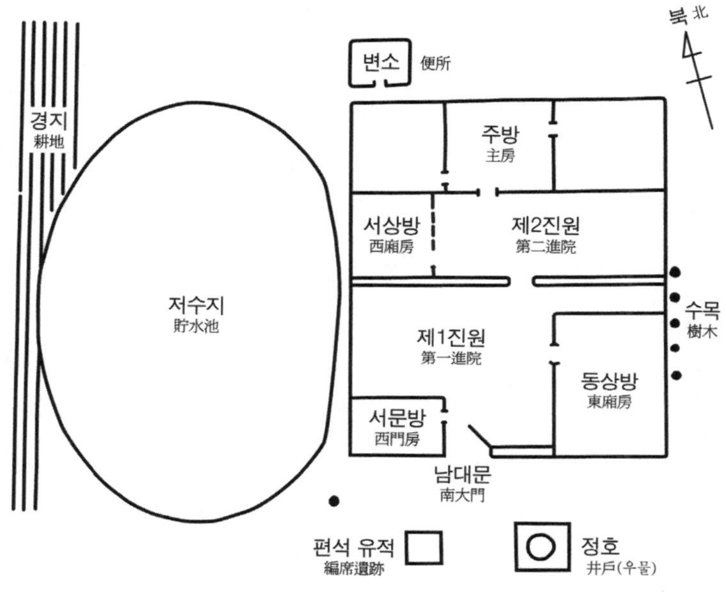

라 시대 위군(魏郡)의 영역에 속해 있었는데, 바로 중원에 위치한다. 이것이 선진 지대의 농법과 촌락 경관을 대표한다고 말할 수 있을지는 고례(孤例: 단일 사례)이기 때문에 확실하지 않다. 다만 전한 말 및 왕망 시기에 걸쳐 천맥제를 무용지물로 만드는 대농법의 진전·보급이 있었던 것, 화북의 농촌 취락이 다양한 형태를 취하기 시작하고 그것이 지방 행정조직의 변용에도 크게 영향을 미친 것은 확실하다고 할 수 있다.

농촌에서의 계층 분화의 확대

전한 중기 이래 대농법의 진전은 천맥제의 기초를 붕괴시키는 것과 함께, 농촌의 계층 분화를 확대시켰다. 이미 논한 바와 같이, 전국 시대 말기 및 한나라 초기의 농촌에는 극히 소수의 대가(大家)를 제외하면 중산층과 빈가층

(貧家層)이 절반씩 존재했다. 중산층은 빈가층과 함께 천맥제에 기초하여 소농법에 의한 경영을 했다. 하지만 중산층은 대농법의 진전과 함께, 그것을 수용할 수 없어 빈가로 몰락하든지, 아니면 대농법의 생산력 기반을 획득하여 대가층으로 상승하든지, 어쨌든 양극화하게 되었다.

무제 시기에는, 몰락하기 시작은 했지만 아직 중가층(中家層)의 존재를 살펴볼 수 있다. 예를 들면, 『염철론(鹽鐵論)』 '미통편(未通篇)'에는 "예전에 전쟁이 자주 일어나게 되어 중앙재정이 부족했으므로, 가산의 평가 액수에 의해 부전(賦錢)을 징발했지만, 항상 실재하는 민중으로부터 수취했다. …… 무릇 부전을 체납하고 있는 것은 모두 대가층이지만 향리(鄕吏)·이정(里正)은 그들을 두려워하여 감히 독촉하지 못하고, 빈민층에서는 엄히 징수하기에 빈민층이 이를 견디지 못하고 원방(遠方: 먼 곳)으로 유망(流亡)하고 있다. 이 때문에 중가층이 온통 납입하게 된다"라고 기록되어 있다. 농촌의 3계층 중에서 중가층에 조세 부담이 무겁게 가해졌음을 알 수 있다. 이미 살펴본 바와 같이, 무제 시기의 재정 정책 중에서 중산층의 몰락이 현저해지고 있었다(제3장 참조).

이리하여 후한 시기 이후, 중가(中家)·중산(中産)에 대한 기술은 없어지게 되며, 농촌의 구성은 대가(大家)·부실(富室)·강가(强家)·부호(富豪) 등으로 불렸던 부호층과 빈가층 간의 2계층으로 분화되어 간다. 사승(史乘)에 중가(中家)가 나타나는 최후의 사례는 후한 초기의 인물 환담(桓譚, ?~서기 56)의 상소이다. 그는 대상인(大商人)의 고리대 경영에 대해서 논하는 중에 중가의 자제(子弟)가 그 실무를 맡아 신복(臣僕)처럼 일하고 있음을 지적했다(『後漢書』 桓譚列傳). 중가의 몰락을 상징하는 이 기술 이후, 중가는 모습이 사라지게 된다. 그 이후에는 "상가(上家)는 거만(巨萬)의 자산을 축적하고 있고 그 토지는 열후의 봉지와도 같으며 …… 이에 따라 하호(下戶)는 어려운 처지에 내몰려 발을 디딜 곳도 없고, 부자(父子) 모두 고개를 숙인 채로 부자(富者)인 상가에서 노예처럼 일하며, 처자를 데려와 상가에 노역을 제공한다. …… 조금이라도 성과를 내지 못하면, 유망하여 들판에서 사망하게 된다"(『通典』 一引崔寔 『政論』)] 라고 최식(崔寔)이 논하고 있는 바와 같이, 부자와 빈자의 2계층 구분에 의한 농촌 사회의 묘사가 증대한다. 농촌 사회의 분단과 빈가층의 피폐를 살펴볼 수 있다.

권력 분열 시기의 근저에는 전국 시대 이래의 지방 행정조직의 해체와 농촌 사회의 피폐 및 분단이 확실히 존재했던 것이다.

3. 서진(西晉): 중원 통일 왕조의 재건

서진의 천하 통일

위(魏)나라 왕조의 제2대 명제(明帝) 조예(曹叡, 재위: 226~239)가 친아들이 없는 상태로 36세의 젊은 나이에 사망하자, 양자인 8세의 제왕(齊王) 조방(曹芳, 재위: 239~254)이 즉위했다. 명제의 유명을 받들어 황제 일족인 조상(曹爽, ?~249)과 사마의(司馬懿, 179~251)가 정치를 보좌했지만, 두 사람은 대립했다. 조상과의 권력 투쟁에서 승리한 사마의가 사망하게 되자, 그의 아들 사마사(司馬師, 208~255)·사마소(司馬昭, 211~265) 형제가 연이어 권력을 장악하여 당시의 황제를 폐위시키고 또한 살해하기에 이른다.

위나라는 263년에 촉(蜀)나라를 평정했는데, 그로부터 2년 후에는 사마소의 아들 사마염(司馬炎: 무제(武帝), 재위: 265~290)에게 선양했고, 이로써 서진(西晉) 왕조(265~316)가 성립한다. 무제는 280년 강남으로 진군하여 오(吳)나라를 평정하고 약 60년 만에 천하 통일을 실현했다. 이때 국가에 등록된 호수(戶數)는 245만 9804호로서(『通典』 七), 후한의 4분의 1로 감소되었다. 서진의 통일 기간은 20년이 채 되지 못했다. 정치권력은 일시적으로 통합되었지만, 사회는 피폐해졌고 분단된 채로 남아 있었다. 300년에는 '팔왕(八王)의 난'(300~306)이 발생했고, 이어서 '영가(永嘉)의 난(311)'이 일어나 서진은 다시 분열 상태에 들어간다.

잠시 존재했다가 사라진 통일 정권으로 끝났지만, 서진 무제의 치세에는 이제까지의 역사를 개괄하는 세 가지의 사건이 있었다.

율령·진례(晋禮)의 편찬

우선 첫째, 율령과 예악의 체계화이다. 무제의 치세 시기 초였던 태시(泰始) 4년(268) 정월에 '태시 율령(泰始律令)'이 공포되었다. 이 율령은 조위(曹魏)의 말기인 264년 5월에 편찬이 시작되어, 3년 반을 들여 완성되었다. '태시 율령'은 형법에 해당하는 '율' 20편과 행정법을 중심으로 하는 '영' 40편으로 구성되어 있으며, 전국 시대 이래 축적되어 온 영·율·고사 등의 법령·관례가 정리되어, 중국사에서 최초의 체계적인 구성을 갖춘 율령법이 되었다. 이 율령법과 병행하여, 이것을 보완하는 것으로서 진(晋)나라 왕조는 동시에 『진고사(晋故事)』 30권을 편찬했다. 그 이후 각 왕조에서 율령에 개정을 가하게 되며, 수나라의 '개황 율령(開皇律令)'에서 율령을 보완하는 격[格: 임시법 집성(集成)]·식[式: 시행세칙 집성]이 법전에 더해져 완성을 보게 되었다. 당나라의 율령법은 그 성과를 기반으로 한 것이었다.

그 이듬해인 269년, 무제는 율령과 나란히 제사·예악에 관한 의주(儀注)[3]를 편찬한 『진례(晋禮)』 165편을 공포했다. 의주란 각종 제사 및 의례의 개별적인 순서를 기술하여 실제의 의례·제사 집행의 기준을 제시한 것이다. 이 『진례』는 한나라 초기 숙손통(叔孫通)의 『한의(漢儀)』 12편, 이것을 축조식(逐條式)으로 개정하고 대폭 증보한 후한 장제(章帝) 시기 조포(趙褒)의 『한

3) 의주(儀註)로 표기하기도 한다. _옮긴이

례(漢禮)』 150편을 기초로 편찬된 의주로서, 천자로부터 서인에 이르기까지 의 관혼(冠婚)·길흉(吉凶) 제도를 찬술하고 있다. 『진례』는 공포 이후에도 수정이 계속되었으며, 수나라 우홍(牛弘)의 『수조의례(隋朝儀禮)』 100권, 당나라 시기의 『대당개원례(大唐開元禮)』 150권에 이르러 집대성된다.

율령법과 제의·의주서는 법제와 예악이 복합적으로 편성되어 실천되는 것을 통해 각 왕조의 정치 질서를 형성했다. '태시 율령' 및 『진례』는 왕망의 세기에 시작된 '고전 국제'를 법전·예서(禮書)의 형태로 완성해 낸 최초의 사례였다.

호조제(戶調制)의 성립

둘째, 호조제의 성립이다. 태시령(泰始令)의 편목(編目) 제9편이 '호조령'이다. 호조는 후한 말기의 건안 초년(서기 196·197)에 조조가 실효적으로 지배하던 예주[豫州: 하남성 남부 회수(淮水) 이북, 안휘성(安徽省) 회수 이북], 연주[兗州: 하남성 동부 황하(黃河) 이남, 산동성 서부]에서 실시한 것에서 비롯되며, 200년에 원소(袁紹), 204년에 원상(袁尙)을 격파한 이후 그 지배 영역이었던 기주(冀州)·유주[幽州: 하북성(河北省)]로 확대하여 선양 이후에는 위나라 왕조 전역에서 시행했다. 이것을 율령에 명시한 것이 태시령이다.

천하 통일을 이룬 280년에는 '호조지식(戶調之式)'이 출현했다. 현재 호조령의 본문은 남아 있지 않다. 단지 '호조지식' 및 호조제와 관련된 '진고사(晋故事)' 일문(逸文)이 남아 있을 뿐이다. 식(式)이 특정한 입법의 형식이 된 것은 북조(北朝) 시대 이후의 일이고, 이 경우의 식은 일반적인 의미에서의 법·제도를 지칭한다. 따라서 '호조지식'과 호조령의 관계는 알 수 없다. 아마도 천하 통일에 따라 필요해진 개정 조치를 포함하는 법령이었을 것이다.

'호조지식'과 '진고사' 일문에 의하면, 서진 시기의 호조제는 위나라의 호조제를 전국적으로 전개한 것이었다. 그것은 현(縣) 단계에서의 직접적인 조세 수취와 그러한 수취물을 기초로 군국으로부터 중앙으로 공부(公賦)·공조(公調)로서 공납하는 두 개의 층차로 나뉘어 있었다. 현 단계에서는 농민 각호의 가산 평가액에 의거하여 9등급으로 구분하고, 그 등급에 상응하여 견(絹)·면(綿) 및 기타 물자를 징수했으며, 그러한 세물(稅物)은 일단 지방에 저장·비축되었다. 각 군국은 통상적으로 그 지배하에 있는 호수(戶數)에 1호당 조(租) 4곡(斛)[4], 견(絹) 3필(匹), 면(綿) 3근(斤)의 일률적인 부과 기준을 곱하여 공납액을 결정하고, 지방에 저장되어 있는 것으로부터 면견(綿絹) 등의 재물을 공부[公賦: 공조(公調)]라는 이름으로 공납하여, 중앙정부의 재정을 구성했다. 중앙 경비로 공납한 이후의 나머지 잔액은 조외비(調外費)로서 지방에 저장·비축되었던 것으로 여겨진다. 중앙정부의 입장에서 보자면, 전국에 등록되어 있는 그 지배하의 호수를 파악함으로써, 단순 계산을 통해 그 세수와 기본 재정 규모를 확인할 수 있었다.

'균전지제'의 재건: 점전·과전제

셋째, 점전(占田)·과전법(課田法)의 시행이다. 한나라 말기의 동란에 의해 천하가 황폐해지고 국가에 등록된 호수는 10~20%로까지 감소했다(『通典』 七). 조조는 196년 호조제의 시행을 전후하여 중원에 민둔전(民屯田)을 설치하고 황폐해진 전토를 재개발하여 군량의 확보와 군대의 강화를 도모했다. 이제까지의 둔전은 변경에 주둔하는 군대의 병사가 군량을 확보하기 위해 농업을 영위하는 것이었다. 조조도 손씨 정권과 대치하고 있던 회수 유역을 중심으로 군둔전(軍屯田)을 설치했다. 이에 비해서 민둔전은 백성을 모집하여 경작시키는 것이었다. 그 결과, 농업의 진흥과 소농 경영의 재구축에 기여하게 되었다. 중원 일대에 설치된 민둔전은 그 성공으로 인해 조조의 화

---

4) 당나라 이전에는 곡(斛)은 10두(斗)로서 석(石)과 같았다. _옮긴이

북 통일을 위한 물적·인적 기반의 구축을 가져왔던 것이다.

이 민둔전은 조위(曹魏) 말기인 264년, 서진 초기의 266년, 위진 교체를 사이에 두고 두 차례 폐지령이 나와, 둔전관(屯田官)과 둔민(屯民)은 군현제로 재편되었다. 이리하여 천하 통일을 이룩한 280년에 점전제(占田制)·과전제(課田制)를 시행하게 된다.

점전제는 우선 남자 1명에게 70무, 여자 1명에게 30무, 즉 남녀 한 쌍의 부부가 보유하는 '100무=1경'의 전토를 기준으로 설정했다. 이것을 기초로 하여 1품관(一品官) 50경 이하, 9품관 10경에 이르기까지 '9품 9등급(九品九等級)'의 관인(官人) 신분에 상응하여 토지 보유의 한도를 정했다. 점전에 대해서는 모두 무당 3두의 전세가 부과되었다.

이러한 관품에 따른 계층적 토지 보유 제도는 명백히 '균전지제', 즉 한나라 시대의 작제적 토지 소유의 재건이다(제4장 〈표 3〉 참조). 다만 점전은 국가가 인정하는 전토 보유의 등록 한도이며, 급전(給田) 제도가 아니라는 것에 유의할 필요가 있다.

이때 또한 점전제와는 별도로, 국왕공후(國王公侯)에 대해서 낙양 성내에 거택 1개소, 그리고 근교에 대국(大國)은 15경, 차국(次國)은 10경, 소국(小國)은 7경 규모의 '추고지전(芻藁之田)'(소와 말에게 먹이는 사료 생산용 전토)에 대한 보유 한도를 규정했다.

아울러 관인에 대해서는 봉록 지급의 일환으로서 1품관에게 채전(菜田) 10경·전추(田騶)[5] 10명, 2품의 특진관(特進官)에게 채전 8경·전추 8명, 3품관인 광록대부(光祿大夫) 등에게 채전 6경·전추 6명을 지급하도록 규정했다. 4품 이하의 규정은 보이지 않지만, 아마도 9품 전체에 걸쳐 채전·전추가 계층적으로 균등하게 급부되었을 것으로 여겨진다.

5) 농업에 종사하는 노예를 지칭한다. _옮긴이

여기에는 통일을 이룬 뒤의 진(秦)나라·전한 시기의 작제적 토지 소유에서 관품의 계층제에 의거한 토지 소유로의 전환이 보인다. 하지만 계층을 설정하여 토지 보유의 한도에 구분을 두고 균형을 유지하는 '균전지제'의 본질은 일관하고 있다. 전한 말기에 붕괴의 위기를 겪은 균전지제는 조위의 민둔전에 의한 중원의 재개발을 기초로 점전제로서 재차 수립되었던 것이다. 다만 이 점전제 등의 계층제 토지 소유는 서진이 단기 정권으로 끝났기 때문에 명확한 제도로 계승되지는 못했다.

과전은 호조제의 공부·공조와 관련된 과세지였다. 환언하면, 중앙정부의 재원을 확보하기 위해 각 주군(州郡)으로부터 공납되는 호조를 위한 회계상의 과세지였다. 과세지액(額)은 호주가 정남(丁男: 16~60세)인 경우 50무, 차정남(次丁男: 13~15세, 61~65세) 호주는 25무, 정녀(丁女) 호주는 20무였다. 정남 호주인 경우, 실제의 점전 면적에 상관없이 회계상 50무가 과전되었으며, 기준 과세액인 조곡(租穀) 4곡(斛), 견(絹) 3필, 면(綿) 3근이 각 주군(州郡)에 부과된다. 차정남 호주에게는 기준액의 반액, 정녀 호주에게는 5분지 2가 과세되었다. 이것은 각 주군으로부터 그 등록 호수와 등록 호주의 종류에 상응하여 중앙정부에 호조를 공납하는 계산상의 과세 구성이었다. 현 단계에서 각 호의 자산액에 응하여 수취되는 호조와는 차원을 달리했다.

점전·과전제는 서진의 붕괴 이후에 계승되지 않았다. 하지만 점전에 대응하는 전세 및 과전에 부과되는 호조의 공조 제도는 남북조 시기를 통해서 계승되었다.

4. 5호 16국과 천하의 분열

'8왕의 난'과 '영가의 난'

290년, 무제가 사망하고 '암우(暗愚)'(우둔하고 어리석다)라고 일컬어졌던 혜제(惠帝) 사마충(司馬衷, 재위: 290~306)이 즉위하자, 그 황후 가남풍(賈南風)이 실권을 장악했다. 299년 가황후는 자신의 아들이 아닌 황태자를 폐위시켰다. 그 이듬해 무제의 숙부 조왕(趙王) 사마륜(司馬倫)[6]이 가황후 및 그 일족을 살해하고 실권을 장악했으며, 301년 정월에는 제위를 찬탈했다.[7] 이에 대해서 제국(諸國)의 국왕에 봉건되어 있던 사마씨 일족이 각지에서 거병했고, 그해 4월에 조왕 사마륜이 주살된다. 그 이후 여러 왕들 간의 항쟁은 진흙탕처럼 되었고, 306년에 회제(懷帝) 사마치(司馬熾, 재위: 306~311)가 즉위하여 일단락이 될 때까지, 화북은 혼란에 빠졌다. 8명의 국왕이 권력을 둘러싸고 내란을 일으켰기 때문에 이것을 일컬어 '8왕의 난'이라고 부른다.

'8왕의 난'에 의한 혼란의 와중인 303년, 저족(氐族) 출신의 이특(李特)이 성도[成都: 사천성 성도시(成都市)]에서 자립하며 국호를 성(成, 303~347)으로 칭했다. 또한 304년 흉노를 이끌던 유연(劉淵)이 산서성 북부에서 자립하며 한왕[뒤에 한(漢)에서 전조(前趙)로 개칭, 304~329]이라고 칭하고 결국 칭제(稱帝)를 하며 남방으로 영역을 확대했다.

311년[서진(西晋)의 영가(永嘉) 5년], 유연(劉淵)의 아들 유총(劉聰, 재위: 310~318)이 수도 낙양을 공격하여 함락시키고 316년에는 장안에 거점을 두고 있던 서진 최후의 민제(愍帝) 사마업(司馬鄴, 재위: 313~316)의 항복을 받아냈다. 그 이후 '중국' 지배를 둘러싼 여러 종족의 흥망과, '중국'의 북변·서변에서의

---

6) 무제의 숙부이기는 했지만 249년생으로서, 236년생인 무제보다 어렸다. _옮긴이

7) 이때 혜제는 태상황이 되었다가 사마륜이 죽자 바로 복위했다. _옮긴이

〈표 9〉 5호 16국의 흥망

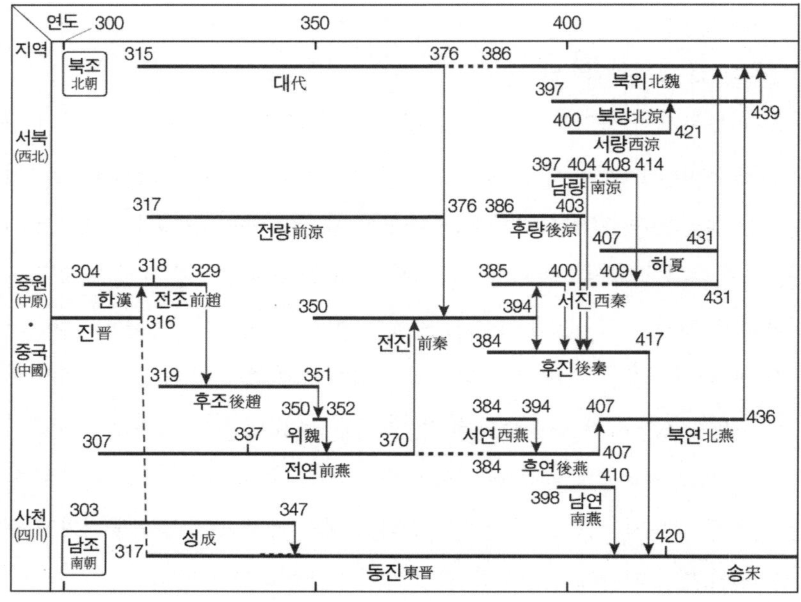

여러 종족의 국가 형성과 멸망이 연이어졌다. 이것이 '영가의 난'이라고 불리는 것으로, 그 이후 약 150년간 계속된 '5호 16국(五胡十六國)' 시대의 시작이었다(〈표 9〉 참조).

서진(西晋)이 흉노의 손에 멸망하자, 317년 3월, 양주도독(揚州都督)으로서 강남(江南)의 건업[建業, 남경시(南京市)]에 거점을 두고 있던 낭야왕(郎邪王) 사마예(司馬睿)가 그곳에서 황제에 즉위하여[원제(元帝), 재위: 317~322], 진(晋)나라 왕조를 계승했다[동진(東晋), 317~420]. 그 이후 강남에서는 송(宋)·제(齊)·양(梁)·진(陳)의 4개 왕조가 연이어졌다. 화북에는 북위(北魏)가 성립되었기에, 이 시기를 남북조 시대라고 부른다.

화북 주민의 변모

5호 16국 시대에는 한인(漢人)을 비롯해 흉노, 선비, 강(羌), 저(氐), 갈(羯) 등 '5호(五胡)'라고 불리는 여러 종족이 화북 지역을 중심으로 왕·제(帝)·천왕 등의 군주호를 칭하며 19개에 달하는 국가를 수립하고 흥망을 거듭했다. 그들이 '영가의 난'을 기회로 하여 대거 화북으로 침입했던 것은 아니다. 거기에는 화북 주민의 얼굴 생김새에 변모를 초래한 긴 전사(前史)가 있었다.

한나라 말기의 동란이 일어나자, 화북의 주민은 대거 동북부의 요동 및 회수 이남의 땅으로 이동했다. 그리고 '영가의 난'은 화북 주민의 요동 및 강남으로의 이주를 더욱 촉진하게 되었다.

한편 주변 여러 종족은 후한 시대부터 서서히 화북 북부로 이주하기 시작했다. 남흉노는 후한의 광무제 시대에 그 본거지를 이석좌국성[離石左國城: 산서성 이석현(離石縣)]으로 이동했고, 후한 말기 '동탁(董卓)의 난'이 발생했을 때에는 태원[太原: 산서성 태원시(太原市)]·하동[河東: 산서성 하현(夏縣) 북쪽]을 공략하고 황하 건너편의 낙양을 바라보는 하내군[河內郡: 하남성 심양현(沁陽縣)]에 군대를 진주하여 주둔시켰다. 조조는 흉노의 부중(部衆)을 좌우중남북의 5부로 나누어 통제했으며 산서성의 중북부 일대에 거주케 했다.

나중에 후조(後趙, 319~351)를 세운 갈족(羯族)의 석륵(石勒)은 원래 흉노의 별(別)부족이었는데, 조부의 대까지는 상당군[上黨郡: 산서성 장치현(長治縣)] 무향(武鄕) 갈실(羯室) 일대에 산거(散居)했었다. 그 때문에 갈호(羯胡)라고 불리게 되었다. 갈족도 한위(漢魏) 교체기에는 이미 '중국'에 거주했던 것이다.

또한 후한 초기에는 농서태수(隴西太守) 마원(馬援, 기원전 14~서기 49)이 강족(羌族)을 토벌하고, 그 종족을 풍익군[馮翊郡: 섬서성(陝西省) 대려현(大荔縣)]·하동군(河東郡)의 공지(空地)로 이주시켰다. 강족은 한인과 혼주하게 됨으로써 인구가 증가했다. 111년에는 선영강(先零羌)[8]이 하동군을 공략하고 하내군(河內郡)까지 도달했다. 그 결과, 안제(安帝) 유호(劉祜, 재위: 106~125)가 안정(安

定)·북지(北地)·상군(上郡) 등 3군의 군부를 삼보 내의 여러 현으로 이동시켰다. 전한의 수도권이 후한 중기에는 변군화(邊郡化)했던 것이다. 서진 시기에 접어들자, 장안을 에워싸고 있는 관중 일대의 주민 100여 만 명의 절반은 강족이 차지하게 되었다(『晉書』 江統傳 '徙戎論').

이미 화북 각지에 거주하고 있던 5호의 여러 종족은 8왕의 내란으로 인해 혼란스럽게 된 중원의 권력을 노리며 남진했고, 또한 동진하기 시작했다. 예를 들면, 요서군(遼西郡)으로 본부를 이동시킨 선비족 모용부(慕容部)의 모용외(慕容廆, 269~333)는 '8왕의 난'으로부터 '영가의 난'에 이르는 중원의 혼란 속에서 하북(河北)으로부터 몰려드는 대량의 유민을 정주시키고 동북 주변부의 안정을 도모했다. 319년, 그는 고구려(高句麗)·선비족 우문부(宇文部)·선비족 단부(段部)의 연합군을 격파하고 요동(遼東)·요서(遼西) 지역에서의 지배권을 확립하여 나중에 건립되는 전연국(前燕國)의 기반을 조성했다. 그의 아들 모용황(慕容皝, 297~348)은 337년 9월 연왕(燕王)에 즉위하여 단부·우문부·부여(夫余)를 멸망시키고 고구려에 궤멸적인 타격을 입히며 동북아시아의 강국이 되었다. 또한 그의 아들 모용준(慕容儁, 319~359)의 시대에는 더욱 남진하여 352년 11월 황제를 칭하며 원호(元號)를 세우고, 357년 11월에는 업(鄴)으로 천도하여, 앞에서 언급한 바와 같이 '중국'에 군림하는 국가가 되었다.

주변 제족(諸族)의 화북으로의 이동 및 이주는 후한 시대에 시작되어 화북 주민의 얼굴 생김새에 커다란 변모를 가져왔으며, 결국 '영가의 난'과 5호 16국의 흥망을 초래했던 것이다.

---

8) 선영강(先零羌)은 중국의 서쪽에 살던 강족[서강족(西羌族)]의 한 지족(支族)으로서, 전한(前漢) 시기부터 서강족의 중심이 되어 한나라와 전쟁을 벌이다가 후한 말기 한나라와의 전쟁에 패하여 결국 멸망했다. _옮긴이

5. 선비 탁발부(拓跋部)의 화북 통합

북위(北魏)의 화북 통일

눈이 어지러울 정도로 흥망하던 제국(諸國)을 제압하고 화북을 재통일한 것은 선비족의 탁발부(拓跋部)였다. 탁발부는 5호의 여러 종족 중에서 가장 늦게 장성(長城) 외부로부터 남천(南遷)한 종족이다. 탁발부는 처음에 대흥안령(大興安嶺) 북부에 있는 알선동[嘎仙洞: 내몽골자치구 호윤패이맹(呼倫貝爾盟) 악윤춘자치기(鄂倫春自治旗)] 일대를 본거지로 삼았다. 그들은 점차로 현재의 산서성(山西省) 북변 일대로 이주했고, 성락[盛樂: 내몽골자치구 호화호특(呼和浩特)]을 본거지로 삼게 되었다.

초기 탁발부는 '부족 연합체'였다. 그것은 탁발씨와 혈연 관계에 있다고 관념되는 10개 부족[10성(十姓)]의 연합 조직을 중핵으로 하여 시조(始祖) 신원제(神元帝) 역미(力微)의 무렵까지에 귀속되었던 여러 종족[내입 제성(內入諸姓)]을 느슨하게 통합하고, 나아가 그 외연(外緣)에 정기적인 공납 관계를 갖고 있던 사방 여러 종족[사방 제부(四方諸部)]을 배치시킨 동맹 조직이었다.

탁발부는 서진 말기에 평성[平城: 산서성 대동시(大同市)]까지 진출했다. 310년, 탁발부의 군장(君長) 의로(猗盧, ?~316)는 대선우(大單于)·대공(代公)에 봉해졌으며, 315년에는 민제(愍帝)에 의해 대왕(代王)으로 세워졌다.

대국(代國)은 376년 장안에 본거지를 둔 전진(前秦, 350~394)의 부견(苻堅, 재위: 357~385)에게 공격을 받았다. 대국은 패전의 와중에 왕 십익건(什翼犍, 320~376)이 사망했다. 대국의 제부(諸部)는 이산(離散)하게 되었고, 그 대다수가 전진(前秦)에 종속되었다. 화북을 통일한 전진은 383년 동진(東晋)과의 '비수(淝水)의 전투'에서 패배하고, 그 이후 급격하게 쇠퇴했다. 이것을 기회로 삼아 십익건의 손자 탁발규(拓跋珪)가 전진으로부터 자립하여 386년 황제를 칭하며[도무제(道武帝, 재위: 386~409)] 북위(北魏)를 건국했다.

도무제는 선비족을 비롯해 종속되어 왔던 여러 종족의 씨족 조직을 해체하고[부족 해산(部族解散)], 수도 평성(平城)을 중심으로 8부[八部: 8국(八國)]로 구성되는 수도권 기내의 영역 편성을 행하며, 수령인 8부 대인(八部大人)의 아래에 한인을 포함한 지배자 집단을 재조직했다. 도무제는 그들을 새롭게 대인(代人)·국인(國人)으로 부르며 서민 백성과는 다른 호적에 편성했다. 국인은 춘추시대 각국의 지배자 집단이었던 국인을 의식한 용어였다.

대인(代人) 집단은 북위군(北魏軍)의 중핵을 구성했으며, 전시에는 사방으로 파견되었다. 도무제는 서진(西晋) 이래의 주(군)현제 위에 전사를 공출하는 8부제(八部制)의 정치 공동체를 중층화하여 전 국토를 통치했던 것이다. 대인 지배자 집단에 의한 황제 직속군의 편성은 커다란 성과를 거두었으며, 제3대 태무제(太武帝) 탁발도(拓跋燾, 재위: 423~452)의 통치 시기에 화북 통일을 이루었다.

두 가지의 국호: 위(魏)와 대(代)

북위는 도무제(道武帝)가 건국 시에 의정(議定: 논의하여 결정)했던 왕조 명칭인 위(魏)·대위(大魏) 외에 '대(代)'·'대대(大代)'를 국호로 사용했다. '대대'는 이미 살펴본 바와 같이, 선비족 탁발부를 통합한 의로(猗盧)가 대공(代公)·대왕(代王)에 봉건되었던 것에 의거한 국호이다.

국호로서 위(魏)를 채택한 것은 시조(始祖) 신원제(神元帝) 역미(力微, ?~277?)에 의한 전설상의 건국 원년이 삼국시대 조위(曹魏)의 건국과 동일한 220년이었으며, 조위와 나란히 북위(北魏)가 한(漢)나라로부터의 정통성을 계수했다는 것을 보여주기 위함이었다. 위(魏)는 그 자체가 '한위(漢魏)의 법(法)'을 체현하는 국호였다. 이 위와 대대(大代)가 동서 양위(東西兩魏)에 이르기까지 국호로 계속 사용되었다. 그것은 한위(漢魏)의 주현(州縣) 체제와 대국(代國)·대인(代人) 지배자 집단의 중층적 지배 체제가 존재했으며, 양자가 계속 갈등했음을 보여준다. 그 갈등은 '한위의 법'을 철저히 하고자 했던 효문제(孝文帝)의 개혁으로부터 나중의 수나라 문제(文帝)에 이르기까지의 역사에 깊이 각인되었다.

가한(可汗)과 황제·천자

1980년, 알선동(嘎仙洞)에서 석실(石室)에 새겨진, 태무제(太武帝)가 거행한 제천 의례(祭天儀禮)의 축문이 발견되었다. 거기에는 "천자 신도(天子臣燾)가 …… 황천(皇天)의 신(神)에게 고하며 …… 황조(皇祖) 선가한[先可寒: 가한(可汗)]을 배사(配祀)합니다"라고 적혀 있는데, 천자 및 가한(可汗)·가돈[可頓: 황후(皇后)]의 칭호를 쓰며 제사를 지내고 있다. '황조선가한(皇祖先可汗)'의 선(先)은 통상 사망한 부친을 지칭하는 일이 많다. 다만 여기에서는 황조(皇祖)이기 때문에 시조인 신원제(神元帝) 역미(力微)를 지칭하는 것으로 여겨진다. 선비족 탁발부의 왕권은 당초부터 가한(可汗)을 칭하고 있었던 것이다.

또한 북위 시대에 연주(演奏)되었던 고취악[鼓吹樂: 군악(軍樂)] 중에 '파라회가(簸邏迴歌)'라고 하는 악곡군(樂曲群)이 있었다. "그 곡(曲)에는 가한(可汗)에 관한 가사(歌辭)가 많다. 북방의 여러 종족은 모두 군주(君主)를 가한이라고 부른다. …… 가(歌: 노래)는 후연(後燕)·북위(北魏) 시대 선비족(鮮卑族)의 노래이다. 가사는 선비족의 말로 되어 있기에 들어서 이해할 수 없다"라고 했다(『通典』 一四六). 후연(後燕, 384~407)은 선비족 모용부(慕容部)가 세운 국가이다. 이것으로부터도 후연·북위 도무제의 시대에는 황제호·천자호 외에 가한호(可汗號)가 쓰였다는 것을 알 수 있다. 그것은 북위의 황제·천자가 선비족을 비롯한 여러 종족에 대해서, 특히 대인(代人) 지배자 집단에 대해서는 북위 성립 이후에도 가한호를 칭했을 가능성을 보여준다.

〈그림 28〉 북위의 요도(要圖)

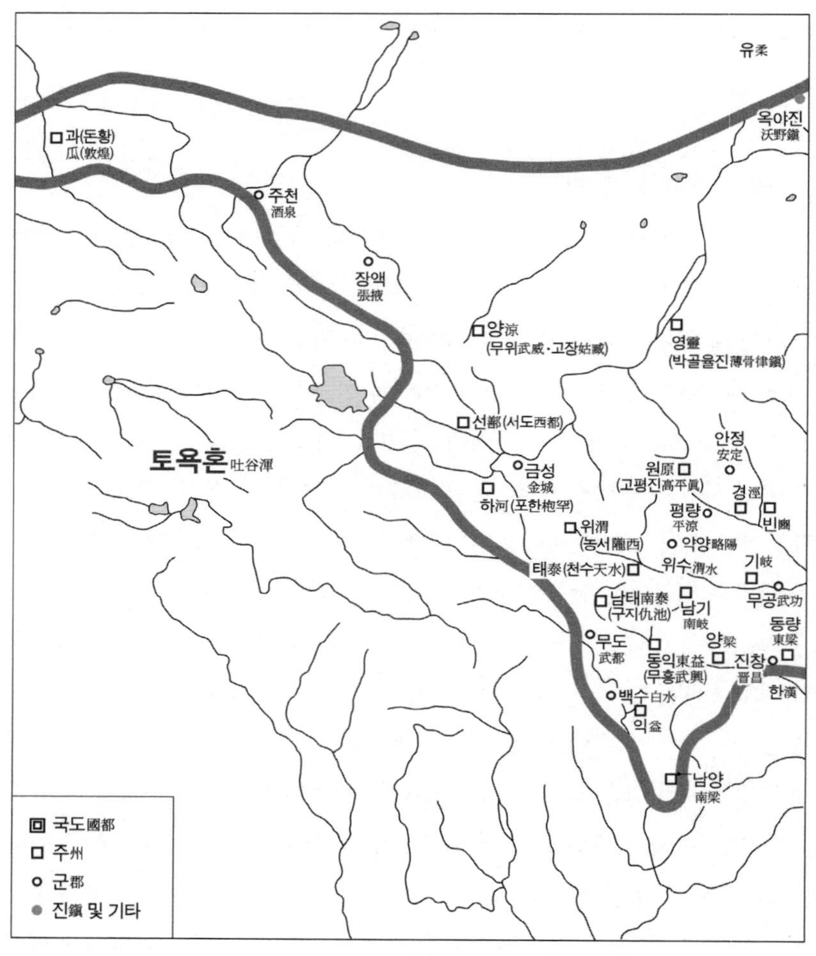

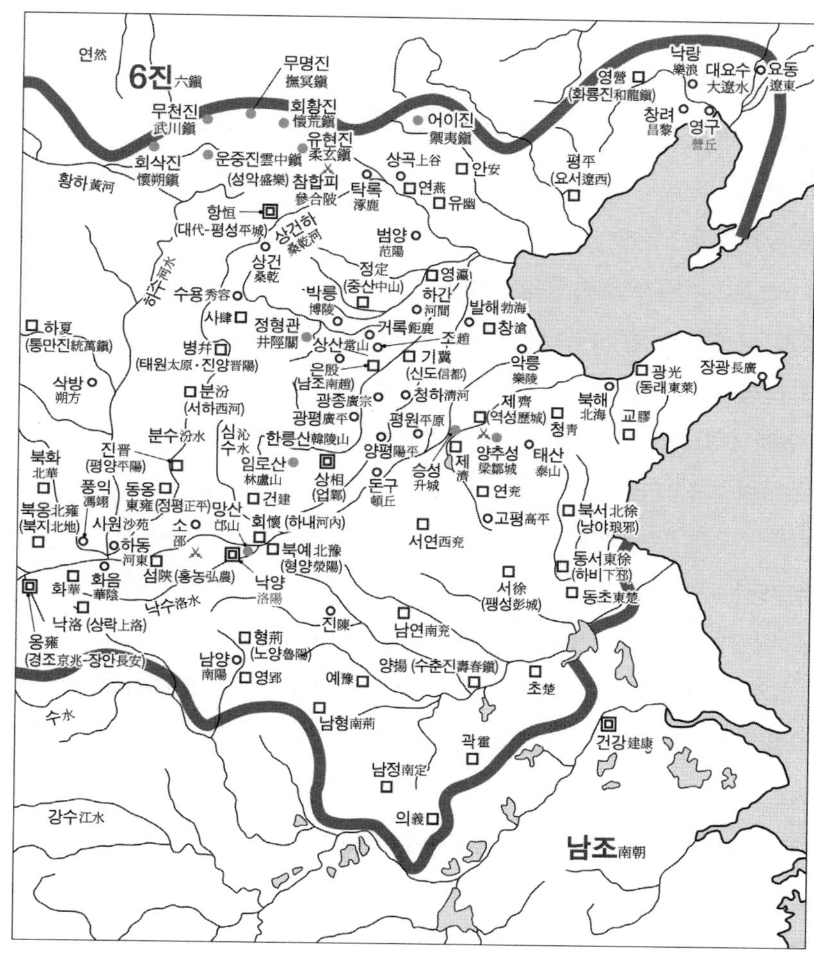

연然
6진六鎭
무명진
撫冥鎭
낙랑
樂浪
대요수
大遼水
요동
遼東
영營
(화룡진和龍鎭)
무천진
武川鎭
회황진
懷荒鎭
어이진
禦夷鎭
창려
昌黎
영구
營丘
유현진
柔玄鎭
회삭진
懷朔鎭
운중진雲中鎭
상곡上谷
안安
평平
(요서遼西)
황하黃河
(성악盛樂)
참합피
參合陂
탁록
涿鹿
연燕
유幽
항恒
(대代-평성平城)
상건하
桑乾河
범양
范陽
하수河水
상건
桑乾
정定
(중산中山)
영瀛
수용秀容
박릉
博陵
하간
河間
발해渤海
하夏
(통만진統萬鎭)
사肆
정형관
井陘關
거록鉅鹿
조趙
창滄
병幷
(태원太原·진양晉陽)
상산常山
기冀
(신도信都)
악릉
樂陵
광光
(동래東萊)
장광長廣
삭방
朔方
분汾
(서하西河)
은殷
(남조南趙)
광종廣宗
청하淸河
북해
北海
광평廣平
평원平原
제齊
(역성歷城)
청靑
교膠
분수汾水
심수沁水
한릉산韓陵山
양평陽平
양추성
梁鄒城
태산
泰山
북화
北華
진晉
(평양平陽)
임로산
林慮山
상相
(업鄴)
승성
升城
제濟
풍익
馮翊
동옹
東雍(정평正平)
건建
돈구
頓丘
연兗
북옹北雍
(북지北地)
사원沙苑
망산
邙山
소邵
회懷(하내河內)
고평高平
북서北徐
(낭야琅邪)
하동
河東
서연西兗
섬陝(홍농弘農)
북예北豫
(형양滎陽)
동서東徐
(하비下邳)
화음
華陰
화華
낙양
洛陽
서徐
(팽성彭城)
동초東楚
낙수洛水
낙洛(상락上洛)
진陳
남연南兗
옹雍
(경조京兆-장안長安)
형荊
(노양魯陽)
남양
南陽
영郢
예豫
양揚(수춘진壽春鎭)
초楚
수水
남형南荊
곽霍
건강建康
남정南定
강수江水
의義
남조南朝

북위 중원 왕조의 형성: 8부제(八部制)에서 주군현제로

북위는 화북 통일에 의한 영역의 급격한 확대로 병력을 분산시키지 않을 수 없게 되었다. 지배자 집단의 구성원인 대인(代人)이 결국 지방 주군(州郡) 및 변경의 군관구인 진(鎭)에 파견되어 그 지역에 정주하는 일이 많아졌다. 그와 동시에 대인(代人) 지배자 집단 이외의 외부로부터도 안정적으로 병사를 공급하고 증강할 필요가 있었다. 그래서 제6대 효문제 탁발굉(拓跋宏, 재위: 471~499)은 473년 전체 영역 내의 호구 조사를 실시하고 호적을 정비하여 조세·요역의 안정적인 조달을 도모하는 것과 함께, 한인(漢人) 주군민(州郡民)으로부터도 10%의 성인 남자를 징발하여 종군케 했다.

485년의 급전제(給田制: '균전제') 및 486년의 삼장제(三長制)의 시행은 이것을 가일층 전개한 정책이었다. 486년에 시행된 삼장제는 5호마다 1린장(隣長)을 세우고 5린(25호)마다 1리장(里長)을 세우며, 5리(125호)마다 1당장(黨長)을 세워, 장부상의 향촌을 '린(隣)-리(里)-당(黨)'의 삼계층(三階層)으로 조직했다. 삼장(三長)은 급전(給田)과 조세·요역 수취의 책임을 졌다.

또한 삼장제에는 15정(丁)마다 1명의 당번병을 순차로 공출하고, 나머지 14정(丁)이 자조(資助)로서 각자 견(絹) 1필을 당번병에게 공여하는 삼오발졸[三五發卒: 15정(丁) 1번병(番兵)] 방식을 취했다. 이것에 의해 1당(黨) 5리(里)에서 매년 5명의 당번병을 순차로 징발하는 제도가 확립되었다. 향촌으로부터 징발된 병사는 주로 남조(南朝)와 대치하고 있는 회수 유역의 변경에 배치되었다. 삼오발졸 방식은 촌락 조직과 불가분의 병역 징발 방식이 되었고, 서민 백성이 병역을 담당하는 상앙(商鞅)의 '경전(耕戰)의 사(士)'를 재구축하는 것이 되었다.

삼장제의 시행에 맞추어 486년에는 호적을 다시 편성하는 것과 함께, 낙양으로 천도하는 494년에 이르기까지 실효 지배하고 있던 영역을 하남(河南) 25주(州), 하북(河北) 13주의 합계 38주로 다시 구획하여 지방 통치 체제를 확립했다. 이리하여 북위 영역 내의 사람들은 주군현·삼장제도 아래에서 종족에 관계없이 원칙적으로 동일한 호적 제도에 의해 파악되고 전토를 수령하며 조세, 요역, 병역을 부담하게 되었다.

성족 분정(姓族分定)

494년, 중원(中原) 낙양으로의 천도를 계기로 하여 대인(代人) 지배자 집단도 평성(平城)으로부터 낙양으로 이주했으며, 그 이듬해 495년의 '성족 분정(姓族分定)'과 함께 이곳에 호적을 등록하여 하남(河南) 낙양의 사람[일명 '대천호(代遷戶)']이 되었다. 이리하여 대인(代人) 지배자 집단은 최종적으로 황제·관료제에 의한 주현(州縣) 지배 체제에 편입되었다.

성족 분정[일명 '성족 상정(姓族詳定)']이란 출신과 역대 조상의 관품·관력(官歷)을 기준으로 하여 명족(名族)을 관인의 신분 질서 중에 서열화하는 것을 말한다.

한인 명족에 대해서는 대인(代人)의 '성족 분정'과는 별도로 청하군(淸河郡)의 최씨(崔氏), 범양군(范陽郡)의 노씨(盧氏), 형양군(滎陽郡)의 정씨(鄭氏), 태원군(太原郡)의 왕씨(王氏) 등의 4성에 조군(趙郡)과 농서(隴西)의 이씨(李氏)를 더하여 5성(五姓)으로 하고, 서열의 정점에 두었다. 이 최고 가격(最高家格: 최고 문벌) 외에 부조(父祖) 3대의 관위(官位)에 의해 별격(別格)의 고량(膏粱)·화유(華腴)라고 불리는 가격을 만들었으며, 나아가 갑(甲)·을(乙)·병(丙)·정(丁)의 4성으로 구성되는 계층을 설정하여 한인 명족을 서열화했다.

대인에 대해서는 110성(姓)의 여러 종족 중에서 목[穆: 구목릉씨(丘穆陵氏)], 육[陸: 보육고씨(步陸孤氏)], 하[賀: 하래씨(賀來氏)], 유[劉: 독고씨(獨孤氏)], 누[樓: 하루씨(賀樓氏)], 우[于: 물뉴우씨(勿忸于氏)], 혜[嵇: 흘해씨(紇奚氏)], 위[尉: 위지씨(尉遲氏)] 등의 8성(八姓)을 최고 가격으로 하여 한인 5성과 동렬에 두었다. 기타 대인 여러 종족도 또한 그 가격을 성(姓)·족(族) 2계층 및 성·족에 들어가지 못하는 자로 구분하고, 나아가 성·족 2층을 4층으로 구분하여 그 가격을 서열화했다. 이리하여 한인·대인 모두 황제 권력 아래에서 가격이 서열화되고, 가격에 의한 관인 신분 서열과 통일적인 관리 등용 및 승진의 척도가 구축되었던 것이다.

효문제의 한화 정책이란 무엇인가

북위의 한화(漢化)는 제3대 태무제(太武帝)의 치세부터 서서히 추진되었다. 다만 효문제의 치세 시기까지 북족(北族)의 습속, 정치 문화가 대세를 차지했다. 효문제는 낙양으로의 천도를 전후하여 대국(代國)에서 유래한 관직 및 서교 제천(西郊祭天) 의례 등을 폐지했고, 또한 호족(胡族)의 호복(胡服) 착용 및 호어(胡語) 사용을 금지했다. 아울러 탁발성(拓跋姓)을 한인풍(風)으로 원성(元姓)으로 바꾸고 여러 종족의 성도 한인풍으로 고치도록 했다. 이러한 일련의 정책은 '균전제'·삼장제·성족 분정 등과 함께 한화 정책이라고 불린다. 나중에 서위(西魏)의 우문태(宇文泰)는 이것을 '한위(漢魏)의 법(法)'이라고 부르며 배제했다(『周書』 盧辯傳). '한위의 법'이란 왕망의 시대에 성립되었던 고전 국제를 말한다. 한화 정책은 후한 시대 국제로의 회귀를 목표로 하여 새로운 국제를 창조하고자 했던 것을 의미한다.

한화 정책이 추진되던 493년, 때마침 남제(南齊)의 정변으로 충격을 받아, 왕숙(王肅, 464~501)이 망명해 왔다. 그는 낭야군(琅邪郡)의 명족 왕씨 가문 출신으로 고사(故事)에 정통했다. 효문제는 업(鄴)에서 왕숙과 회견하고 밤중까지 이야기를 나누었는데, 군신(君臣)의 만남이 늦은 것에 대해 탄식했다고 한다. 왕숙은 "북위를 위해 관품·백사(百司)를 제정하고 모든 것을 '중국'풍으로 했다"라고도 하며(『南齊書』 魏虜傳), "북위를 위해 처음으로 예의를 제정했다"라고도 한다(『陳書』 徐陵傳). 한화 정책은 왕숙이 제정한 관제·예악에 의해 마무리가 되었던 것이다. 그것은 '중국'풍으로 하는 것, 즉 한위(漢魏)의 고전

국제를 북위에 도입하는 것을 의미했다. 이 국제는 북위의 동서 분열을 계기로 하여, 그대로 동위(東魏)·북제(北齊)에 계승되었으며, 나아가 수(隋)나라가 이것을 수용하게 된다.

『제민요술(齊民要術)』: 화북 전작(畑作) 농법의 고전적 성립

북위의 급전제(給田制: '균전제')가 시행된 지 얼마 되지 않은 6세기 초에 고양태수[高陽太守: 산동성 익도현(益都縣)] 가사협(賈思勰)이 『제민요술(齊民要術)』 10권 92편을 찬술했다. 제민(齊民)은 일반 평민, 즉 백성을 의미한다. 『제민요술』은 서민 백성의 생활에 필요한 농경 식산(農耕殖産)의 기술을 해설하고 있는데, 농업·양잠에서 시작하여 낙농, 양어, 양조, 식품 가공, 조리에까지 이르고, 나아가 외국의 진귀한 물산(物産)을 소개하고 있다. 그중에서 주목할 만한 내용은 화북의 건지 농법(乾地農法)이 고전적인 성립을 보았다는 것이다.

화북의 대지는 황토층으로 덮여 있다. 황토는 토양의 입자가 가늘어 모세관 현상이 발생하기 쉽다. 빗물의 토중(土中: 흙 속)으로의 침투가 빠르고 그래서 증발도 빨리 된다. 화북의 연간 강수량은 약 700mm 전후이며 초봄에도 내리지만, 그 정점은 7월이다. 봄에 경작을 개시할 때 얼마 안 되는 천수를 흙 속에 유지하기 위해서는 비닐을 덮는 것처럼 토양의 표층에 견고하고 긴밀한 층을 만들어 수분의 증발을 방지할 필요가 있다. 이것이 화북 전작 농업의 요체가 된다.

경기(耕起) 이후에 견고하고 긴밀한 표층을 만드는 작업을 '노(勞)'라고 부른다. 한나라 시대에는 경기 이후 곧바로 수작업으로 노를 진행했다. 후한 시기부터 쟁기를 장착한 유상 반전리(有床反轉犁: 유상 반전 쟁기)가 출현하여 토괴(土塊)의 반전(反轉)과 심경(深耕)이 가능해졌다. 『제민요술』이 편찬된 북위 시기에는 반전 쟁기(反轉犁)의 이용이 널리 보급되었으며, 심경(深耕)을 하

〈그림 29〉 가욕관(嘉峪關) 벽화묘(壁畵墓) 경종도(耕種圖)

주: 1호묘(一號墓, 3세기 중엽) 내부의 벽화이다. 이경(犁耕), 파종(播種), 노(耢)의 경종(耕種) 과정이 2열(列)로 묘사되어 있다.

는 것에 의해 토괴(土塊)가 커지게 되었다. 그 때문에 우선 축력(畜力: 가축의 노동력)을 이용하여 끄는 파[耙: 파쇄(破碎) 용구]로 토괴를 파쇄한 이후, 노[耢: 표토(表土)를 고르게 하는 용구]를 이용하여 견고한 표층을 조성하게 되었다. 이리하여 축력을 이용하는 '경기-파-노'의 경기 정지(耕起整地) 체계가 성립했고, 토중(土中)의 보수(保水)가 안정되었다. 또한 여름 작물의 수확 이후부터 겨울에 걸쳐 추경(秋耕)을 하기 시작했고, 보수는 가일층 안정되었다(〈그림 29〉 참조). 농민은 1년 내내 경작지와 관련을 맺게 되었으며, 더욱 긴밀히 토지를 점유했다. 후술하게 되는 북위 급전제에서 부부 2인의 기초적 급전이 정전(正田) 60무였던 것은 전국 시대, 한나라 시대 및 서진의 점전제의 기초적 급전이 1쌍의 부부에게 '1경=100무'였던 것과 비교해 보면, 더욱 고도의 토지 생산성이 실현되었다는 것을 보여준다.

경기(耕起) 및 정지(整地)의 과정에서 뿐만 아니라, 이 시기에는 '누리(耬犁)'라고 불리는 축력 파종이 광범위하게 행해졌으며, 축력을 이용하는 '경기-정지-파종' 과정이 체계적으로 성립되었다. 이에 상응하여 『제민요술』의 단계에서는 조(粟)·수수(黍) 등의 지력 소모 작물과 대두(大豆: 콩) 등의 지력 유지 작물을 조합시키는 것에 의한 윤작(輪作)이 보급되었으며, 시비법의 혁신과 함께 지력 유지 기능이 상승했다. 이리하여 전한 중기 이래의 대농법(大農法)은 고전적 성립을 보게 되었다. 화북에서의 이 대농법은 13세기의 금(金)나라 시대까지 기본적으로 계승된다.

『제민요술』의 기술에 의하면, 이 대농법에 의한 경영은 1구우(一具牛: 두 마리의 소와 농구의 세트), 1.5경(7헥타르)의 경지(耕地), 5명 전후의 노동자를 기본 단위로 하여 수행되었다. 2우(牛)·3인(人)·5경(頃) 단위로 경영했던 전한 무제 시기의 대전법(代田法)보다 훨씬 집약화가 진전된 것이다. 노동자로는 가족·노비·용작(傭作: 고용 노동자)을 조합하여 사용했다. 당시 구우의 수로 경영 규모를 표현하는 일이 있었는데, 큰 것으로는 10구우의 경영에 대해 언급한 것도 있다. 15경(70헥타르), 50명 규모의 경영이다. 다만 이것은 소규모 경영 10단위의 집합으로서, 대경영이라고는 말할 수 없다. 안지추(顔之推)는 20명의 가족과 20명 미만의 노비 및 양전(良田) 10경의 조합을 만족할 만한 가경영(家經營)이라고 간주했다(『顔子家訓』 止足篇). 농촌의 부호층도 이러한 가경영을 표준으로 삼았을 것이다.

안지추도 언급한 바와 같이, 대농법에 의한 부호층의 직영지 경영은 10경 전후였으며, 그것을 넘는 규모의 소유지는 소작으로 넘겨졌다. 소작지의 경작자는 빈농이 많았으며, 그들은 한나라 시대 이래의 수작업 용구를 이용하는 소농법에 의해 경작했다. 압도적인 경영 격차가 있었기에, 빈농은 소작·용작으로 일하거나 우리(牛犁)를 빌려 농작을 하는 등, 부호층에게 다양한 형태로 의존하는 일이 많았다. 그중에는 부호층·관인의 호적에 부재(附載: 덧붙여 기재함)되고, 전객(田客)이라고 불리는 예속성이 강한 빈농도 있었다. 하지만 대다수는 국가의 호적에 등록된 자소작(自小作)의 서민 백성이었다. 북조

(北朝) 및 수(隋)·당(唐) 시기의 화북 농촌은 압도적 다수의 빈농과 소수의 부호층·관인으로 구성되었다.

'균전지제'의 전개: 북조(北朝)의 평균 질서

485년 10월, 북위의 효문제(孝文帝)는 사자를 파견하여 주군(州郡)을 순행하도록 하고 지방관과 협의하여 "천하의 전(田)을 균급(均給)하도록 했다"(『魏書』 高祖紀上). 이것이 북위의 급전제[給田制: 이른바 '균전제(均田制)']이다.

북위에서 급전제를 제기한 사람은 이안세(李安世, ?~493)였다. 북위 초년 이래, 향리 제도가 정비되지 않아 30가, 50가로 1호를 편성하는 종주독호제(宗主督護制)가 행해졌다. 또한 부호층의 호적에 부재된 민중이 많았는데, 그들에게는 국가의 조세·요역이 부과되지 않는 대신에 부호층에 의해 조세의 2배가 되는 수취가 행해졌다. 또한 당시에 주군(州郡)의 민중이 흉작으로 인해 유망하게 되어, 전택(田宅)을 팔아치우고 타향을 떠도는 일이 수 세대에 걸쳐 이루어졌다. 유민이 고향으로 돌아와 살펴보자, 부호층이 그들의 토지를 점거하고 있었다. 이리하여 귀환자와 부호층 간에 토지 분쟁과 관련된 재판이 시작된다. 오랜 세월이 지났기 때문에, 양자 모두 다양한 증거를 제시하더라도 마무리가 되지 않아 판결이 쉽게 내려지지 않았다. 이리하여 경지가 방치되어 농업 생산에 지장을 초래하게 되었다.

이안세는 이러한 상황을 개선하기 위해 ① 정전제(井田制)의 부활은 어렵다고 하더라도 새롭게 순서·차등을 설정하여 전토를 다시 측량하며 경지 구획을 명료하게 하여 농경에 전망이 서도록 하고, 노동력과 경작지 면적에 균형이 잡혀 빈곤층도 생활에 필요한 식량을 얻을 수 있게 하며 부호층에게는 쓸모없는 유휴지가 없도록 하는 것, ② 분쟁 중인 토지에 대해서는 연한을 구분하여 판결을 내리고, 사안이 오래되고 명확하지 않은 경우에는 현재의 점유자에게 귀속시킬 것을 제안했다. 효문제는 이 제안에 대해 깊이 수긍했

〈표 10〉 북위의 급전제

<table>
<tr><th colspan="2"></th><th>남부(男夫)</th><th>부인(婦人)</th><th>노비(奴婢)</th><th>정우(丁牛)</th></tr>
<tr><td rowspan="2">노전(露田)</td><td>정전(正田)</td><td>40무(畝)</td><td>20무</td><td rowspan="4">양인(良人)의 경우와 동일</td><td>30무</td></tr>
<tr><td>배전(倍田)</td><td>40무</td><td>20무</td><td>30무</td></tr>
<tr><td colspan="2">상전(桑田)</td><td>20무</td><td>—</td><td rowspan="3">4우(牛)까지 급전(給田)</td></tr>
<tr><td colspan="2">마전(麻田)</td><td>10무</td><td>5무</td></tr>
<tr><td colspan="2">원택지(園宅地)</td><td colspan="2">3인(人)에게 1무</td><td>5인에게 1무</td></tr>
</table>

다. 이리하여 형성된 것이 북위의 급전제이다. 『위서(魏書)』의 저자 위수(魏收, 506~572)는 이 제안에 대해서 "균전지제가 이로부터 일어나게 되었다"(均田之制起於此矣)라고 감개무량하게 평가했다(『魏書』 李安世傳). 이것은 『한서(漢書)』에 기록된 진한(秦漢) 시기의 '균전지제'를 계승하는 전제(田制)라는 것을 사관(史官) 위수가 명료하게 의식했음을 보여주는 기술이다.

이안세의 제안을 받아들여 농전(農田)의 '균급(均給)'을 명한 조칙은 모두 15조로 구성되었다. 그 중핵이 되는 서민 백성에 대한 급전제는 〈표 10〉에서 제시되고 있는 바와 같다. 여기에서 살펴볼 수 있는 것처럼, 백성 급전제는 1조[組: 한 쌍(雙)]의 부부와 노비·성우(成牛)[9]를 급전 대상으로 삼았다. 이 급전을 단순하게 적산(積算: 합산)해 보면, 부부 2명[정전(正田) 60무], 노비 2명(정전 60무), 정우(丁牛) 2마리[10](정전 60무)가 된다. 즉 '1구우[一具牛: 성우(成牛) 2마리], 노동자 4명, 180무'의 형태로 경지가 편성되어, 『제민요술』에서 묘사하고 있는 표준 경영에 가깝다. 이것이 당시 가장 안정된 중농의 소농 경영이었을 것이다.

원래 이안세가 언급했던 농민은 빈가층과 부호층의 2대 계층이었으며,

9) 성장을 마치고 다 자란 소를 지칭한다. _옮긴이

10) 일반적으로 성우(成牛) 2마리가 함께 쟁기 등을 끌며 경작에 투입되었다. _옮긴이

중농(中農)은 상정 밖에 있었다. 빈가층은 기껏해야 부부 2명이 정전(正田) 60무(畝), 상전(桑田) 20무, 택지 1무를 할당받고, 소농법에 의한 경영을 영위했을 것이다. 한편 부호층의 가(家)일 경우에는, 예를 들어 부모와 자녀 세대의 3조의 부부로 구성되는 대가족이 노비 10명, 5구우(五具牛)를 소유하고 있을 경우, 세 부부(정전 180무), 노비 10명(정전 300무), 2구우[二具牛: 급전(給田)은 4우(四牛)까지 120무]로 합계 6경의 곡전(穀田) 경영이 허락되었을 것이다.

이것은 이안세의 제안에 있는 바와 같이, 가내의 노동력에 상응하는 경작지 면적을 할당하는 것으로서, 노동력의 다소(多少)에 맞추어 급전(給田) 면적에 차등과 소유 한도를 설정했다는 것을 의미한다. 이리하여 빈가층도 생활을 위한 식량을 획득하게 하고, 부호층에게는 쓸모없는 유휴지가 없도록 했던 것이다.

또한 북위 급전제에서는 경지의 비옥도를 고려하여 정전(正田)에 대응하는 배전(倍田)을 할당하는 규정이 있었으며, 또한 정정(正丁)이 없는 노인 세대 및 신체 장애자의 세대에는 정정의 절반인 30무를 급전하는 등, 경작지 및 노동자의 상황에 상응하는 급전을 행했다. 이것이 균급(均給)의 의미이다. 북위 급전제는 일률 균등의 급전이 아니었다. 차등·계층을 설정하여 급전하는 것이 균급(均給)이며, 그 체계가 '균전지제'인 것이다.

북위 급전제에는 한나라 시대의 '균전지제'와 같은, 관인의 작제(爵制)·품급에 의한 계층적인 급전의 제도는 보이지 않는다. 다만 지방관에 대해서는 말미 제15조에 주자사(州刺史: 3품 상당)에게 15경, 군태수(郡太守: 4품 상당)에게 10경, 주(州)의 치중종사(治中從事)·별가종사(別駕從事: 5품 상당)에게 8경, 현령(縣令)·군승(郡丞: 6품·7품 상당)에게 6경의 공전(公田)을 할당했던 것이 보인다. 이것은 수당(隋唐)의 직분전(職分田)에 해당하는 급전이며, 직위의 계층제에 입각한 급전제이다. 서진의 점전제(占田制) 시행을 계승한 이 백성 급전제와 관인에 대한 계층제 급전은 함께 '균전지제'의 전개를 보여주고 있다.

북위 급전제를 거의 그대로 계승한 북제(北齊)의 급전제는 백성 급전제에 더하여 새로 구대인(舊代人) 관인과 화인[華人: 산동(山東)의 명족 관인(名族官人)]의 구별을 두고, 나아가 관품의 차등에 의거하여 1품관 이하 우림감(羽林監)·무분중랑장(武賁中郎將: 6품) 등 금군(禁軍)의 무관(武官)에 이르기까지 계층제적 급전의 규정을 두고 있다. 이것은 북위 급전제를 더욱 '균전지제'에 가깝게 만드는 규정이었다.

북위의 '균전'에 관한 조(詔)에서 보이는 '균급민전(均給民田)'이란 '균전지제'의 체계 내에서의 백성 급전제였으며, 호구 수의 다소 및 토지의 비옥도 등 다양한 차등 및 조건을 감안하여 실질적으로 균등한 급전을 실시하는 것이다. 이것에 관인의 직위 및 관품의 차등에 의거한 계층제의 급전 제도를 더했을 때 '균전지제'가 형성된다. 이 실시에서 요점이 '차등의 균(均)'이다. 균은 '균전지제'의 실천적 운영 규범이었다.

6

고전 국제의 재건

수당 제국(隋唐帝國)

1. 수문제의 천하 재통일

북위의 동서 분열

제8대 효명제(孝明帝) 원후(元詡, 재위: 515~528)의 치세 아래, 524년(523년이라는 설도 있음), 옥야진(沃野鎭) 출신의 인물인 파륙한발릉(破六汗拔陵)이 군사를 모아 반란을 일으켜 진장(鎭將)을 살해하고 진왕(眞王) 원년(元年)이라고 칭했다. 이 반란은 결국 무천진(武川鎭) 등, 북변의 군관구였던 6개 진의 민중을 휘말려들게 했고, 나아가 화북 전역으로 파급되었다. 이 '6진의 반란'을 계기로 하는 혼란 속에서, 북위는 동서로 분열된다. 동서로 나뉜 위(魏)에서는 대국(代國)의 체제를 평가하는 세력과 '한위(漢魏)의 법(法)'에 의거한 효문제의 국제를 평가하는 세력이 대립했다.

6진의 반란군 가운데에서 두각을 나타낸 고환(高歡, 496~547)은 534년, 업

〈그림 30〉 북제(北齊) 서현수(徐顯秀)의 초상

주: 선비족(鮮卑族) 계통 관인(官人)의 얼굴 모습이다.

(鄴)에서 효정제(孝靜帝) 원선견(元善見, 재위: 534~550)을 옹립하고 동위(東魏) 정권(534~550)을 세웠다. 고환의 아들 고양[高洋: 문선제(文宣帝), 재위: 550~559]은 효정제의 선양을 받아 북제(北齊, 550~577)를 건국했다. 북제는 관제·법제·예제에서 효문제의 국제를 기본적으로 계승했다. 하지만 궁정 내에서도 권력 상층은 선비족의 언어를 말했기에, 한인이 출세하기 위해서는 서역에서 유래하는 비파(琵琶)를 연주하고 선비족의 언어를 말할 필요가 있었다고 한다(『顔子家訓』 敎子篇)(〈그림 30〉 참조).

한편 동위에 비해서 당초 열세였던 서위(西魏, 535~556)에서는 550년 우문태(宇文泰, 505~556)가 『주례』를 참고하여 12대장군을 통솔자로 삼고 24군(軍)·백부(百府)로 구성되는 중앙군을 편성하여 군사력을 강화했다. 북위 말기의 금군(禁軍)은 약 20만 명의 군사로 편성되었다. 그 대부분은 고환의 통솔하에 동위의 군사가 되었다. 효무제(孝武帝) 원수(元脩, 재위: 532~534)를 따라 장안으로 서천(西遷)하여 나중에 서위 군단의 근간이 된 군사는 1만 명에 불과했다. 우문태는 이 열세를 만회하기 위해서 북위 말기의 내란 중에 각지의 명망가가 통령하던 지방의 군사집단[향병(鄕兵)]을 편입시키고 그중에서 군재(軍才: 군사적 재능)가 뛰어난 자를 정선하여 24군으로 재편했다. 이것이 당(唐)나라 시대 부병제(府兵制)의 원류가 되었다. 부병은 창건 시에 이미 한인을 포함하는 다양한 종족으로 구성된 집단이었다.

554년, 우문태는 선비족 탁발부 초창기의 전설인 '36통국(統國), 99대성(大姓)의 체제'를 부활시키고 전공이 높은 군장(軍將)을 36국의 자손으로 삼고, 그 다음으로 전공을 세운 자를 99성의 자손으로 삼으며 이름에 호성(胡姓)을 쓰도록 했다. 그들 군장이 통령하는 군인도 군장의 호성(胡姓)으로 개명했다. 이것은 효문제가 한인의 성으로 변경한 것을 부정하고, 12대장군·24군·백부의 군장 및 군사에게 북방 종족의 성을 부여함으로써, 군제(軍制)에 특화된 초기 탁발부의 '대국(代國) 체제'로 되돌아갔다는 것을 의미한다.

우문태는 또한 556년 효문제가 채택했던 '한위(漢魏)의 법(法)'을 폐기하고 『주례』의 제도에 의거하여 예제 및 관제 개혁을 단행했다. 서위(西魏)·북주(北周)에서는 효문제의 국제·'한위의 법'은 초기 탁발부의 체제와 『주례』의 관제로 대체되었다. 서위·북주의 권력 상층부에서도 일상적으로 선비족의 언어가 말해졌으며 궁정 음악에는 대국(代國)·북위에서 유래하는 선비가(鮮卑歌: 선비족의 노래)가 이용되었다.

우문태의 사망 이후, 그의 아들 우문각[宇文覺: 효민제(孝閔帝), 재위: 557]은 서위의 선양을 받아 북주(北周, 557~581)를 창업했다. 558년 제2대 명제(明帝) 우문육(宇文毓, 재위 557~560)은 36국·99성의 체제를 개정하여 종래의 한인의 성으로 되돌아갔다. 제3대 무제(武帝) 우문옹(宇文邕, 재위: 560~578)은 574년, 24군의 군사를 주현(州縣)의 호적에서 빼고 그 신분을 시관(侍官)으로 격상시켜 모집했다. 그 때문에 "하인[夏人: 한인(漢人)]의 절반이 병(兵: 병사)이 되었다"라고 말해진다. 이로써 24군은 하인·호인(胡人)이 융합된 중앙 금군이 되어 더욱 강화되었다. 서위·북주의 24군은 북위의 대인(代人) 지배자 집단이 융해된 이후, 그 밑바탕에 있었던 '중앙 금군'이라는 특질을 계승하여 중흥하게 되었던 것이다.

새로운 관제·예제·군제를 기반으로 하여 577년, 무제는 북제(北齊)를 격파하고 화북의 재통일을 실현했다.

수나라 문제(文帝)와 '천하 대동'

북주(北周) 제4대 선제(宣帝) 우문윤(宇文贇, 재위: 578~579)의 외척이었던 양견(楊堅)은 왕망과 마찬가지의 수순을 밟으며 581년 7세의 정제(靜帝) 우문연(宇文衍, 재위: 579~581)으로부터 선양을 받아 수(隋)나라를 건국했다.

수나라의 건국 시에, 문제(文帝) 양견(楊堅, 재위: 581~604)에게 최대의 적은 북방의 돌궐이었다. 6세기 중엽 몽골 고원에서 발흥한 돌궐은 화북에서 대립하던 북제와 북주를 교묘히 제어하며 양국으로부터 많은 공납물을 수취했다. 583년, 문제는 돌궐을 동서로 분단시키는 데 성공했으며 동돌궐은 수나라에 신종(臣從)하게 되었다.

588년 10월, 문제는 총병력 51만 8000명의 군대를 파견하여 8개의 방향에서 강남으로 진군을 개시했다. 그 이듬해 589년 1월, 남조(南朝) 최후의 황제 진숙보(陳叔寶,[1] 553~604, 재위: 582~589)를 생포하여 문제는 진(陳)나라를 멸망시켰다. 이에 이르러 3세기 초 이래 계속되어 왔던 '분열의 시대'가 종식되고, 남북의 왕조가 통일되었다. 문제는 이것을 '천하 대동'이라고 칭하며

---

1) 남조(南朝) 진(陳)나라 최후의 제5대 황제로서 일명 '후주(後主)'라고 불린다. _옮긴이

스스로 찬양했다.

문제는 '천하 대동'에 입각하여 군제를 개혁했다. 우선 589년 4월, 중앙 금군[나중의 부병제(府兵制)]과 지방 진수군[鎭戍軍: 방인제(防人制)] 이외의 군대·병기를 폐기하고 군제를 두 가지 계통으로 통합했다. 이어서 그 이듬해인 590년 5월, 금군의 병제(兵制)를 개혁하여 병사·군인의 신분을 고치고 주현(州縣)의 호적에 등록하여 다시 일반 민중과 동등하게 했으며, 산동(山東)·하남(河南)·북변의 군부(軍府)를 정리했다. 이로써 북위의 대인(代人) 지배자 집단 이래의 선비족 계통의 '중앙 군단'은 서위·북주의 하인·호인이 융합되어 있는 24군·백부 체제를 거쳐 최종적으로 일반 민호로부터 징발되는 '중앙 12위 금군'[中央十二衛禁軍: '부병제']과 도독부 진수군(都督府鎭戍軍)의 방인제로 전환되었다.

서위·북주의 군단을 이끌던 제장(諸將)의 다수는 북위 말기에 내란을 일으켰던 북변(北邊) 6진(六鎭) 중의 하나인 무천진[武川鎭: 내몽골자치구 달무기(達茂旗) 희랍목인성(希拉穆仁城)[2]] 출신이었다. 북주의 우문씨(宇文氏), 수나라의 양씨(楊氏), 당나라의 이씨(李氏) 등의 황제가도 무천진 출신이다. 그들은 장안 주변의 관중[섬서성(陝西省) 남부] 일대에 본거지를 두고 호인과 한인이 융합된 군사층을 기반으로, 부병제를 중핵으로 하는 호한(胡漢) 융합의 군사 지배자 집단을 창출했다. 그 지역 명칭을 따서 이것을 관롱 집단(關隴集團)[3]이라고 부른다[중국의 역사학자 진인각(陳寅恪)[4]이 제기한 명칭이다]. 수·당 초기의 권력 상층부는 관롱 무인집단이 옛 북제(北齊) 계통의 문벌 관인층과 손을 잡고 조

---

2) 달이한무명안연합기(達爾罕茂明安聯合旗) 희랍목인진(希拉穆仁镇)을 지칭한다. _옮긴이

3) 관롱세족(關隴世族), 관롱문벌(關隴門閥), 무천집단(武川集團) 등으로도 불린다. _옮긴이

4) 1890년 호남성(湖南省) 장사(長沙)에서 출생한 중국의 역사학자 및 고전문학 연구자이다. 중화민국(中華民國) 초기 청화대학(淸華大學) 국학원(國學院)의 4대 도사(導師) 가운데 1명이었다[나머지 3명은 양계초(梁啓超, 1873~1929), 왕국유(王國維, 1877~1927), 조원임[趙元任, 1892~1982)]. 주요 저서로 『위진남북조사 강연록(魏晋南北朝史講演錄)』 등이 있다. _옮긴이

직한 것이었다. '관롱 집단'이 창출해 낸 국가의 틀과 관련하여, 우선 '율령=예악 체제'와 통치의 집권화에 대해서 개관해 보도록 하겠다.

'율령=예악'의 재건과 혁신

수나라 문제는 즉위하자 곧바로 "주씨(周氏)의 관의(官儀: 관제·의례)를 바꾸고, 한위(漢魏)의 구[舊: 고사(故事)]에 의한다"라고 선언하며, 북주(北周)의 『주례』에 기초한 국제를 폐기하고 삼사(三師)·삼공(三公), 3성 6부 체제로 중앙 정치기구를 쇄신하고 주요 관사(官司)의 장관 인사를 행했다. 이 국제는 그 뒤에 이어지는 당나라 왕조에도 계승되어 완성되었다. 문제는 그것과 함께 '개황 율령(開皇律令)', 『수조의례(隋朝儀禮)』를 정하여 국제의 기반을 재건했다. 그것은 가깝게는 북위 효문제의 체제 개혁을 계승한 북제의 국제를, 그리고 멀게는 왕망·후한의 '고전 국제'를 그 근저로부터 계승한 것이었다.

문제(文帝)는 창업 직후인 581년, 우선 태위 우익(于翼, ?~583), 상서좌복야(尙書左僕射) 고영(高熲), 상주국(上柱國) 정역(鄭譯, 540~591), 상주국(上柱國) 양소(楊素, ?~606), 솔경령(率更令) 배정(裵政) 등 14명에게 율령을 편찬하도록 명했다. 남조(南朝) 양(梁)나라 출신인 배정을 중심으로 추진된 율령의 편찬은 신속하게 진행되어 위진(魏晋)부터 남조(南朝) 제양(齊梁)에 이르는 형전(刑典)을 절충하여 편찬했으며, 그해 10월 12일에 반행(頒行: 반포)했다. 583년, 소위(蘇威)는 우홍(牛弘, 545~610) 등 7명과 함께 칙명을 받아 전년(前年)의 율조(律條)를 삭감하고 개정 신율 12권을 편찬했다. 이것들이 '개황 율령(開皇律令)'이라고 불리는 것으로, 서진 이래의 율령을 집대성한 것임과 동시에, 당나라 시대 율령법의 암반(岩盤)이 되었다.

예악 중의 예서(禮書)의 편찬은 비서감(秘書監) 우홍, 예부상서 신언지(辛彦之, ?~591) 등이 중심이 되어 583년에 북제(北齊)의 의주를 기초로 하고 남제(南齊)의 왕검(王儉, 452~489)의 예론(禮論)을 조금 채택하여 『수조의례(隋朝儀

禮)』 100권을 편찬했으며, 585년 이 신례(新禮)를 시행했다. 국가의 형태를 떠받치는 율·령·예·악의 4개 항목 중에 율·령·예의 3개 항목은 581년부터 583년에 걸쳐 완성되어, 수나라 국제의 대세가 정비되었다.

아악(雅樂)을 중심으로 하는 악제는 582년부터 594년까지 햇수로 13년에 걸쳐 전개된 악제개혁회의[樂制改革會議: '개황 악의(開皇樂議)']를 통해서 다양한 논의와 정치 과정의 우여곡절을 거쳐 완성되었다. 이 회의에서는 예악에 관한 경학과 역대의 악제·고사(故事) 및 민간 음악과 서역에서 전래된 음악을 참조·검토하여 궁정에서의 제의·의례에 이용하는 아악의 음률·가사(歌辭)를 확정했다. 그것과 함께 궁정 음악으로서 연악[燕樂: 향연(饗宴) 음악], 고취악[鼓吹樂: 선비족 계통의 군악(軍樂)], 산악[散樂: 서커스·가면무악(假面舞樂) 등]의 영역을 획정했다. 이와 같은 궁정 음악의 구분은 당나라 시대의 악제에도 계승되었으며, 그중에 연악(燕樂)·산악(散樂)의 무악(舞樂)·악곡(樂曲)은 일본 아악의 원류가 되었다.

이러한 궁정 음악의 획정은 민간 음악과의 구별을 명확하게 하는 것이었으며, 당나라 후기 이후에 전개되는 속악(俗樂), 이것에 입각하여 남송 이후 각지에서 총생(叢生)하는 '중국 민족음악' 형성의 출발점이 되기도 했다. 그러한 의미에서 이 '개황 악의'는 수나라 왕조의 국제를 완성시키는 것과 함께, 중국 음악사에서 획기적인 회의가 되었다.

종합적으로 말하자면, 수·당 초기의 정치 권력은 군사력을 관중에 응집시킨 '관중 본위 정책=부병제'의 아래에서 결집한 관롱(關隴) 지역 집단이 장악했다. 하지만 국제의 기반이 되는 율령 법제와 예악 전장(禮樂典章)은 한위(漢魏)의 고전 문화를 계승한 ① 북위의 효문제·북제(北齊) 계통과 ② 남조(南朝) 양(梁)·진(陳) 계통이라는 두 가지 계통의 정치 문화에 의해 재구축된 것이었다.

지방 관제의 개혁과 통치의 집권화

수나라 문제의 국제 개혁은 중앙 관제에 멈추지 않고 ① 지방관제 개혁에 의한 황제 권력의 집권화, ② 이부상서의 통일적 인사와 군신 관계의 일원화, ③ 공거[貢擧: 과거(科擧)] 제도의 시행에 이르렀다.

우선 ① 지방관제 개혁과 집권화의 문제를 살펴보도록 하겠다.

지방관제 개혁은 첫째로 583년, 후한 말기 이래의 주군현 3급제(三級制) 중에서 군을 폐지하고 주현 2급제로 한 것이다. 이로써 지방기구는 간소화되고 실질적으로 진한(秦漢) 시기의 군현제로 되돌아갔다. 제2대 양제(煬帝)는 607년, 주를 군으로 명칭을 바꿔 명실상부한 군현제로 했다.

둘째로 주자사 및 군태수가 갖고 있던 군사 권력을 중앙으로 회수하고, 군제를 집권화한 것이다. 삼국시대의 분열기 이후, 주자사 및 군태수는 장군호(將軍號)를 지니고 '모모장군도독 모주제군사(某某將軍都督某州諸軍事)' 등을 겸임하게 되었으며, 주자사의 본래 행정관부[향관(鄕官)]와 장군으로서의 군사관부[부관(府官)] 두 계통의 관부와 속리를 통솔하며 행정 권력과 군사 권력을 함께 장악했다.

주자사·군태수의 향관 계통 속리에 대한 인사권은 한나라 시대와 마찬가지로 행사되었으며, 부주(府主)와 속리 간에는 제2차 군신 관계가 재생산되었다(제4장 참조). 사마(司馬)·참군(參軍) 등 부관 계통 속리의 상층부에 대한 인사권은 중앙정부에 있었지만, 주자사·군태수는 부관 계통 속리와의 사이에서도 사실상의 군신 관계를 형성하는 일이 있었다.

문제(文帝)는 우선 주자사의 장군호를 폐지하고 주자사가 지니고 있던 군사 권력을 중앙으로 회수했으며, 주를 행정관부로 되돌렸다. 나아가 595년 향관 계통의 속리를 폐지하고 그 대신에 중앙정부의 인사권 아래에 있던 부관 계통의 속리를 주부(州府)의 속리로 삼아, 주부의 속리를 일원화했다. 자사의 속리에 대한 인사권은 교묘히 교체되어 중앙화되었고, 자사의 인사권

〈그림 31〉 무도도(舞蹈圖)[신말갈(新靺鞨)]

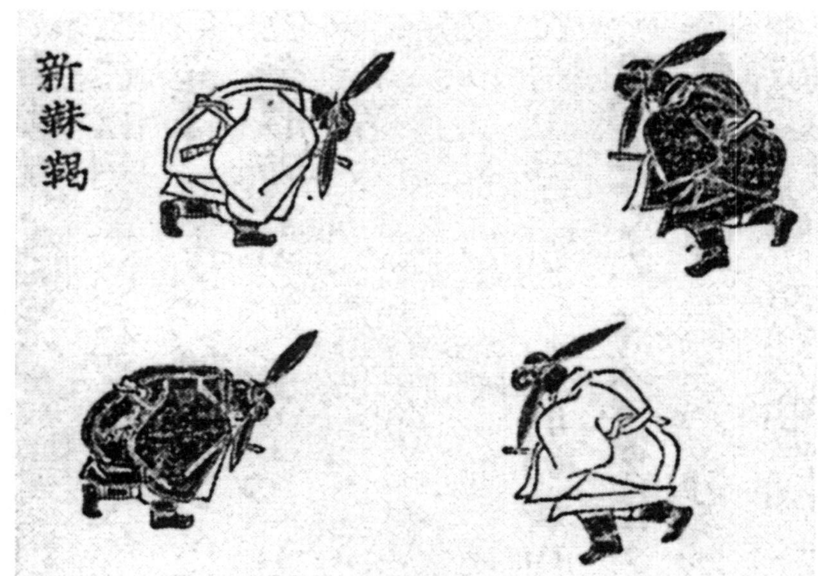

주: '신말갈(新靺鞨)'은 아악우무(雅樂右舞)의 무악(舞樂)으로 대사(大史) 2명[적의(赤衣) 착용], 소사(小史) 2명[감포(紺袍) 착용]의 4인무(四人舞)이다. 고식(古式, 옛날의 방식)에서는 자포(紫袍)를 착용한 인물이 서 있었는데 왕(王)이라고 한다. 허리를 굽히고 춤을 추는 것은 배례 무도(拜禮舞蹈)의 모습을 표현하는 것이라고 한다. 무도(舞蹈)의 예용(禮容)을 알 수 있는 실마리라고 할 것이다.

은 정치적 권한을 갖지 않는 하층의 이원(吏員)에 한정되었다.

이리하여 앞에서 말한 ② 이부상서의 통일적 인사와 군신 관계의 일원화가 이루어졌다. 즉 지방 관부의 속리 상층부까지를 포함하여 중앙정부의 이부상서가 통일적으로 인사권을 행사하게 되었다. 그 결과, '황제-명관'[命官: 품관(品官)]의 범위가 지방 속리의 상층부까지 확대되는 것과 함께, 한나라 시대 이래의 이중의 군신 관계는 폐기되고 황제권 아래에 일원화되었다.

이와 함께, 황제에 대한 신종을 표현하는 예제도 일원화되었다. 원회 의례(元會儀禮) 등에서의 신종 의례는 관품·작위의 차등에 따라 질물(質物)을 달리하여 황제에게 봉정(奉呈)하는 '책명위질(策命委質)' 의례였다(제4장 참조). 문제는 이것을 배제하고 그 대신에 '무도(舞蹈)'라고 불리는 몸짓을 도입했다(〈그림 31〉 참조). 이것은 관직 임명 및 하사품 수령 등 황제의 은혜를 받았을 때에 곧바로 감사와 신종의 뜻을 표시하기 위해 행하는 일련의 몸짓이었다. 원회 의례 시에는 수만 명의 참가자가 일제히 '무도'를 행하며 신종을 맹세하게 되었다. '무도' 예(禮)의 기원에 대해서 남송의 주희(朱熹, 1130~1200)는 알 수 없다고 하면서도 북위일 것이라고 추정한 바 있다. 원회 의례에서의 '무도'는 명(明)나라 시대까지 계승되었다.

구품관인법(九品官人法)**에서 과거제로**

다음으로 ③ 공거[貢擧: 과거(科擧)] 제도의 시행에 대해서 살펴보도록 하겠다. 명관이 구성하는 상층 관료는 220년, 진군(陳群, ?~236)의 제안에 의해 구품관인법[九品官人法: 구품중정법(九品中正法)]에 따라 임용하는 것으로 되었다. 한나라 시대 이래의 무재[茂才: 수재(秀才)]·효렴(孝廉) 등의 찰거(察擧) 제도도 존속되어, 구품관인법과 병행하여 관리 등용 및 인물 공헌(人物貢獻)의 기본 제도가 되었다. 구품관인법은 지방의 인물에게 관인 자격을 인정해 주는 제도였으며, 찰거는 지방 주군(州郡)에서 관인 후보가 될 유위(有爲: 재능이 있는)한 인물을 공헌하는 제도였다.

구품관인법에 의거한 관리 등용은 두 가지의 단계를 밟는다. 우선 첫째, 주 및 군에 '중정관'이라고 하는 심사관을 두어 개인의 인격·재능 및 부조(父祖)의 관력에 의거하여 그 지방의 인물을 심사하고, 9품 9등급으로 격차를 두어 향품을 획정하고 관인 자격[사명(士名)]을 부여하는 단계이다.

관인(官人) 자격은 호적[명적(名籍: 명부)]에 주기(注記)되었기에 '사명(士名)'이라고 불렸으며, 사명을 지닌 사인은 요역 면제의 특권을 갖고 있었다. 사인 중에는 부유한 자도 많았지만, 사명을 획득하는 요건이 자산은 아니었다. 그것은 이념적으로는 고전적 교양에 의해 도야된 인격을 갖추고, 물욕에 지배되지 않는 '청검(淸儉)'·'청백(淸白)'의 신조에 의거하여 지방 사회에서 생활하는 것에 있었다. 향품의 결정에는 각 지방 사회의 사인층이 형성하는 인물 평가[여론(輿論)]가 커다란 역할을 했다.

서진 시대에는 많을 경우 1군국에 수천 명의 사인이 있었고(『晉書』 劉毅傳), 전국적으로 약 50~60만 명의 사인이 존재했다. 서진 시대에 국가에 등록된 호구 수는 245만 호, 1600만 명이었기 때문에, 사인의 구성 비율은 3.5% 전후에 불과했다. 똑같은 백성 신분이었으면서도, 사인은 농·공·상에 종사하는 서민과는 명확하게 구별되는 엘리트였다.

둘째, 이러한 관인 자격의 내용 및 향품을 고량(考量)하여 이부상서가 임용과 관품·관직을 결정하고, 황제가 임명하는 단계이다. 서진 시대를 예로 들면, 그 관료 정수는 중앙·지방을 합쳐 6836명이었다. 약 50~60만 명의 사인 중에 임관자가 대략 1% 남짓이었던 것이다. 임관을 못한 많은 사인은 지방 사회에 널리 산재하여 생활했다.

구품관인법의 운용에 의하면, 사인이 처음으로 임관할 때에는 향품보다 4품 아래의 관품에서부터 관직을 시작했으며, 순조롭게 진행될 경우 최종적으로는 향품에 대응하는 관품까지 승관(昇官)할 수 있었다. 예를 들면, 향품 2품의 관인 자격을 부여받은 인물은 원칙적으로는 6품관에서부터 관직을 시작하여 최종적으로 2품관까지 승진할 수 있었다.

그러나 수 세대를 거치는 과정에서 이 운용은 점차로 인격·인재(人才)보다도 관직·관위에 중점이 두어지게 되었다. '향품 2품의 사명을 지닌 가(家)'[문벌 2품의 가(家)에 해당]는 결국 도태되고 선별되어, 역대에 걸쳐 고관을 배출해 온 수십 개의 가(家)로 한정되게 되었다. 서진 시대에는 구품관인법에 의해 사인층 내부에도 계층화와 문벌화가 진행되었으며, 가격(家格: 가문의 품격)에 의한 관리 등용이 확정되었다.

북위도 태무제(太武帝) 시기에 이미 구품관인법을 이용했었다. 그 운용이 본격화된 것은 효문제의 '성족 분정' 이후였다. 이리하여 북조(北朝)에서도 황제 권력을 중심으로 문벌화가 진행되었다. 다만 북조에서는 북주(北周)에 의한 형주(荊州)·북제(北齊) 정복, 수나라에 의한 남조(南朝) 정복에 의해 산동 문벌(山東門閥), 강남 문벌(江南門閥)의 지위가 현저히 저하되었다. 또한 호족(胡族)의 순박한 기풍을 반영하여 현재주의(賢才主義)에 의한 관인 등용도 모색되었다. 이러한 경위(經緯)와 풍조 가운데에 수나라 문제는 587년 각 주(州)에서 매년 3명의 공사(貢士)를 중앙에 추천하도록 하여 시험을 치르는 공거[貢擧: 과거(科擧)]를 개시했다. 나아가 595년, 주(州)의 향관(鄉官) 계통 속리를 폐지했을 때, 동시에 구품관인법을 폐지했다.

공거(貢擧)는 시험 제도를 통한 열려 있는 자천제(自薦制)의 등용법이었다. 그것은 수재과(秀才科)·명경과(明經科)·제과(諸科) 등의 과목을 두어 공사(貢士)가 시험을 보게 하고, 합격자에게 관인 자격을 부여하는 제도였다. 수나라 양제(煬帝)는 나아가 시부(詩賦)의 능력을 시험하는 진사과를 설치했다. 당나라 시대에 들어서 측천무후(則天武后)의 치세 시기에 진사과가 중시되자, 공거는 그 기반을 확대하여 문벌을 해소하는 교두보가 되었다.

양제(煬帝): 장성과 대운하

진(陳) 왕조의 정복에서 총사령관을 맡았던 문제(文帝)의 차남 양광(楊廣)은, 604년 문제가 급사하자 그 뒤를 이어 황제에 즉위했다[양제(煬帝, 재위: 604~618)]. 양제 치세 시기의 609년에는 국가에 등록된 호구 수가 890만 7546호, 4601만 9956명에 달했다. 계산상 1호에 1정정(正丁)으로 셈하므로, 매년 약 900만 명의 정정을 정역으로서 20일간 사역하는 것이 가능해진다.

605년 양제는 수도 대흥[大興: 장안(長安)]과는 별도로 매월 정정(正丁) 200만 명을 동원하여 낙양에 도성을 조성하고[일명 '동도(東都)'], 천하의 부상(富商) 수만 가를 이주시켜 사실상의 수도로 삼았다. 이 양도제(兩都制)는 왕망의 양기제를 부활시킨 것이었으며, 당나라의 양도제에도 계승되었다.

양제는 같은 해에 또한 하남(河南) 지역의 남녀 연인원 100여만 명을 징발하여 황하의 판저[板渚: 하남성 형양현(滎陽縣)]로부터 회수로 통하는 통제거(通濟渠)를 건설했다. 이로써 587년에 개통된 회수·장강 간의 운하[산양독(山陽瀆)]와 일체가 되어, 중국사에서 최초로 화북과 강남의 2대(二大) 지역이 운하로 연결되었다. 이것은 동진(東晋)·남조(南朝) 시기의 개발로 인해 잉여 물자가 증가한 강남 지역으로부터 많은 인구를 보유한 낙양·장안의 수도권으로 물자를 운송하기 위한 공사였다. 양제는 즉시 궁전을 본따 만든 '용주(龍舟)'라고 불리는 거대한 함선(艦船)에 탑승하고 문무 관료들에게도 함선을 주어, 대운하를 이용하여 강도[江都: 강소성(江蘇省) 양주시(揚州市)]에 행행(行幸: 황제의 행차)했다. 그 선단은 줄지어 있었는데, 길이가 100km에 달했다고 한다.

607년 7월, 양제는 100여 만 명의 장정을 징발하여 유림[榆林: 내몽골자치구 탁극탁현(托克托懸) 남쪽]으로부터 자하[紫河: 산서성 삭현(朔縣) 북부]에 이르기까지 장성(長城)을 쌓았다. 공사는 10일 만에 종료되었지만, 전체에서 절반 이상의 사망자가 나왔다.

608년 정월, 양제는 하북(河北) 지역의 남녀 연인원 100여 만 명을 징발하여 하남성 무척현(武陟縣) 부근의 황하에서 물을 끌어와 탁군[涿郡: 북경시(北京市)]에 이르기까지의 대운하를 개통했다. 이것을 '영제거(永濟渠)'라고 한다. 여기에서도 남정(男丁)만으로는 충분하지 않자, 징발 대상이 아닌 여성까지 끌어내게 되었다.

그해 7월, 양제는 또한 정남(丁男) 20여 만 명을 징발하여 유곡[榆谷: 청해성(青海省) 서령현(西寧縣) 서쪽]으로부터 동쪽을 향하여 장성을 쌓았다. '영제거'는 동쪽의 고구려 원정에 대비하여, 그리고 '장성'은 북쪽의 돌궐 및 서쪽의 토욕혼[吐谷渾: 지배층은 선비족 모용부(慕容部) 계통의 종족] 원정에 대비하여 축조한 건조물이었다.

609년, 양제는 서방의 청해(青海) 지방에 거점을 두고 있던 토욕혼을 격파하고 동서 4000리(약 2000km), 남북 2000리(약 1000km)의 고지(故地)에 주(州)·현(縣)·진(鎭)·수(戍)를 설치하고 수나라의 영토로 삼았다.

이리하여 612년부터 3년간에 걸쳐 양제는 드디어 고구려에 대한 3차례의 원정을 한다. 제1차 원정군은 병사 113만여 명, 병참에 동원된 남정(男丁)은 200여 만 명으로 모두 약 350만 명으로 편성되었다. 병사 중에 30만 5000여 명이 요수(遼水)를 건너 고구려를 공격했지만, 원정 이후 요동성[遼東城: 요령성 요양현(遼陽縣)]으로 귀환한 인원은 2700명이었다고 한다. 3차례의 원정은 모두 실패로 끝났다. 고구려 원정을 계기로 하여 토목 사업 및 군역으로 피폐해진 국토 전역에서 반란이 연이었다. 그 와중에 양제가 618년 3월 순행 중이던 강도(江都)에서 부하에게 살해되었고, 사실상 수나라는 멸망했다.

2. 천가한(天可汗)의 대당제국(大唐帝國)

당(唐)나라의 성립: '진왕파진악(秦王破陣樂)'

수나라 말기의 혼란 중에 태원[太原: 산서성 태원시(太原市)]을 지키고 있던 이연(李淵)은 그 기회를 틈타 617년 7월에 거병했다. 3만 명의 병사를 이끌던 이연은 단숨에 진군(進軍)을 했으며, 겨우 4개월이 지난 11월에는 전투도 하지 않고 장안에 입성했다. 그때 군세(軍勢)는 20여 만 명으로 증가되어 있었다. 이연은 곧바로 수나라의 대왕(代王) 양유(楊侑)를 옹립하여 천자로 삼고, 당시 그 생사가 불명하던 양제를 태상황(太上皇)으로 삼았다. 그 이듬해 618년 5월, 수나라의 천자로부터 선양을 받아, 이연이 당나라의 초대 황제[고조(高祖), 재위: 618~626)]에 즉위했다. 다만 각지에서는 아직 군웅이 할거하고 있었다.

각지의 군웅을 차례로 평정한 것은 이연의 차남인 진왕(秦王) 이세민(李世民)이었다. 이세민은 거의 10년에 걸쳐 군웅을 공략했다. 620년 4월, 이세민은 병주[幷州: 산서성(山西省)]를 거점으로 할거하고 있던 유무주(劉武周)를 격파했다. 이때 민중이 노래하고 춤추기 시작한 것이 '파진악(破陣樂)'이다. 그 이후 천하 평정의 진전에 따라, 그 공략 과정과 진용을 민중 및 군사가 계속하여 가무를 통해 표현했다. 그것들은 627년, 52개 악장으로 구성되는 '진왕파진악'으로 정리되어 120명의 악인(樂人)이 연무(演舞)하게 되었다.

'진왕파진악'은 당시 민간에서 대유행했던 구자악(龜茲樂)[5]의 선법(旋法)을 이용했다. 이 선법은 남인도(南印度)의 선법에서 유래했다. 그 때문이기도 했는지 동시대의 인도 여러 나라에서도 많은 사람이 노래했다. 캬춘기라국을 순행 중이던 바르다나(Vardhana) 왕조의 왕(王) 하르샤(Harsha: 계일왕(戒日王),[6] ?~647)와 회견했던 현장 삼장(玄奘三藏,[7] 602~664)은 이 무악(舞樂)에 대해서 왕으로부터 질문을 받았다(『大唐西域記』 羯若鞠闍國·迦摩縷波國條). 일본에서도 752년 도다이지(東大寺)[8]에서 거행된 '대불 개안 공양회(大佛開眼供養會)'에서 두 가지 종류의 '파진악'이 연무되었으며, 오늘날의 일본 아악에도 세 가지 종류의 '파진악' 무악명(舞樂名)이 전해 내려오고 있다. 이세민에 의한 천하 평정의 웅자(雄姿)는 '마가지나[摩訶至那,[9] 대진(大秦)]'를 넘어서 세계로 퍼져나갔던 것이다.

626년 6월, 이세민은 부하를 이끌고 궁성의 북문에 해당하는 현무문(玄武

---

5) 구자(龜茲)는 고대 서역(西域)의 나라이다. _옮긴이

6) 산스크리트어로 시라디티야(Siilāditya)로 표기된다. _옮긴이

7) 삼장법사(三藏法師)라고 불리기도 하는데, 삼장(三藏)이란 경장(經藏)·율장(律藏)·논장(論藏)을 지칭한다. _옮긴이

8) 일본 나라현(奈良縣) 나라시(奈良市)에 위치해 있다. _옮긴이

9) 산스크리트어로는 마하치나(Mahācina)이며, 불경(佛經)에서 지나(至那, 산스크리트어: Cina)는 지나(支那) 또는 지나(脂那)로 표기되기도 한다. _옮긴이

門)에서 형인 황태자(皇太子) 이건성(李建成, 589~626)과 동생 제왕(齊王) 이원길(李元吉, 603~626)을 습격하여 살해했다(일명 '현무문의 변(變)']. 고조(高祖)는 곧바로 이세민을 황태자로 삼았고, 그로부터 2개월 후에 이세민이 즉위하여 제2대 태종(太宗, 재위: 626~649)이 되었다.

태종은 수나라의 사업을 계승하여 차례로 국제를 정비하고, 당나라 왕조 300년의 기초를 닦았다. 그것은 나중에 그 치세의 연호를 따서 '정관(貞觀)의 치(治)'로 칭송되었다.

천가한(天可汗): **중화제국**(中華帝國)**의 형성**

630년, 당나라 태종(太宗)은 수나라 말기의 혼란을 틈타 세력이 부흥하던 동돌궐을 격파하고 그 수령인 힐리가한(頡利可汗)을 생포했다. 이때 동돌궐에 신종하고 있던 서북 제족(諸族)의 군장(君長)은 태종에게 천가한이라는 칭호를 헌상했다. "이리하여 새서(璽書: 옥새가 찍혀 있는 문서)를 내리고, 군장을 책명(冊命: 책봉·임명)할 때에는 모두 천가한이라고 칭했다"(『舊唐書』 太宗本紀).

태종은 그들 군장 및 그 이후에 복속해 온 주변 제족의 부족·종족마다에 주현을 설치하고, 군장·수장이 이끄는 종족의 규모에 따라 도독 및 주자사에 임명하여 세습하도록 했다. 이처럼 자치가 허용된 각 종족의 주현은 '기미주(羈縻州)'라고 불렀으며, 변경에 설치된 도독부(都督府)·도호부(都護府)가 통제했다.

태종은 직접 통치하는 '중국'의 주현제와 간접적으로 통치하는 주변 여러 종족의 기미주로 이루어진 천하를 통치하게 되었다. 그리고 646년 12월, 철륵(鐵勒)·위구르 제족이 알현하러 왔을 때에 "나는 지금 천하의 주(主)이다. 중국과 이적(夷狄)을 불문하고 모든 사람을 양활(養活)한다"라고 말했다(『冊府元龜』 一七〇). 태종은 천하의 주로서 중국과 북방 유목세계의 왕권을 혼자서 겸한 것이다. 천가한의 호칭은 그 이후 제8대 대종(代宗) 이예(李豫, 재위: 762~

779)의 시대까지 북방 제족이 중국 황제를 부르는 칭호가 되었다.

가한(可汗)은 이미 살펴본 바와 같이, 북방 유목민의 수장에 대한 호칭이었으며, 화북을 통일한 북위 초기의 황제·천자가 이것을 겸하여 자칭했던 적이 있다. 돌궐 등 북방 유목민은 당나라를 선비족 탁발부가 건국한 북위로부터 시작되는 국가군(群)의 하나로 간주했다. 황제호와 가한호를 병용했던 북위를 당나라가 계승한 것도 태종에게 천가한의 칭호가 헌상되었던 이유라고 볼 수 있다. 몽골 고원과 중화세계에 걸쳐 있는 광대한 영역을 지배했던 태종의 천가한호는 북방의 유목세계와 남방의 중화세계 간의 상호작용권 형성이 만들어낸 새로운 '중국', 즉 제2차 중화제국의 탄생을 상징하는 사건이었다.

금륜성신황제(金輪聖神皇帝) 무조(武曌): 봉선의 정치학

태종의 뒤를 계승한 제3대 고종(高宗) 이치(李治, 재위: 649~683)는 원래 병약했다. 657년 이후 고종의 병이 심해지자, 황후였던 무조[武曌: 曌는 조(照)의 측천문자(則天文字)]가 함께 조정(朝政)에 임하여 관료의 상주를 결재하고 정치에 참여하게 된다. 683년 고종이 사망한 이후 황제위에 오른 친아들 이현[李顯: 중종(中宗)]·이단[李旦: 예종(睿宗)]을 밀어내고, 무조가 결국 690년 황제위에 올라 스스로 성신황제(聖神皇帝, 재위: 690~705)라 칭하고 국호를 당(唐)에서 주(周)로 고쳤다. 이에 이르러 당나라 왕조의 황통은 일단 무너졌다. 무조가 수명[受命: 천명(天命)에 따라 천자가 됨]하여 이씨(李氏)의 권력을 교체했기에 이것을 '무주 혁명(武周革命)'이라고 부른다.

성신황제 무조는 불교를 중시하고 우대했다. 무조는 즉위하기 직전에 사문(沙門) 10명에게 『대운경(大雲經)』[실제로는 『대운경소(大雲經疏)』]을 찬술하도록 시켰는데, 무후(武后)가 천명을 받아 미륵불(彌勒佛)로서 하생(下生)하여 염부제[閻浮提: 인간세계(人間世界)]의 주(主)가 되었다는 것을 선전했다. 나아가 무후(武后)는 천하 전 국토의 제주(諸州)에 대운사(大雲寺)를 건립하고 『대운경소(大雲經疏)』를 강의하도록 시켜, 그 권력의 정당성이 침투되도록 도모했다.

692년 성신황제 무조는 나아가 금륜성신황제(金輪聖神皇帝)라고 칭하며, 황제호에 불교적 세계관에 의거한 금륜성왕호(金輪聖王號)를 추가했다. 불교의 사바세계[삼천대천국토(三千大千國土)]에는 수미산을 중심으로 하는 4천하[四天下: 사주(四洲), 동방은 비제가주(毘提訶洲), 남방은 염부제주(閻浮提洲), 서방은 구타니주(瞿陀尼洲), 북방은 구로주(拘盧洲)]가 있는데, 그중에 염부제가 인간세계이다. 금륜성왕은 인간세계와 기타 이세계(異世界)를 합쳐 4천하 전체 세계를 통치하는 불교 세계의 최상위 왕권에 해당한다.

695년, 금륜성신황제 무조는 나아가 천책금륜성신황제(天冊金輪聖神皇帝)라고 칭했다.[10] 천책(天冊)은 하늘(天)에 의해 책립(冊立)되었다는 것을 의미한다. 그 이듬해 천책금륜성신황제는 낙양 남방에 위치해 있는 중악(中岳) 숭산(嵩山)에서 봉선 제사를 거행했다.

봉선은 황제·천자가 자신의 천하 통치가 완성되었음을 천지에 고하고, 천하 질서의 영속을 기원하는 제사 의례이다. 중국사에서는 이미 진나라 시황제, 한나라 무제, 후한 광무제 등 3명의 황제가 거행했다. 당나라 시대가 되어, 666년에 600년 만에 고종(高宗)이 태산 봉선을 거행했다. 당나라 시대 봉선의 특색은 천지 제의에 더하여 회동 의례를 도입하여 국내의 관료, 지방 사절단 외에 외국 및 각 종족으로부터의 사절단을 참가시키고, 천하태평을 맹세하도록 했던 점에 있다. 666년의 봉선에는 돌궐·우전(于闐)[11]·파사(波

---

10) 그 이후 무조는 태상황(太上皇) 신분으로 측천대성황제(則天大聖皇帝)라는 존호(尊號)를 받았다. 무조의 사후(死後)에 당나라 황후로 신분이 복원되었고, 측천대성황후(則天大聖皇后)라는 시호(諡號)가 올려졌다. 그 이후 천후(天后), 대성천후(大聖天后), 천후성제(天后聖帝) 등으로 개칭되었고, 최종적으로 측천순성황후(則天順聖皇后)라는 정식 시호가 올려졌다. _옮긴이

11) 호탄 왕국(Kingdom of Khotan)을 지칭한다. _옮긴이

斯: 페르시아)·천축 제국(天竺諸國: 인도) 외에, 663년의 '백강(白江) 전투'에서 패배했던 왜국(倭國)·구백제(舊百濟)도 신라·고구려[12]의 사절과 함께 회동 의례에 참가하여 한반도의 평화를 확인하고 그 영속을 맹세했다.

천책금륜성신황제 무조는 황제·천자·금륜왕(金輪王)으로서 봉선 제사를 거행하여 '주(周)의 천하 통치'의 완성과 4천하의 태평을 천지에 고하고, 천하 질서의 영속을 기원했다. 천책금륜성신황제의 통치는 인간세계를 훨씬 능가하여 나아가려는 지향을 지닌 제국 지배였다.

현종의 재수명(再受命)

710년 6월 2일, 측천무후의 뒤를 이어 즉위하여 당나라를 부흥시킨 중종(中宗) 이현(李顯, 재위: 705~710)이 위황후(韋皇后)에게 독살되었다. 측천무후의 손자 이륭기(李隆基)는 6월 20일, 현무문에서 쿠데타를 일으켰다. 그는 황후 위씨와 그 세력을 축출하고, 6월 25일 부친 예종(睿宗) 이단(李旦, 재위: 710~712)을 즉위시켰다. 무측천(武則天)·위황후(韋皇后) 일족이 일으킨, 궁정 내부의 황제 권력을 둘러싼 혼란[일명 '무위(武韋)의 화(禍)']을 평정한 이륭기는 그로부터 머지않아 그의 부친으로부터 권력을 물려받고 제6대 황제가 되었다[현종(玄宗), 재위: 712~756)].

현종의 치세 시기에 당나라 왕조는 최고 전성기를 맞이했다. 725년 현종은 태산에서 봉선 제사를 거행하여 '무주 혁명'에 의해 중단되었던 당나라의 재수명과 태평의 도래를 천지에 고했다. 현종이 행했던 봉선도 그 제의의 기본은 고종의 봉선에 따랐다. 이제 그 양상을 살펴보도록 하겠다.

거가(車駕) 행렬이 동도(東都) 낙양을 출발한 것은 10월 11일이었고 백관·주변 제족 수장이 수행했으며, 숙박을 했던 각 주둔지에서는 인축(人畜: 사람

---

12) 666년 연개소문(淵蓋蘇文)이 사망하고, 668년 고구려가 멸망하게 된다. _옮긴이

과 가축)이 수십 리(약 15km)에 걸쳐 들판을 뒤덮었고, 담당 관사(官司)가 수레에 실은 제의용 물품들이 수백 리(약 150km)에 걸쳐 줄지어 있었다고 한다. 11월 6일 태산에 도착하여, 11월 9일 동지(冬至)에 행렬을 정비하고 산하(山下: 산 아래)에 도착했다. 이날 ① 봉사례[封祀禮: 제천 의례(祭天儀禮)]를, 10일에 ② 등봉례[登封禮: 옥책매납 의례(玉策埋納儀禮)]를, 11일에 ③ 강선례[降禪禮: 제지 의례(祭地儀禮)]를, 12일에 ④ 조근례[朝覲禮: 회동 의례(會同儀禮)]를 각각 거행했다. 제의에는 돌궐·대식(大食)[13]·오천축(五天竺)[14]·거란(契丹)[15]·일본·신라 등 여러 국가 및 제족 수장이 참열(參列)했다. 이리하여 태산 아래에는 갑작스럽게 여러 국가 및 종족이 집합하는 일대 정치 도시가 출현했다.

이 무렵 "천하의 주부(州府)는 315개, 기미(羈縻)의 주(州)는 대략 800개"였으며(『大唐六典』 戶部尙書條), 740년 국가에 등록된 호구 수는 841만 2871호였고 인구는 4814만 3609명이었다. 후세에 그 치세 전반의 연호를 따 '개원(開元)의 치(治)'라고 부르며 칭송했다.

'개원의 치'의 음예(陰翳, 어두운 그림자)

재수명을 실현한 현종의 치세 초기에 재상 요숭(姚崇, 651~721), 송경(宋璟, 663~737) 등이 정치를 보좌했고, 과거 출신의 신진 관료를 등용하여 통치의 쇄신과 안정을 위해 노력했다. 그 결과, 제국의 상층은 안정기에 들어갔다. 하지만 궁정 정치의 안정과는 반대로 이미 무측천(武則天) 통치 시기 이래로 지방 사회에서는 농민이 호적에서 이탈하는 도호(逃戶) 현상, 더 나아가 본적

---

13) 아랍 제국 또는 칼리파 국가(Caliphate)를 지칭한다. _옮긴이

14) 천축(天竺, 인도)을 동서남북(東西南北)과 중앙(中央)의 다섯으로 구분한 칭호이다. _옮긴이

15) 거란(契丹, Khitan)은 거란어 '키탄'을 음차한 것으로 한국어의 한자 독음은 원래 '계단' 또는 '글단'이었으나 세월이 흐르면서 '글안'을 거쳐 '거란'으로 정착되었다. 또한 거란의 페르시아어 표기는 '키타이(Kitai)'였는데, 중국을 지칭하는 러시아어의 고유명사 '키따이(**Китай**)'로 남게 된다. _옮긴이

지까지 버리는 부호(浮戶)·객호(客戶) 현상이 만연했다. 개원(開元) 초년에는 이것이 사회 문제로 되는 것과 함께, 세수 수취에 지장을 초래하게 되어 국가의 재정 문제가 되기도 했다.

721년, 현종은 우문융(宇文融)에게 명하여 도호(逃戶)·객호(客戶) 및 호적에 기재된 것 이외의 경작지를 조사하여 적발하고 부적(簿籍)에 다시 등록하며, 도호·객호에게는 경세(輕稅)만을 부과하게 하여 그 편호화(編戶化)를 실현케 했다. 그 결과 우문융은 80여 만 호의 농민과 그에 상응하는 경작지를 적발하여 호적에 등록시켰으며, 세전(稅錢: 세금) 100만 전을 궁중에 납입할 수 있었다고 한다. 이것을 우문융의 '괄호(括戶) 정책'이라고 부른다. 다만 이것도 임시방편의 정책에 불과했다.

780년에 양세법(兩稅法)[16]을 시행할 때 그 입안자 양염(楊炎, 727~781)은 개원 연간 정치의 문제점을 다음과 같이 지적했다. 개원 연간에 현종은 관인(寬仁: 관용·인애)을 통치 이념으로 삼고 호적을 정확하게 관리하지 않았다. 그 때문에 인정(人丁)의 수, 경지 면적, 호등[戶等: 각 호의 재산 규모에 따라 9등급(九等級)으로 구분하고, 임시의 세역(稅役) 등을 등급에 따라 부담시켰음]을 정확하게 파악하지 못했으며, 호부(戶部)는 오래되고 실체가 없는 호적을 관리할 뿐이었고, 사회의 실정을 파악할 수 없었다. 또한 개원 연간의 대외 전쟁으로 변경을 경비하던 병사[방인(防人)]의 다수가 사망했음에도 불구하고, 호적의 문란과 변장(邊將)들의 사망 신고 태만으로 인해 사망한 병사의 호적이 그대로 남아 있게 되었다. 천보(天寶) 연간(742~756)이 되어 조세 징수가 엄해지자 남아 있던, 사망한 병사의 옛 호적에 의거하여 6년간의 방인 부담 기간만을 제외하고 30년간의 조세를 추징하게 되었으며, 조조역제(租調役制)가 기능하지

---

16) 종전의 세제(稅制)를 대신하여 시행한 것으로서, 지세(地稅)와 호세(戶稅) 위주였다. 여름과 가을의 두 계절에 각각 세금을 징수하기 때문에 양세법이라고 했다. _옮긴이

않게 된 것이다(『舊唐書』 楊炎傳).

개원 연간을 계기로 하여 도호(逃戶) 현상으로부터 시작된 호적 관리의 혼란은 조조역제와 군제의 위기를 정점으로까지 고조시켰고, 당나라의 율령제 지배는 크게 변용되어 간다. 당나라의 율령제와 그 변질에 대해서는 다음에서 살펴보도록 하겠다.

3. 『대당육전(大唐六典)』의 당대(唐代) 국제

『대당육전』

738년, 재상 이임보(李林甫, ?~752)가 『대당육전』 30권을 현종에게 봉정했다. 『대당육전』의 편찬은 722년에 시작되었는데, 719년의 개원 7년령과 격·식 등의 법령 조문을 기초 자료로 삼아 이것을 분석하고 『주례』의 6관제[六官制: 천관총재(天官冢宰), 지관사도(地官司徒), 춘관종백(春官宗伯), 하관사마(夏官司馬), 추관사구(秋官司寇), 동관고공기(冬官考工記)]를 참조하여 3성 6부, 9시(九寺) 등의 관제별로 다시 편집한 것이다(〈그림 32〉 참조).

『대당육전』은 당인(唐人: 당나라 사람) 자신이 당나라 시대 국제의 전체를 정리한 것이기에, 동시대 사료로서의 가치가 매우 높다. 햇수로 17년에 걸친 편찬 작업이었기 때문에, 토대가 되었던 719년 당시의 율령 관제가 이미 변화해 버린 것도 있다. 그 때문에 737년(개원 25) 및 738년의 칙령 등에 입각하여 주기(注記)를 추가한 부분이 많다. 환언하자면, 『대당육전』은 당나라 시대 율령제와 그 변용 과정을 기술하고 있는 것이다. 다음에서는 그 주요 기술을 소개하며 개원 시기의 '당 제국'과 그 변용의 모습을 살펴보도록 하겠다.

〈그림 32〉『대당육전』 권3 '호부상서'

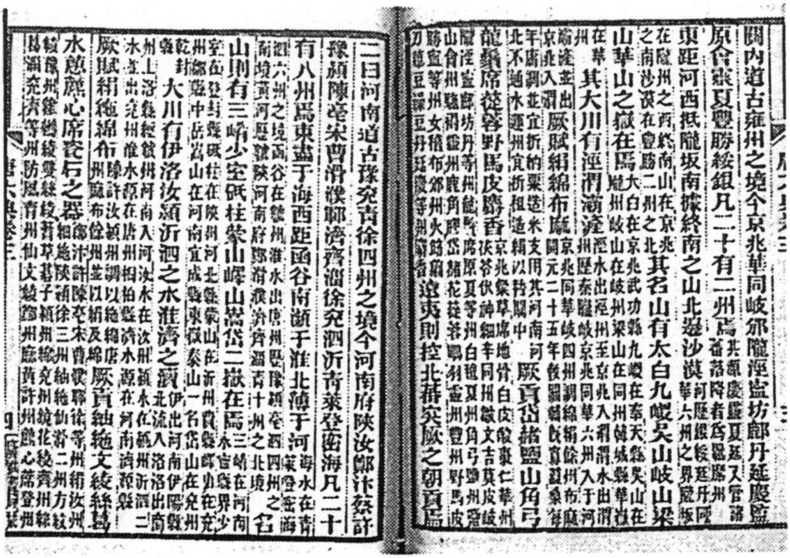

關內道古雍州之境今京兆華同岐邠隴涇寧坊鄜丹延慶鹽原會靈夏豐勝綏銀凡二十有二州焉東距河西抵隴坂南據終南之山北邊沙漠其名山有太白九嵕吳山岐山梁山華山之嶽在焉其大川有涇渭灞滻厥賦絹綿布麻厥貢岱赭鹽山角弓龍鬚席蓯蓉野馬皮麝香遠夷則控北蕃突厥之朝貢焉

二曰河南道古豫兗青徐四州之境今河南府陝汝鄭汴蔡許潁陳亳宋曹滑濮鄆濟齊淄徐兗泗沂青萊登密海凡二十有八州焉東盡于海西距函谷南瀕于淮北薄于河山則有三崤少室砥柱蒙山嶧山岱二嶽在焉大川有伊洛汝潁沂泗之水淮濟之瀆厥賦絹絁綿布厥貢紬絁文綾絲葛水葱蓆心蓆瓷石之器

주: 오른쪽 절반 부분에는 관내도(關內道), 왼쪽 절반 부분에는 하남도(河南道)의 소속 주, 사지(四至, 사방 끝), 명산·대천, 부[賦, 용조물(庸調物)], 조공을 행한 종족의 명칭이 기록되어 있다.

당나라 시대 율령제의 국가기구

당나라 시대 율령제의 국가기구는 수나라가 창출했던 국가기구를 계승하여, 3성 6부와 12위부(十二衛府)가 대표하는 중앙정부(『大唐六典』 卷一～卷二九) 및 주현제와 도독부 진수제로 구성되는 지방기관(『大唐六典』 卷三十)에 의해 구성된다(〈표 11〉 참조). 『통전(通典)』에 의하면, 국가기구를 운영하는 관인은 1만 8805명, 하층의 이원(吏員)까지 포함하면 합계 5만 7416명이었다(『通典』 一九). 이 관리 외에, 백성으로부터 징발된 약 30만 명의 사람들이 각 기관에서 갖가지 노무에 종사했다.

3성은 정책입안기관인 중서성(中書省)·문하성(門下省) 및 행정의 집행기관인 상서성(尚書省)으로 구성된다. 이 3성의 장관인 중서령(中書令) 2명, 문하시

〈표 11〉 대당육전 관제 일람

권(卷)	관명(官名)	권(卷)	관명(官名)
1	삼사(三師)·삼공(三公)·상서도성(尙書都省)	16	위위시(衛尉寺)·종정시(宗正寺)
2	이부상서(吏部尙書)	17	대복시(大僕寺)
3	호부상서(戶部尙書)	18	대리시(大理寺)·홍려시(鴻臚寺)
4	예부상서(禮部尙書)	19	사농시(司農寺)
5	병부상서(兵部尙書)	20	태부시(太府寺)
6	형부상서(刑部尙書)	21	국자감(國子監)
7	공부상서(工部尙書)	22	소부감(少府監)
8	문하성(門下省)	23	장작감(將作監)
9	중서성(中書省)	24	좌우위(左右衛)·좌우효위(左右驍衛)·좌우위위(左右威衛)·좌우영군위(左右領軍衛)
10	비서성(秘書省)	25	좌우금오위(左右金吾衛)·좌우감문위(左右監門衛)·좌우천우위(左右千牛衛)·좌우우림군(左右羽林軍)·절충부(折衝府)
11	전중성(殿中省)	26	태자삼사(太子三師)·삼소(三少)·태자첨사부(太子詹事府)·좌우춘방(左右春坊)
12	내관(內官)·궁관(宮官)·내시성(內侍省)	27	태자가령시(太子家令寺)·태자솔경시(太子率更寺)·태자복시(太子僕寺)
13	어사대(御史臺)	28	태자좌우위솔부(太子左右衛率府)·제솔부(諸率府)
14	태상시(太常寺)	29	친왕부(親王府)·친왕국(親王國)·공주읍사(公主邑司)
15	광록시(光祿寺)	30	경조(京兆)·하남(河南)·태원부(太原府)·도독부(都督府)·주현(州縣)·도호부(都護府)·진수악독관진(鎭戍嶽瀆關津)

중(門下侍中) 2명, 상서좌우복야(尙書左右僕射)[17] 등 6명이 본래의 재상이었다 [상서령(尙書令)은 이세민이 취임했던 적이 있으므로 결원되었다]. 나중에 타관(他官) 재임자에게 '동중서문하(同中書門下) 3품', '동중서문하평장사(同中書門下平章事)'

17) 상서좌복야(尙書左僕射) 1명, 상서우복야(尙書右僕射) 1명을 지칭한다. _옮긴이

등의 직함을 부여하여 재상의 열에 추가하게 되었다. 재상은 수 명으로 구성되었으며, 정사당[政事堂: 중서문하(中書門下)]에 사무국을 두고 합의제로 정책입안을 했다.

상서(尙書)에는 상서도성(尙書都省) 아래에 이(吏)·호(戶)·예(禮)·병(兵)·형(刑)·공(工)의 육부상서(六部尙書)가 있었으며, 각 부에는 호부상서의 호부사(戶部司)·탁지사(度支司)·금부사(金部司)·창부사(倉部司)처럼 4개의 관사가 설치되었다. 상서성은 전체적으로 '6부 24사' 체제를 취했다.

상서성은 각 관사가 담당하는 전문적인 문서 행정을 수행하는 기관이었다. 실제의 행정 실무는 태상시(太常寺)·태부시(太府寺) 등 구시(九寺)라고 하는 9개의 기관이 관련된 6부로부터의 문서에 의한 지령을 받아 실시했다.

구시 외에 실무기관으로서 소부감(少府監)·장작감(將作監) 등의 공사 관부 및 인재양성 기관인 국자감(國子監)이 설치되었고, 또한 재심 안건의 심문 및 관료의 범죄를 적발하는 감찰기관으로서 어사대(御史臺)가 설치되었다.

중앙정부를 구성하는 군사기관으로서 궁정 및 도성을 수비하는 남북 금군이 있었다. 남아금군(南衙禁軍)은 12위부(十二衛府)로 구성되었다. 각 위부는 궁성(宮城)의 남쪽에 있는 황성(皇城)[18] 내부에 설치되었기 때문에 '남아금군'이라고 불렸다.

원래 황제의 친위부대로 발족하여, 모집을 통해 선발된 군사로 편성되었던 것이 좌우우림군(左右羽林軍)이다. 그들은 궁성의 북문인 현무문 일대에 주둔했기에 북아금군(北衙禁軍)이라고 불렸다. 738년에는 좌우우림군으로부터 좌우용무군(左右龍武軍)이 나뉘어 세워져, 북아 4군(北衙四軍)이 되었다. 태종과 현종이 모두 현무문에서 쿠데타를 일으켰던 것은, '북아금군'에 대한

---

18) 옛 중국의 수도는 바깥으로부터 도성(都城)-황성(皇城)-궁성(宮城)의 3중으로 되어 있었으며, 황제는 궁성에 거주했다. _옮긴이

통제 여부가 궁정 제압의 성공 여부를 결정했기 때문이다.

남북 금군의 주력인 12위부의 병사를 위사(衛士)라고 부르며, 각 위부에 약 1만 명, 전체 십 수만 명의 위사를 보유했다. 위사는 전국에 산재해 있는 절충부(折衝府)의 부병 중에서 순서에 따라 당번병으로서 계속(係屬)되어 있는 위부로 파견되었다. 절충부는 전국에 594개가 있었고 1개의 절충부에는 평균적으로 1000명의 병사가 소속되어, 부병은 약 60만 명을 헤아렸다.

절충부가 설치되어 있는 주(州)를 군부주(軍府州)라고 부른다. '군부주'는 장안 주변의 관중, 동도(東都) 낙양의 주변 및 서북 지방 일대에 몰려 있었다. 그것은 동위(東魏)·북제(北齊)에 대항하기 위해 관중에 강병(强兵)을 집중시키는 관중 본위 정책을 취했던 서위의 24군에서 유래한 금군이었기 때문이다. 따라서 정복된 옛 북제의 산동[山東: 하북(河北)·하남(河南)] 지역 및 남조(南朝)의 강남 지역에는 절충부를 설치한 곳이 매우 적었다.

위부에 올라갈 차례가 아닌 부병은 농민으로서 생활했으며, 농한기인 겨울철 12월에는 절충부에서 군사훈련을 받았다. '12위부-절충부'가 사용했던 군악은 선비족 군악에서 유래하는 것으로, 개원 연간까지 선비어(鮮卑語)로 노래를 부르는 일도 있었다. 이것은 부병제가 멀리 북위 시대의 대인 집단에서 연원했음을 말해준다.

당나라 시대의 지방기구

당나라 시대의 지방 행정은 주현제였다. 천하의 주부(州府)는 315주, 현의 수는 『대당육전』에 기재되어 있지 않지만, 1573현이었다(『通典』 一七二). 주현의 외연(外緣) 변경에는 약 800개의 기미주를 설치했다. 이미 언급한 바와 같이, 기미주는 투항해 왔던 이종족을 그 세력에 응하여 도독·자사로 임명하고 세습과 자치를 허락한 곳이다. 주현·기미주의 범위가 당나라 천하의 영역이다.

〈그림 33〉 대당제국 개념도

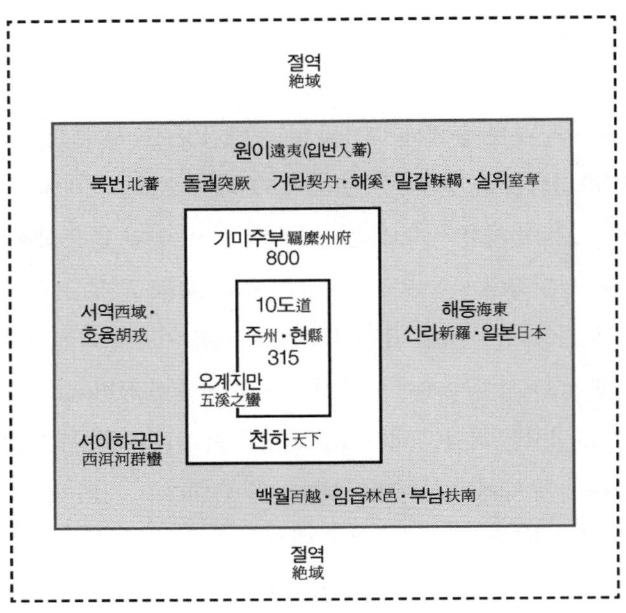

주현과 기미주는 감찰 영역인 10개의 도(道)에 분속되었다. 『대당육전』은 『상서(尙書)』 '우공편(禹貢篇)'의 9주를 본따, 도마다 소속 주부(州府)·기미주, 부[賦: 용(庸)·조(調)의 견(絹)·마(麻)·면포(綿布) 등]의 종류, 공헌물의 종류, 기미주의 외부에 있는 여러 종족과 그 공헌물을 기록하고 있다. 이것은 개원 25년령에 의거한 당나라 최고 전성기의 기술이며, 공헌제를 공통의 기반으로 하는 주현제·기미주·원이(遠夷)로 구성되는 제국 영역을 묘사하고 있다(〈그림 33〉 참조).

당나라의 지방 군제에는 주현제에 대응하여 '도독부-진-수' 계통의 군사 기구가 있었다. 그 병(兵)을 방인(防人)·방정(防丁)이라고 불렀으며, 각 주현의 백성 정정(正丁: 21~59세 남성) 중에서 징발되었다. '도독부-진-수' 계통에 속하는 방인은 북위 삼장제하의 15정(丁) 1번병(番兵)의 정병제(丁兵制)에서 유래하는 병사로, 금군을 구성하는 위사와는 전혀 다른 병종이었다.

방인이 근무하는 진수(鎭戍)는 품관인 진장(鎭將)·수주(戍主)를 주사(主師)로 하는 군사조직이며, 변경을 중심으로 설치되었을 뿐만 아니라, 내지에도 설치되었다. 개원 연간에는 전국에 245개의 진, 342개의 수, 합계 587개소의 진수가 있었으며, 약 7만 명의 병원(兵員) 정수가 있었다(『大唐六典』 兵部尙書). 이것에 더하여 진수를 관할하는 전국 46개소의 도독부를 비롯하여 각지의 관[關: 관소(關所)]·진[津: 나루], 주현의 성문 및 창고에도 방인이 배치되었다. 개원 연간에는 적어도 10여 만 명의 방인이 도독부(都督府)·주(州)·현(縣)·진(鎭)·수(戍)·관(關)·진(津)에 상주했으며, 300주·1500현의 성문 및 창고 등을 수위(守衛: 무기를 들고 지키며 방어)했던 것으로 여겨진다.

구양수(歐陽脩)가 집필한 『당서(唐書)』 '병지(兵志)'의 간행[19] 이래 약 1000년 동안, 당나라의 군제는 부병제뿐이었으며 부병이 위사·방인·행군 등 모든 군역을 담당했던 것으로 오해되어 왔다. 그 성과는 약간의 의심을 받는 일도 없이, 오늘날 세계사 교과서의 기술만이 아니라 국내외의 모든 당대사(唐代史) 전문 연구서에도 반영되고 있다. 당인(唐人)의 손으로 기록된 『대당육전』을 읽어보면, 당나라의 군제는 '12위-절충부-부병제'로 구성되는 중앙 남아금군의 편성과 지방 군제인 '도독부-진수-방인제'의 두 가지 계통으로 구성되어 있다는 것이 역연하다. 주로 개원 연간에 시작된 절도사의 설치는 부병제의 붕괴로부터가 아니라, 도독부 진수제를 하나의 거점으로 삼아 새롭게 전개되었던 것이다. 지금은 과거 약 1000년 동안 계속되었던 오해로부터 해방되어야 할 때이다.

---

19) 언급된 것은 『신당서(新唐書)』이며, 북송(北宋) 시기 1044년부터 1060년에 걸쳐 구양수 등에 의해 편찬되었다. 이에 앞서 『당서(唐書)』가 940년부터 945년에 걸쳐 간행되었는데, 신당서가 간행되면서 구당서(舊唐書)라고 부르게 되었다._옮긴이

향리제·방촌제(坊村制)

『대당육전』 '호부상서조'는 두 가지의 향촌 제도에 대해 기록하고 있다. 하나는 향리제이다. 이것은 3세기 이래 장부상의 향리의 계보를 이어받은 제도로서, 100호를 리(里)로 삼고 5리·500호를 '향'으로 삼는다. 이에는 이정(里正)을 두었다. 이정은 각 호주로부터 자주 신고[自主申告: 수실(手實)]되는 호구·전토액에 의거하여 '1리 100호'의 호적(3년에 1회 실시)·계장(計帳: 매년 실시)을 작성하고 호적·계장에 의거하여 조조역(租調役)·병역을 수취하고 징발한다. 이정은 호구·세역의 관리 외에 치안 유지와 농업 장려를 임무로 삼았다.

향에는 이원(吏員)을 두지 않았다. 향은 5리분의 호적을 1권으로 정리하여 현에 보고하는 장부상의 단위이며, 또한 수취한 세역을 현에 납입하는 기초 단위이기도 했다. 각 현의 청사에는 소속 각 향의 향사(鄕司)가 설치되었다. 향 소속 5명의 이정이 윤번으로 향주를 맡아, 향사의 안(案: 책상) 위에서 부적(簿籍)·세역의 관리를 했다. 3세기 이래, 향리에 취락의 실체는 없다.

754년의 호부 보고에 의하면, "천하의 군[郡: 주(州)]은 321개, 현은 1538개, 향은 1만 6829개, 호(戶: 호구)는 906만 9154개, 구(口: 인구)는 5286만 488명"이었다. 호부상서가 1만 6829권의 호적을 수납하고 이것에 의거하여 재정을 총괄했던 것이다.

또 하나는 방촌제(坊村制)이다. 이것은 3세기 이래의 실체가 있는 취락이다. 장안·낙양의 도성 내, 각 주현의 성곽 내에 있는 거주구가 '방(坊)'이며, 방벽(坊壁)을 둘러싸서 구획했다. 주현 성곽의 교외에 있는 취락이 '촌(村)'이다. 방과 촌에는 방정(坊正)·촌정(村正)을 두었다. 그들은 주로 문(門)의 관리 및 치안 유지를 임무로 했다. 이정·방정·촌정은 중정(中丁: 미성년 남자) 및 경도(輕度)의 신체 장애인이 담당하는 일도 있었으며, 징발제의 의무적 이역(吏役)이었다. 또한 장부상의 향리제는 물론이고 방·촌은 자치 취락이 아니었다. 그리고 향리제와 방촌제를 연계하는 것이 호(戶)·호적이었다.

대당 제국의 황제·관인·관리로 구성되는 수만 명의 지배 계급은 황마지(黃麻紙)로 만든 1만 수천 권 호적의 꼭대기에 위치해 있으면서 호적을 통해 900만 호, 5000만 명의 백성을 지배했던 것이다.

'균전제'의 완성과 붕괴

『대당육전』 '호부상서조'는 당나라 시대의 '급전지제'로서 ① 백성 급전, ② 관인 영업전(官人永業田), ③ 제주 공해전(諸州公廨田), ④ 관인 직분전(官人職分田)을 들며 그 상세한 내용을 기록하고 있다. ① 백성 급전은 〈표 12〉에서 제시되고 있는 바와 같이, 정남(丁男) 100무를 기준으로 하여 주요 노동자·호주의 구별 및 사회적 분업에 의거하여 경작 면적에 차등을 설정하여 급전했다.

② 관인 영업전은 〈표 3〉 '중국 고대의 신분제적 토지 소유'에서 보는 바와 같이(제4장 참조), 작위·관품의 차등에 의거하여 100경에서 2경까지의 등급을 설정하여 영업전을 급전했다. ③ 제주 공해전도 각 관청[官廳: 공해(公廨)]의 등급에 의거하여 40경에서 2경까지의 차등을 설정하여 급전했으며, 거기에서 나오는 소작료를 관청의 경비에 충당했다. ④ 관인 직분전은 각 관인의 직위·관품의 차등에 의거하여 12경부터 80무에 이르는 급전을 규정하

〈표 12〉 당나라 시대의 백성 급전 관련 규정(단위: 무)

	구분전(口分田)	영업전(永業田)
정남(丁男, 21~59세)	80	20
중남(中男, 18~20세)	80	20
노남(老男)·폐질(廢疾) 등	40	—
과처첩(寡妻妾)	30	—
노남·폐질 등 호주(戶主)	30	20
과처첩 호주	30	20
여정(女丁)·황소중남(黃小中男) 호주	30	20
공상업자[工商業者, 관향(寬鄕) 거주]	40	10

고 있다. 이와 같이 신분·관품·직위·관청의 등급에 의거하여 급전 면적을 규정하고 있는 것이 '균급', '균전'의 의미하는 바이다.

당나라 시대 급전제의 이러한 차등에 의거한 급전 체계의 전체 구조를 보았다면, 전한의 왕가(王嘉), 동위(東魏)의 위수(魏收)는 '균전지제'가 훌륭하게 실시되고 있다고 감탄했을 것이 틀림없다. 필자 자신을 포함하여 백성 급전제만을 '균전제'의 근간으로 삼는 이제까지의 균전제에 대한 이해는 정정될 필요가 있다.

엄밀하게 말하면, 중국에 제도로서의 균전제는 존재하지 않았다. 존재했던 것은 전한의 왕가, 동위의 위수가 '균전지제'라고 평가했던, 전국 시대 상앙 이래의 작제적 토지 소유, 서진의 관인을 포함하는 점전제, 북위에서 재건이 시작되어 수·당에서 완성되었던 차등에 의거한 급전제의 체계이다.

최근 발견된 북송(北宋) 천성령 전령(天聖令田令)은 전체 56개 조로 구성되어 있는 개원 25년령 전령(田令) 중에 7개 조만을 개정하여 계승하고 있다. 7개 조 중에는 ③ 제주 공해전의 개정 조문이 남아 있는데, 그 이외의 3가지 종류의 당나라 시대 급전제는 모두 폐기되었다. '균전지제' 중의 일부는 계승되었지만, 체계적으로는 당나라 시대 율령의 급전제가 북송 시기에 이르러 폐절되었던 것이다.

흔히 말하는 균전제에 대해 살펴보면, 금지되었던 급전의 매매가 개원·천보(天寶) 연간 이래 횡행하고 관인·부호층에 의한 토지의 집적이 대대적으로 진행된다. 백성의 점유지는 '영업(永業)'·'기업(己業)' 등으로 불렸으며, 호적에 등록된 '국가 성원=인호(人戶)'에게는 사실상의 토지 소유가 인정되게 된다. 이러한 사실상의 토지 소유를 기반으로 하여 부과되었던 것이 780년에 시작되는 양세법이다.

조조역제(租調役制)

서민 백성의 세역 부담에 대해 눈을 돌려보겠다. 당나라 시대 백성의 기본 부담에 대해서 『대당육전』에 의하면 "무릇 부역의 제(制: 제도)에는 4가지 종류가 있는데, ① 조(租), ② 조(調), ③ 역(役), ④ 잡요(雜徭)이다"(『大唐六典』 卷三戶部尙書條)라고 했다. 그 구체적인 부담 내용은 1정정(正丁)당 조(租)로서 곡물 2석(石)(약 120리터), 조(調)로서 견(絹) 2장(丈)[20척(尺): 약 5.8m, 반필(半匹)에 해당] 및 면(綿) 3량(兩)(약 120g), 그리고 마포(麻布)의 경우에는 2장 5척 및 마(麻) 3근(斤)(약 2kg)을 납입하고 정역(正役)으로서 20일간의 노동에 종사하는 것이었다.

정역은 20일 동안의 역역(力役)을 지칭한다. 정역은 백성의 호적이 있는 주를 넘어서 취역하는 경우를 말하며, 그 대부분은 조세 재물의 수송 노동이었다. 주 내에서의 수송 노동, 제방의 수리 및 부교(浮橋) 가설 등의 보조적인 노동에 취역할 때에는 잡요·부역(夫役)이라고 부르며, 정역의 절반으로 환산된다. 따라서 잡요에 취역할 때에는 40일 동안이 한 차례의 기한이 된다.

부역제[賦役制: 조조역제(租調役制)]는 정역을 기본으로 하여 편성되었다. 정역 20일[잡요 40일]을 넘어 15일(잡요 30일)을 더 취역할 경우 조(調)를 면제받고, 거기에 15일을 더 취역하여 30일(잡요 60일)이 될 경우에는 조(租)·조(調)를 모두 면제받는다. 즉 정역일 경우 50일, 잡요일 경우에는 100일 취역한다면, 부역 부담을 완수한 것으로 된다. 다만 정역에는 50일의 상한이 정해져 있는 데 반해서, 잡요에는 상한을 명확하게 설정하지 않았다는 것이 특색이다. 당나라 시대의 농민에게는 요역 부담과 병역 부담이 가장 무거운 부담이었다.

『대당육전』에 의하면, 당나라 시대 백성 부담은 '부역제' 또는 '조조역제'라고 해야 할 것이다. 그런데 당나라 시대 백성의 세역 부담을 교과서 및 국내외 전문서 등에서는 '조용조(租庸調)'라고 기술하고 있다. 이것은 이미 살펴본 바와 같이 사마광(司馬光)이 "균전 조용조의 법"이라고 규정했던 것, 그리고 구양수(歐陽脩)가 편찬한 『신당서』 '식화지(食貨志)'의 "부역의 법을 조(租)라고 하고, 조(調)라고 하며, 용(庸)이라고 한다"는 기술에서 연원한다. 구양수는 명백히 『대당육전』의 기술을 고쳐 쓰고 있는 것이다. 조용조는 송(宋)나라 시대 사람의 언설이다.

용(庸)은 정역 20일을 대체하는 것으로서 노동일 1일당 3척의 견(絹), 20일로 환산하면 60척[6장(丈)=1.5필(匹)]의 견을 납입하는 것을 말한다. 북송 이후의 기록에서는 당나라 초기 이래 대납이 기본이었다고 하며 조용조제(租庸調制)라고 부르고 있다. 다만 이상하게도 당나라 초기 이래 대납이 기본이었다는 주장에 대한 사료적 근거는 제시되지 않고 있다.

앞에서 살펴본 바와 같이, 당나라의 부역제는 정역을 기준으로 편성되었다. 733년 가을, 경조윤(京兆尹)[20] 배요경(裵耀卿, 681~743)은 조세·재물의 수송에 연간 400만 명의 수정(輸丁)을 사용하고 있다고 언급했다(『舊唐書』 裵耀卿傳). 당시의 전체 정정(正丁)의 수는 약 700만 정이었는데, 그 절반 이상의 정정이 수송 노동의 정역을 담당했던 것이다. 이 외에도 정정은 영전정(營田丁)·사우정(飼牛丁)·역정(驛丁) 등과 같이, 특정한 노동에 취역하는 일이 있었으며, 또한 군역(軍役) 및 그 밖의 각종 요역을 행하는 정정도 있었다. 따라서 많게 추산하더라도, 용물(庸物)을 대납하는 자는 3분의 1이 되지 않았다고 할 수 있다. 동시대인이 규정하고 있는 바와 같이, 당나라 시대 '율령제(律令制)'하에서의 부담은 부역제 또는 '조조역'제(租調役制)라고 부르는 것이 타당하다.

『대당육전』 권20 '태부시(太府寺)'에 의하면, 천하 316주 중에서 조조용물

---

20) 고대 중국의 관직 명칭이며, 경사[京師, 수도(首都)] 근교를 관할하는 행정장관의 명칭으로 사용되었다. _옮긴이

(租調庸物)을 공납하는 주가 142주, 그리고 변주(邊州) 등으로 불리며 공납하지 않는 주가 174주였다. 방위 지대를 구성하는 변주 영역은 공납 영역인 '중국'과의 사이에 지역 간 분업을 편성했다. '중국'의 공납주는 수도권에의 재물 공납 외에 도독부를 중계 기지로 하는 재물 수송을 담당했으며, 변주 영역에 그 행정 경비 및 군사 경비를 공급했다.

당나라 시대의 정역·잡요의 취역 노동의 대부분은 이 지역 간 분업에 기초한 조세 재물의 수송 노동이었다. 변경으로의 수송 노동은 특히 중요했으며, 병참을 겸했다. 병참에는 전투원의 2배 규모에 해당하는 노역을 필요로 했다. 이미 언급한 바와 같이, 수나라의 제1차 고구려 전역(戰役)에는 113만여 병사의 2배 규모에 해당하는 노역이 사용되었다. 이러한 재물 수송·병참의 집결·분배의 거점이 되었던 것이 도독부였으며, 병참의 경우에는 정정 외에도 방인 역시 사용되었을 것이다.

당나라 시대 백성의 부담을 조용조(租庸調)로 개괄하면, 당나라 시대의 병역·군제 및 재정에 관련된 전국적인 물류 편성의 특성을 간과하게 되며, '당 제국'의 역사적 이해를 그르치게 된다. 그러므로 당인(唐人)의 기술에 따라 조조역제(租調役制)라고 특기해야 할 것이다.

개원 연간에 들어서 현저하게 문제가 되는 도호(逃戶)·부호(浮戶)·객호(客戶) 현상은 이러한 정역·병역의 부담으로부터 벗어나기 위한 백성의 저항 운동이었으며, 당나라 시대의 율령제, 아니 대당 제국을 그 심층부에서 붕괴시켜 가는 동인이었다.

부병·방인제에서 건아(健兒)·모병제로

당나라 시대 전기 율령제하의 군제·군역은 무측천(武則天) 시기에 시작된 서민 백성의 도망 현상, 즉 도호(逃戶) 현상이 현저해짐에 따라 붕괴의 조짐이 보이기 시작했으며, 712년 무렵부터 본격적인 수정이 행해지게 되었다.

그 전환점이 되었던 것은 721년의 우문융(宇文融)에 의한 괄호 정책이었는데, 국가에 등록된 호구 수의 약 10%에 해당하는 도호·객호 80만 호를 검출하여 편호화했다. 이것에 연동하여 그 이듬해 722년 8월, 재상 장열(張說, 667~730)의 두 가지 상주에 의해 ① 60만 명으로 불어났던 연변(緣邊: 변경) 수비병 20여 만 명의 삭감과 그 귀농, ② 병사 모집에 의한 중앙 남아금군 13만 명의 재편성이 실시되었다.

그런데 ②의 제위금군(諸衛禁軍) 병사의 모집에 의한 재편은 곧 '부병위사(府兵衛士)'의 모병제화를 의미했다. '부병위사'는 723년 11월에 '장종숙위(長從宿衛)' 12만 명으로 개편되었고, 나아가 그 이듬해 2월에 '확기(彍騎)'라고 개명되며 그 실체를 상실했다. 749년 5월, 형식화되었던 절충부에의 위사 상번(上番) 명령이 중지됨으로써, 부병제는 최종적으로 소멸된다. 모병제는 중앙 금군으로부터 시작되었던 것이다.

'방인 수변(防人戍邊)'의 모병제화는 '부병 숙위제'와는 다른 전개를 보였다. 당초의 방인제는 산동(山東) 지역, 즉 하북(河北)·하남(河南) 도(道)를 중핵으로 하는 일반 주부(州府)의 편호(編戶) 백성이 중심이 되어 부담했다. 이것은 양도(兩都)·서북(西北) 지역에 있는 군부주의 백성이 '부병위사'를 담당했던 것과 좋은 대조를 이룬다. 방인의 주력은 당초 매년 10월 1일을 기일로 삼아, 1년 교체제로 변경을 경비하는 군역이었다. 하지만 714년을 경계로 교체 기간이 연장되어, 717년에 4년 교체제, 그리고 나아가 6년 교체제로 전환되었으며, 교체 기간의 연장과 함께 모집에 의한 직업 병사[건아(健兒)]화가 진전되었다.

처음에는 4년, 나중에 6년 교체제로까지 연장된 방인제는 이미 매년의 경작을 필요로 하는 농민이 담당할 수 있는 군역이 아니었다. 많은 소농민에게 4년·6년에 달하는 가내 주요 노동력의 부재는 농업 경영의 방기(放棄)로 연결된다. 그것은 회피되지 않으면 안 되었다. 농민의 주체적인 선택 가운데 하나로서 그것은 개원 연간의 도호(逃戶) 현상으로 귀결되었다. 재상 장열(張說)이 제기한 수병(戍兵) 20만 명의 삭감과 귀농은 그 최초의 대응책이었으며, 모병제화는 보다 근본적인 해결을 지향하는 정책이었다.

이리하여 737년 5월, 조칙에 의해 병사는 전면적으로 모집에 의한 직업병사·장정건아제(長征健兒制)로 교체되었다. 『대당육전』의 편찬자가 "그 이후 주군(州郡)에는 징발제의 군역이 영원히 없어졌다"라고 언급하고 있는 바와 같이, 이 '장정건아제'의 성립은 주군으로부터의 징병·교체제에 의한 방인제의 최종적인 해체를 선고했다. 이에 앞서 모병화되고 있었던 부병제와 함께, 최종적으로 편호(編戶) 농민을 대상으로 하는 징병제의 '율령제' 군역은 해체되었다. 여기에 이르러 상앙의 변법에 연원하는 '경전(耕戰)의 사(士)'는 최종적으로 해체되고 송(宋)나라 시대의 군제에까지 계승되는 '병농 분업(兵農分業)'이 성립했다.

'안사(安史)의 난'[21]의 시작

현종의 치세 시기였던 개원 연간에는 이미 살펴본 바와 같이, 호적에 대한 관리가 허술해지고 호적 등록지를 떠나 이주하거나 유망하는 도호가 증가했으며, 당나라 왕조의 제도 기반이었던 급전제[이른바 '균전제(均田制)'], 조조역제(租調役制), 부병제, 방인제도 해체되고 새로운 제도로 전개되었다. 또한 율령 관제 외에 절도사, 조용사(租庸使), 전운사(轉運使) 등 재정·군사 관계의 사직(使職)이 설치되었다. 사직은 그때마다의 정치 과제에 입각하여 설치되었으며, 황제가 직접 파견하는 형태를 취했다. 임시 사직 중에는 결국 상설의 직이 되는 것이 많아졌으며, 율령제에 의한 통치기구가 동요하기 시작했다. 다만 표면상으로는 태평을 구가했고, 755년의 국가 등록 호구 수는

---

21) '안록산(安祿山)과 사사명(史思明)의 난'을 지칭한다. _옮긴이

891만 4709호, 5291만 9309명에 달했다. 동시대 인물이었던 두우(杜佑, 735~812)는 그의 저서 『통전(通典)』 중에서 이것을 당나라의 극성기(極盛期)라고 기록하여 남기고 있다.

다양한 사직(使職) 중 당나라 후반기 역사에 결정적인 영향을 미친 것이 절도사였다. 절도사는 당초에 변경 방위를 위해 설치된 군사기관이었으며, 제국을 체현하는 정치적 장치였다. 711년에 하서절도사[河西節度使: 치소는 양주(涼州), 병사 7만 3000명]의 설치를 시작으로 하여 개원 연간에 안서절도사[安西節度使: 구자성(龜茲城), 2만 4000명], 북정절도사[北庭節度使: 북정도호부(北庭都護府), 2만명], 삭방절도사[朔方節度使: 영주(靈州), 6만 4700명], 하동절도사[河東節度使: 태원부(太原府), 5만 5000명], 범양절도사[范陽節度使: 유주(幽州), 9만 1400명], 평로절도사[平盧節度使: 영주(營州), 3만 7500명], 농우절도사[隴右節度使: 선주(鄯州), 7만 5000명], 검남절도사[劍南節度使: 익주(益州), 3만 9000명], 영남오부경략사[嶺南五府經略使: 광주(廣州), 1만 5400명]의 10개 절도사를 '당 제국'은 차례로 설치했다.

당나라의 극성기였던 755년, 범양절도사 안록산(安祿山, 705?~757)이 반란을 일으켰다. 안록산은 본래 영주(營州)의 잡호(雜胡)였다. 그는 이란계 소그드인[22] 및 튀르크계 돌궐족의 피를 이어받았으며 여러 언어[23]에 정통했다. 처음에 유주절도사(幽州節度使) 장수규(張守珪) 밑에서 군공(軍功)을 세워 두각을 나타냈으며, 740년에 평로병마사(平盧兵馬使)가 되었다. 그리고 742년, 신설된 평로절도사가 되었다. 744년에는 범양절도사를 겸임했으며, 나아가 751년에는 하동절도사를 겸임하여 3개의 번진(藩鎮)을 통제하게 되었다. 이 동안 거의 10년에 걸쳐 그는 현종의 후대(厚待)를 저버리고, 몰래 현종의 사후에 반란을 일으키고자 그 기회를 노리고 있었다.

---

22) 소그드인(Sogdian)은 본래 스키타이인(Scythian)이라고도 불렸으며, 중앙아시아 소그디아(Sogdia)를 근거지로 하여 활약했던 아리안계 스키타이 유목민들을 지칭한다. _옮긴이

23) 안록산은 아홉 개 언어를 구사했다(姚汝能, 『安祿山事迹』). _옮긴이

50개나 되는 사직을 맡아왔기에 궁정에서 견줄 자가 없는 권신(權臣)이었던 양국충(楊國忠, ?~756)은 안록산과 서로 뜻이 맞지 않았으며, 안록산이 반란을 일으키려 한다고 현종에게 자주 일러바쳤다. 그런데 현종이 상관하지 않았기 때문에, 양국충은 일이 있을 때마다 과장해 떠들며 빨리 반란을 일으키게 만들어 현종의 신임을 얻고자 했다. 안록산은 어쩔 수 없이 3명의 부하와 비밀리에 모의하여 곧바로 반란을 일으키기로 결심했다. 그 외의 여러 장수는 나중에 반란의 우두머리가 되는 사사명(史思明, 705?~761)을 포함하여 전혀 사정을 알지 못했다. 다만 8월 이래, 자주 사졸(士卒)에게 향응을 베풀고 군마(軍馬)를 살찌우며 병기(兵器: 무기)를 정비하는 것에 의구심을 품게 되었다.

그해 겨울인 10월 4일, 현종은 온천이 있는 화청궁(華淸宮)으로 나가 장안을 비워두었다. 11월 9일, 때마침 장안으로부터 사자가 범양[范陽: 북경시 구성(舊城) 서쪽]으로 돌아왔다. 안록산은 이것을 호기로 보고 칙서를 위조하여 제장(諸將) 전원을 소집했다. 안록산이 그 칙서를 제장에게 보여주며 "밀칙(密勅: 황제의 비밀 명령)이다. 나에게 명령이 하달되었는데, 병사를 이끌고 입조(入朝)하여 양국충을 토벌하라고 한다. 여러분은 즉시 종군하기 바란다"라고 말하자, 제장은 모두 깜짝 놀라며 서로 얼굴을 쳐다볼 뿐이었고, 이견을 제기하는 자는 없었다.

안록산은 범양절도부사(范陽節度副使) 가순(賈循)에게 범양(范陽)을, 평로절도부사(平盧節度副使) 여지회(呂知誨)에게 평로[平盧: 요령성(遼寧省) 능원현(淩源縣) 서북쪽]를, 그리고 별장(別將) 고수(高秀)에게 대동[大同: 산서성 삭현(朔縣)]을 각각 수비하도록 맡기면서 후방 부대로 삼았다. 그리고 그는 절도사의 지배하에 있는 병사 및 투르크계 동라(同羅), 선비족 계통의 해(奚), 몽골족 계통의 거란, 몽골족 계통의 퉁구스계 실위(室韋)의 병사 등, 총합 15만 명의 병사를 20만이라고 칭하며 반란을 일으켰다. 제장은 그날 밤, 범양을 출발했다.

이튿날 10일 이른 아침, 안록산은 계성[薊城: 북경시(北京市) 구성(舊城) 북쪽]의 남쪽에 모습을 드러내고 제장·병사를 열병한 후에, 철제 여거(輿車)에 탑승했다. 그가 이끄는 보병·기병의 정예부대는 박명(薄明) 중에 1000리의 저쪽까지 흙먼지를 휘날리고 군고(軍鼓)를 울려 대지를 뒤흔들면서 곧바로 남방의 중원 낙양을 향해 진군했다.

맺음말

*

1636년, 후금(後金)의 제2대 황제 홍타이지[Hong Taiji,[1] 청태종(淸太宗), 재위: 1626~1643]는 내몽골의 49기(旗)의 왕후(王侯)들로부터 보그드 세첸 칸(Bogd Sécén Khaan)이라는 존호를 받고, 만주·몽골·한족 공동의 왕권으로서 국호를 청(淸)이라고 고쳤다. 건륭제(乾隆帝) 시기에 편찬된 『동화록(東華錄)』은 이것을 "천하를 영유하는 칭호를 정하여 청이라고 했다(定有天下之號曰淸)"라고 기술하고 있다(卷三崇德元年四月條). 청(淸)왕조의 명칭은 천하를 영유하고 지배하는 칭호였던 것이다.

또한 '중가르(準噶爾) 왕국'[2]을 멸망시키고 원(元)나라 왕조[대원(大元) 울루스]의 대(大)영역을 거의 재구축한 건륭제(재위: 1735~1796)는 중국 본부(本部)를 대할 때에는 천자·황제를 칭하고, 몽골 지역을 대할 때에는 가한(可汗, Khaan)을 칭했으며, 티베트 지역을 대할 때에는 금륜성왕(金輪聖王)을 칭했다. 다종족(多種族)을 일신에 통합했던 청나라 왕조의 왕권은 천하를 영유하고 지배하며 그 지배하에 있는 여러 종족의 문화적·역사적 특성에 맞추어 황제, 천자, 가한, 금륜성왕 등 4가지의 군주 칭호를 골라 쓰며 천하에 군림했던 것이다.

이 책을 읽은 독자는 천하를 영유하는 칭호(왕조 명칭)와 4가지의 왕권 명칭이 청나라 왕조의 창조물이 아니라는 것을 이미 파악하고 있을 것이다.

---

1) 황타이지(Huang Taiji)로 일컬어지기도 하며, 한자로는 皇太極으로 표기된다. _옮긴이

2) Dzungar Khanate 또는 Zunghar Khanate를 지칭한다. _옮긴이

천하의 명칭[왕조 명칭]과 천자, 황제, 가한(칸), 금륜성왕의 칭호는 서주(西周) 이래 진(秦)나라 시황제와 왕망의 세기를 거쳐 당나라 현종 시기까지 차례로 등장했던 것이다. 그 근저에는 서주 시기에는 수도와 그 근린 지역을 지칭하는 데 불과했던 '중국'의 영역이, 주변 여러 종족 및 여러 지역과의 상호 관계 속에서 확대되고 변용되어 온 것이 있었다. 양계초(梁啓超)가 국민을 존중하는 입장에서 '중국'이라고 명명(命名)할 것을 제창했던 대청국(大清國)의 판도와 왕권의 명칭은 그 최후의 모습이었던 것이다.

이 책에는 써야 했지만 쓰지 못한 분야가 많다. 사상, 종교, 문학, 예술의 분야에 대해서는 거의 생략했다. 사회와 국가 간의 상호 관계, 사회구성체와 지배기구의 골격 부분만을 '중국'을 참조점(參照點)으로 삼아 통사적으로 서술한 것에 불과하다. 전체사(全體史)라고는 도저히 말할 수 없다.

강남의 역사적 전개를 다루고 있는 '새 중국사' 시리즈 제2권의 전반 부분이 제1권의 내용과 시기적으로 중복되며, 이 책이 생략했던 분야에 대해서도 두루 기술하고 있다. 이 책의 미비한 점은 '새 중국사' 시리즈 제2권이 상당 부분 해소시켜 줄 것으로 생각한다.

이 책의 집필 과정에서 첫 번째 원고는 미야자와 도모유키(宮澤知之) 교수께서, 그리고 두 번째 원고는 아다치 게이지(足立啓二) 명예교수께서 각각 읽고 귀중한 개정 의견을 전해주셨다. 이와나미 신서(岩波新書) 편집부의 나카야마 에이키(中山永基) 씨는 독자의 시선에 입각해 문장 정리하는 것을 도와주었다. 그 덕분에 문장 및 내용이 모두 초고(草稿)보다 훨씬 읽기 쉽게 되었다. '새 중국사' 시리즈의 집필을 권유해 주셨던 분은 오카모토 다카시(岡本隆司) 교수이다. 통사를 집필할 수 있는 귀중한 기회를 제공해 주셨다. 마지막으로 위에서 언급한 네 분에게 깊은 감사의 말씀을 전해드리고자 한다.

이 책의 기술이 중국·중국사를 냉정하게 이해하는 데 일조할 수 있다면, 더할 나위 없는 기쁨이 될 것이다.

중국사 연표

대개는 기술된 본문 내용에 기초해 작성했다.
서력(西曆)과 중국의 구력(舊曆)이 서로 완전히 일치하지는 않으므로
서력 표시는 어림잡아 파악하기 바란다.

기원전 5000년대	앙소 문화(仰韶文化) 시작
기원전 3000년대 후반	용산 문화(龍山文化) 시작
기원전 2000년대 전반	이리두 문화(二里頭文化) 시작
기원전 1600년 무렵	이리강 문화[二里崗文化, 은(殷)나라 전기(前期)] 시작
기원전 1300년 무렵	은나라 후기 문화[은허(殷墟)] 시작
기원전 1046년 무렵	주(周)나라 왕조 성립
기원전 770	주나라, 낙읍[洛邑, 낙양(洛陽)]으로 이동. 춘추시대(春秋時代) 시작
기원전 722	『춘추(春秋)』의 기술 시작(~기원전 481)
기원전 651	규구(葵丘)의 회맹(會盟). 제(齊)나라 환공(桓公), 패자(霸者)가 됨
기원전 632	천토(踐土)의 회맹. 진(晋)나라 문공(文公), 패자가 됨
기원전 594	처음으로 노(魯)나라에서 무(畝)별로 세(稅)를 거둠
기원전 551	공자(孔子) 탄생(~기원전 479)
기원전 453	한(韓), 위(魏), 조(趙)의 3경(三卿), 진(晋)나라를 셋으로 분할시킴. 전국 시대(戰國時代)의 시작
기원전 403	한(韓), 위(魏), 조(趙)의 3국(三國), 제후(諸侯)가 됨
기원전 356	진(秦)나라, 상앙(商鞅)의 제1차 변법(變法)
기원전 350	상앙의 제2차 변법, 함양(咸陽)으로 천도. 이 무렵 맹자(孟子), 각국을 돌아다니며 유세함
기원전 334	서주(徐州)의 회맹에서 제나라, 위나라가 서로 왕호(王號)를 승인. 그 이후 각국이 왕호(王號)를 사용함
기원전 288	제나라가 동제(東帝)를 칭하고, 진(秦)나라가 서제(西帝)를 칭함
기원전 260	장평(長平)의 전투. 진(秦)나라가 조나라를 대파하며 패권(霸權)을 확립
기원전 256	진(秦)나라, 주나라를 멸망시킴. 그 이후 각국을 멸망시킴
기원전 221	진(秦)나라, 제나라를 멸망시키고, 천하 통일. 진왕(秦王), 황제(皇帝)를 칭하며 천하를 36개 군(郡)으로 분할함.
기원전 219	진시황(秦始皇), 태산(泰山)에서 봉선 제사(封禪祭祀)를 거행함
기원전 210	진시황 사망
기원전 209	진승(陳勝)·오광(吳廣)의 난. 유방(劉邦)·항우(項羽) 등이 거병(擧兵)
기원전 206	진나라 멸망. 유방, 한왕(漢王)에 봉해짐[한(漢)나라 원년]
기원전 202	유방, 황제에 즉위[한나라 고조(高祖)]
기원전 200	장안(長安)으로 천도. 고조, 평성(平城)에서 흉노(匈奴)에게 대패(大敗)
기원전 196	공헌제(貢獻制)·부제(賦制)를 개혁
기원전 180	여태후(呂太后) 병사(病死). 여씨(呂氏) 일족이 배제되고 문제(文帝) 즉위
기원전 154	오초칠국(吳楚七國)의 난
기원전 141	한나라 무제(武帝) 즉위
기원전 127	흉노로부터 오르도스(Ordos) 지방을 탈환
기원전 124	장안에 태학(太學)을 설치하고 박사제자원제(博士弟子員制)를 실시
기원전 121	하서 회랑(河西回廊)을 제압하고 하서(河西) 4군(四郡)을 설치
기원전 119	염(鹽)·철(鐵)의 전매제(專賣制) 시작
기원전 113	하동(河東) 분음(汾陰)의 후토사(后土祠)에서 제지교사(祭地郊祀) 시작
기원전 112	감천궁(甘泉宮) 태일단(泰一壇)에서 제천교사(祭天郊祀) 시작
기원전 111	남월왕국(南越王國)을 멸망시키고 남해군(南海郡) 등을 설치

기원전 110	균수평준법(均輸平準法)을 본격적으로 시행. 태산에서 봉선 제사를 거행
기원전 108	조선왕국(朝鮮王國, 고조선)을 멸망시키고 낙랑(樂浪) 등 4군(四郡) 설치
기원전 91	위태자(衛太子)의 난
기원전 87	한나라 무제(武帝) 병사(病死). 소제(昭帝) 즉위
기원전 81	염철회의(鹽鐵會議) 개최
기원전 74	소제 사망. 위태자의 손자, 유병이(劉病已) 즉위[선제(宣帝)]
기원전 51	흉노 호한야선우(呼韓邪單于), 조공(朝貢)을 하며 신종(臣從)을 표명. 석거각회의(石渠閣會議) 개최, 유가(儒家) 학설의 정리
기원전 46	익봉(翼奉), 유학에 기초한 국제 개혁(國制改革)을 제안
기원전 3	서왕모 운동(西王母運動). 애제(哀帝), 동현(董賢)에게 2000여 경(頃)을 사전(賜田). '균전제(均田制)' 붕괴
서기 5	평제(平帝) 사망. 이듬해 정월(正月), 왕망(王莽)이 가황제(假皇帝)가 됨
8	황제가 되어 국호(國號)를 신(新)으로 정함. 전한(前漢) 멸망
17	낭야(琅邪)에서 '여모(呂母)의 난'이 발생하여 '적미(赤眉)의 난'으로 발전. 당양(當陽)의 녹림산(綠林山)에서 녹림군(綠林軍)이 일어남
23	녹림군 계통으로부터 유현(劉玄)이 대두하여 경시제(更始帝)가 됨. 장안의 민중, 왕망을 살해. 신(新)나라 멸망
25	유수(劉秀), 황제에 즉위[광무제(光武帝)]하고 낙양에 도(都)를 설치
56	광무제, 태산에서 봉선 제사를 거행
60	공경회의(公卿會議)가 개최되어 한(漢)나라의 예제(禮制)가 완성됨
166	제1차 '당고(黨錮)의 금(禁)'
169	제2차 '당고의 금'
176	제3차 '당고의 금'
184	황건(黃巾)의 난
196	조조(曹操), 중원(中原)에서 민둔전(民屯田) 실시
200	조조, '관도(官渡)의 전투'에서 원소(袁紹)를 격파. 화북(華北)은 거의 통일됨
220	9품관인법(九品官人法) 시작. 헌제(獻帝), 조비(曹丕)에게 선양(禪讓)하여 후한(後漢) 멸망. 위(魏)나라 건국
221	유비(劉備), 촉(蜀)나라 건국
222	손권(孫權), 오(吳)나라 건국
263	촉나라, 위나라의 원정군에 항복하여 멸망
265	사마염(司馬炎), 위나라의 선양을 받아 제위(帝位)에 등극[무제(武帝)]
268	태시율령(泰始律令) 공포
269	진례(晋禮)』공포
280	오나라, 진(晋)나라의 원정군에 항복하여 멸망. 진나라, 천하 통일. 점전(占田)·과전법(課田法), '호조지식(戶調之式)' 공포
300	'8왕(八王)의 난'(~306년)
303	저(氐)의 이특(李特), 성도(成都)에서 성(成)나라를 건국
304	흉노의 유연(劉淵), 한왕(漢王)을 칭하며 자립. 5호 16국(五胡十六國) 시대 시작
311	유연의 아들 유총(劉總), 낙양을 공략. '영가(永嘉)의 난'
315	탁발부(拓跋部)의 의로(猗盧), 민제(愍帝)에 의해 대왕(代王)에 봉해짐
316	유총, 장안(長安)의 민제를 포로로 사로잡음. 서진(西晋) 멸망
317	낭야왕(琅邪王) 사마예(司馬睿), 건업(建業)에서 즉위. 동진(東晋) 시작
376	전진(前秦)의 부견(苻堅), 대국(代國)을 멸망시킴
383	'비수(淝水)의 전투'. 전진(前秦), 동진에 패배해 급격하게 쇠퇴
386	탁발규(拓跋珪), 황제를 칭하며[도무제(道武帝)], 북위(北魏)를 건국
471	탁발굉(拓跋宏) 즉위[효문제(孝文帝)]
485	북위, 급전제(給田制, 균전제) 시행
486	삼장제(三長制) 시행, 호적(戶籍) 제도를 확립
493	남제(南齊)로부터 왕숙(王肅) 망명, 관품(官品)·관사(官司)·예제(禮制)를 정비
494	낙양으로 천도
495	성족(姓族) 분정(分定)
524	'6진(六鎭)의 반란'(~530)

534	고환(高歡), 업(鄴)에서 효정제(孝靜帝)를 옹립하여 동위(東魏) 성립됨
535	우문태(宇文泰), 장안에서 문제(文帝)를 옹립하여 서위(西魏) 성립됨
550	고양(高洋), 효정제의 선양(禪讓)을 받아 북제(北齊)를 건국. 서위(西魏)의 우문태, 24군[二十四軍, 부병제(府兵制)]를 제정함
557	우문각(宇文覺), 서위의 선양을 받아 북주(北周)를 건국
577	북주(北周)의 무제(武帝), 북제를 격파하고 화북(華北)을 재통일
581	북주의 외척 양견(楊堅), 정제(靜帝)의 선양을 받아 수(隋)나라를 건국. 개황 율령(開皇律令) 공포
582	개황악의(開皇樂議) 시작(~594)
583	개정신율(改訂新律) 공포, 『수조의례(隋朝儀禮)』편찬
587	공거[貢擧, 과거(科擧)] 시작
589	수나라의 원정군, 남조(南朝) 진(陳)나라를 병합시키고 천하 재통일
595	주(州)의 향관계 속리(鄕官系屬吏) 및 9품관인법 폐지
605	황하(黃河)와 장강(長江)을 잇는 통제거(通濟渠)를 건설
608	황하로부터 탁군(涿郡)에 이르는 영제거(永濟渠)를 건설
612	3차(三次)에 걸쳐 고구려(高句麗) 원정(~614)
617	이연(李淵), 태원(太原)에서 거병함
618	양제(煬帝), 강도(江都)에서 살해됨. 이연(李淵), 수나라의 선양을 받아 당(唐)나라를 건국
626	이세민(李世民), '현무문(玄武門)의 변(變)'을 일으키고 즉위[태종(太宗)]
630	서북(西北)의 제족군장(諸族君長), 태종에게 천가한(天可汗)의 칭호를 올림
666	고종(高宗) 이치(李治), 태산에서 봉선 제사를 거행함
690	무황후(武皇后), 신성황제(神聖皇帝)라고 칭하며 주(周)나라를 건국
696	금륜성신황제(金輪聖神皇帝) 무조(武曌), 숭산(嵩山)에서 봉선 제사를 거행함
710	이융기(李隆基), '현무문의 변'을 일으켜 위씨(韋氏) 세력을 일소함
712	이융기, 부친 예종(睿宗)으로부터 양위를 받아 즉위[현종(玄宗)]
721	우문융(宇文融), 괄호 정책(括戶政策)을 시작, 객호(客戶) 80만 호(戶)를 찾아냄
722	장열(張說), 부병위사(府兵衛士) 13만 명의 모병화(募兵化)를 제안하여 실시. 또한 녹변(綠邊) 수병(戍兵) 20만 명을 삭감하고 귀농(歸農)시킬 것을 제안함
725	현종, 태산에서 봉선 제사를 거행함
732	『대당개원례(大唐開元禮)』를 완성함
737	녹변 수병을 모두 모병(募兵)의 건아(健兒)로 삼고 방인제(防人制)를 폐지. 개원(開元) 25년 율령(律令) 공포
738	『대당육전(大唐六典)』을 완성함
749	절충부(折衝府)로부터의 상번 명령(上番命令)을 정지하고 부병제를 폐지함
755	'안사(安史)의 난'(~763)

도표 출처 일람

여기에 게재되지 않은 것은 지은이가 직접 작성했다.
*가 표기된 그림은 수정해 인용한 것이다.

〈그림 1〉: 『(圖錄)中國王朝の誕生』(讀賣新聞社, 1993).

〈그림 2〉: 鶴間和幸 監修, 『秦の始皇帝と兵馬俑展: 邊境から中華へ"帝國秦への道"』(共同通信社, 2000).

〈그림 3〉*: 甲元眞之(2001).

〈그림 4〉*: 張學海(1996).

〈그림 5〉*: 中國社會科學院考古研究所 編, 『偃師二里頭: 1959年~1978年考古發掘報告』(中國大百科全書出版社, 1999).

〈그림 6〉*: 河南省文物考古研究所 編, 『鄭州商城: 1953年~1985年考古發掘報告』(文物出版社, 2001).

〈그림 7〉: 陳夢家(1956)의 기술(記述)에 의거하여 작성함.

〈그림 8〉: 白川靜, 『金文通釋』 第48輯(白鶴美術館, 1978).

〈그림 10〉: 白川靜, 『金文通釋』 第10輯(白鶴美術館, 1965).

〈그림 17〉: 湖南省文物考古研究所 編(2007).

〈그림 20〉: 呂林 編, 『四川漢代畫像藝術選』(四川美術出版社, 1988).

〈그림 21〉: 『和林格爾漢墓壁畵』(文物出版社, 1978).

〈그림 26〉: 『和林格爾漢墓壁畵』(文物出版社, 1978).

〈그림 27〉*: 「河南三楊庄漢代庭院遺跡」, 《考古》 第7期(2004).

〈그림 28〉*: 谷川道雄(1971).

〈그림 29〉: 『嘉峪關壁畵墓發掘報告』(文物出版社, 1985).

〈그림 30〉: 『北齊徐顯秀墓』(文物出版社, 2016).

〈그림 31〉: 大槻如電, 『新訂舞樂圖說』(六合館, 1927).

〈표 9〉*: 尾形勇·岸本美緖 編(1998).

9, 10쪽 그림: 마에다 시게미(田前茂實) 작성.

옮긴이 후기

*

역사적으로 한중(韓中) 관계는 일의대수(一衣帶水)라고 일컬어지듯이 지리적으로 가장 가까운 이웃이면서 순망치한(脣亡齒寒)의 밀접한 관계를 맺어왔습니다. 그러한 측면에서 '중국'의 역사에 대한 심층적이고 포괄적인 이해와 파악은, 장기적이고 입체적인 관점에서 한반도의 평화와 번영은 물론 동아시아 및 세계의 발전 궤적을 관찰하고 조망하는 데 불가결한 부분이라고 할 수 있습니다.

이 책 『새 중국사 1: 중화의 성립』은 일본의 이와나미 쇼텐(岩波書店)사에서 출간된, 전체 5권으로 구성되어 있는 '새 중국사' 시리즈의 제1권으로서, 선사 시대부터 당나라 중반까지의 역사를 매우 독창적인 시각에서 다루고 있는 역작입니다. 해당 '새 중국사' 시리즈(전 5권)는 다음과 같이 구성되어 있습니다.

① 제1권 『중화의 성립: 당대(唐代)까지(中華の成立: 唐代まで)』
② 제2권 『강남의 발전: 남송(南宋)까지(江南の発展: 南宋まで)』
③ 제3권 『초원의 제패: 대(大)몽골까지(草原の制覇: 大モンゴルまで)』
④ 제4권 『육해의 교착: 명조(明朝)의 흥망(陸海の交錯: 明朝の興亡)』
⑤ 제5권 『중국의 형성: 현대에의 전망(中國の形成: 現代への展望)』

이 책은 '중국이란 무엇인가', '중화세계의 원형은 어떻게 형성되었는가', '중국은 어디로부터 와서 어디로 향해 가고 있는가'라는 질문을 제기하며 군웅할거를 거듭해 온 웅대한 역사를 다원적인 시각에서 묘사해 내고 있습니다. 서술 범위는 황하 문명이 번영했던 화북을 중심으로 선사 시대부터 춘추 전국, 진(秦)·한(漢), 삼국(三國) 시대 등을 거쳐 중화제국이 형성되는 8세기 중반의 당나라 시대 중기까지입니다.

구체적으로 고대 화북 농경사회의 형성부터 장안·낙양을 핵심 지대로 하는 수당 제국(隋唐帝國)의 성립 및 붕괴의 시작까지를 기술하고 있습니다. 그 주제는 중국이 어떠한 과정을 거쳐 형성되었는지를 규명하는 것에 있으며, 이것은 전통 중국의 원형과 그 특성을 역사적으로 파악하려는 시도라고 할 수 있습니다.

또한 이 책은 인물 위주의 역사 또는 왕조 중심의 역사에 치중되기 쉬운 '중국사'를 초원(草原), 중원, 강남, 해역(海域)이라는 다층적인 권역별 교호작용으로 파악하고 있는 '새 중국사' 시리즈의 관점에 입각하여 독창적인 내용을 서술하고 있습니다. 아울러 이 책은 가장 최근의 연구 성과를 반영하고 있는, 매우 수준 높은 학술서라고 할 수 있습니다. 특히 미국과 영국 등에서 이루어지고 있는 기존의 중국사 연구 및 담론이 인종적·문화적 편견에 치우칠 수 있는 단점이 상존하고 있는 가운데, 이 책의 저자가 일본 학계를 대표하는 '중국 고대사' 분야의 권위자이자 '중국 악제사(樂制史)'의 전문가라는 점은 사덕[史德: 주관적 편견보다 객관적 사실을 중시하는 사학자(史學者)의 자세]을 담보하며 이 책의 학술적 차별성을 더욱 높여주고 있습니다.

이번에 이 책을 옮기면서 세 가지 측면을 중시했습니다. 우선 첫째, 일반 독자들이 쉽게 이해할 수 있도록 생소한 용어와 지명 등에는 한자를 비롯한 해당 언어를 병기하여 명확성을 추구했습니다. 둘째, 이 책의 본문 내용 중에서 설명이 필요한 항목에는 '옮긴이 주'를 추가했습니다. 셋째, 원서 내용 중에서 이 책의 저자분께서 수정 사항을 전해준 것을 추가로 반영하고 아울러 일부 오기가 있던 내용을 바로잡아 정확성을 기하고자 했습니다.

무엇보다 어려운 여건 속에서도 이 책이 세상에 나올 수 있도록 물심양면으로 지원해 주신 한울엠플러스(주)의 김종수 사장님, 그리고 빼어난 편집 솜씨로 이 책의 완성도를 높여주신 김용진 편집위원님, 아울러 신속한 출간을 위한 제반 작업에 모든 노력을 기울여주신 모든 분들에게 진심으로 감사의 말씀을 전해드리고자 합니다. 모쪼록 이 책을 통해 독자 여러분께서 장기적·심층적인 관점에서 '중화의 성립'과 그 이후의 흐름을 심층적으로 파악함으로써, 인류 전체의 번영에 이바지하고 세계 전체의 이익에 기여하는 미래의 역동적인 '한반도 시대'를 조망하고 대비하는 데 조금이라도 도움이 될 수 있기를 진심으로 바랍니다.

2023년 2월

이용빈

참고문헌

〈전반(全般)〉

足立啓二. 1998.『專制國家史論: 中國史から世界史へ』, 柏書房.

池田溫. 1979.『中國古代籍帳研究: 概觀·錄文』, 東京大學出版會.

尾形勇·岸本美緒 編. 1998.『中國史』, 山川出版社.

浜口重國. 1966.『秦漢隋唐史の研究』上下, 東京大學出版會.

松丸道雄·池田溫·斯波義信·神田信夫·濱下武志 編. 2003.『世界歷史大系 中國史1: 先史~後漢』, 山川出版社.

松丸道雄·池田溫·斯波義信·神田信夫·濱下武志 編. 1996.『世界歷史大系 中國史2: 三國~唐』, 山川出版社.

宮崎市定. 1977/1978.『中國史』上下, 岩波書店; 2015.『中國史』上下, 岩波文庫.

渡辺信一郎. 1986.『中國古代社會論』, 青木書店.

渡辺信一郎. 1994.『中國古代國家の思想構造: 專制國家とイデオロギー』, 校倉書房.

渡辺信一郎. 1996.『天空の玉座: 中國古代帝國の朝政と儀禮』, 柏書房.

渡辺信一郎. 2003.『中國古代の王權と天下秩序: 日中比較史の視點から』, 校倉書房.

渡辺信一郎. 2010.『中國古代の財政と國家』, 汲古書院.

渡辺信一郎. 2013.『中國古代の樂制と國家: 日本雅樂の原流』, 文理閣.

〈제1장〉

伊藤道治. 1975.『中國古代王朝の形成: 出土資料を中心とする殷周史の研究』, 創文社.

伊藤道治. 1987.『中國古代國家の支配構造: 西周封建制度と金文』, 中央公論社.

植田信太朗. 2000.「現生人類の擴散を化石DNAから探る」,《蛋白質 核酸酵素》第45卷 第16號.

岡村秀典. 2003.『夏王朝 王權誕生の考古學』, 講談社.

岡村秀典. 2008.『中國文明 農業と禮制の考古學』, 京都大學學術出版會.

甲元眞之. 2001.『中國新石器時代の生業と文化』, 中國書店.

篠田謙一 編. 2017.『ホモ·サピエンスの誕生と擴散』, 洋泉社.

白川靜. 1971.『金文の世界: 殷周社會史』, 平凡社.

錢耀鵬. 2001.『中國史前城址與文明起源研究』, 西北大學出版社.
張學海. 1996.「試論山東地區的龍山文化城」,《文物》第12期.
張光直. 1989.「中國相互作用圈與文明的形成」,『慶祝蘇秉琦考古55年論文集』, 文物出版社.
張光直 著. 小南一郎·間瀨收芳 譯. 1989.『中國青銅時代』, 平凡社.
趙春青. 2001.『鄭洛地區新石器時代聚落的演變』, 北京大學出版社.
陳夢家. 1956.『殷墟卜辭綜述』, 科學出版社.
林巳奈夫. 1995.『中國文明の誕生』, 吉川弘文館.
松井嘉德. 2002.『周代國制の研究』, 汲古書院.
松丸道雄. 1963.「殷墟卜辭中の田獵地について: 殷代國家構造研究のために」,《東洋文化研究所紀要》第31冊.
渡辺信一郎. 2017.「中國における第一次古代帝國の形成: 龍山文化期から漢代にいたる聚落形態研究から」, 西村成雄·渡辺信一郎 編,『中國の國家體制をどうみるか: 傳統と近代』, 汲古書院.

〈제2장〉
安部健夫. 1972.「中國人の天下觀念: 政治思想史的試論」,『元代史の研究』, 創文社.
尾形勇. 1979.『中國古代の'家'と國家: 皇帝支配下の秩序構造』, 岩波書店.
五井直弘. 2002.『中國古代の城郭都市と地域支配』, 名著刊行會.
增淵龍夫. 1996.『新版 中國古代の社會と國家』, 岩波書店.
山田統. 1981.「天下という觀念と國家の形成」(初出 1949年),『山田統著作集一』, 明治書院.
楊寬. 1980.『戰國史』第2版, 上海人民出版社; 1955.『戰國史』第1版.
吉本道雅. 2005.『中國先秦史の研究』, 京都大學學術出版會.

〈제3장〉
飯田祥子. 2004.「前漢後半期における郡縣民支配の變化: 內郡·邊郡の分化から」,《東洋學報》第86卷 第3號.
金子修一. 2006.『中國古代皇帝祭祀の研究』, 岩波書店.
湖南省文物考古研究所 編. 2007.『里耶發掘報告』, 岳麓書社.
陳偉 編. 2012.『里耶秦簡牘校釋』第1卷, 武漢大學出版社.
西嶋定生. 1961.『中國古代帝國の形成と構造: 二十等爵制の研究』, 東京大學出版會.
目黑杏子. 2003.「前漢武帝期における祭祀體制の成立: 甘泉泰時の分析を中心に」,《史林》第86卷 第6號.

〈제4장〉

佐原康夫. 2002.『漢代都市機構の研究』, 汲古書院.

保科季子. 1998.「前漢後半期における儒家禮制の受容: 漢的傳統との對立と皇帝觀の變貌」, 歷史と方法編集委員會 編,『方法としての丸山眞男』, 青木書店.

山田勝芳. 2001.『中國のユートピアと'均の理念'』, 汲古書院.

渡辺信一郎. 2017.「傳統中國の均平秩序: 經濟と禮樂」,《中國史學》第27卷.

〈제5장〉

岡田和一郎. 2017.「征服から專制へ: 中國史上における北魏國家の形成」, 西村成雄·渡辺信一郎 編,『中國の國家體制をどうみるか: 傳統と近代』, 汲古書院.

川本芳昭. 1998.『魏晋南北朝時代の民族問題』, 汲古書院.

佐川英治. 1999.「三長·均田兩制の成立過程:『魏書』の批判的檢討をつうじて」,《東方學》第97輯.

佐川英治. 1999.「北魏の編戶制と徵兵制度」,《東方學報》第81卷 第1號.

谷川道雄. 1971.『隋唐帝國形成史論』, 筑摩書房; 1998. 增補版.

張鳳. 2011.「秦漢時期農業文化與遊牧文化聚落的比較研究」,《考古》第1期.

堀敏一. 1975.『均田制の研究: 中國古代國家の土地政策と土地所有制』, 岩波書店.

松下憲一. 2007.『北魏胡族體制論』, 北海島大學大學院文學研究科研究叢書.

宮琦市定. 1936.「讀史箚記(三), 漢代の鄕制」,《史林》第21卷 第1號 [『宮琦市定全集』第17卷, 岩波書店(1993)에 수록].

宮琦市定. 1956,『九品官人法の研究: 科擧前史』, 東洋史研究會 [『宮琦市定全集』第6卷, 岩波書店(1992)에 수록].

〈제6장〉

笠松哲. 2012.「金輪王, 封禪す: 武后の君主權と封禪」,《洛北史學》第14號.

陳寅恪. 1977.『隋唐制度淵源略論稿』, 中華書局.

陳寅恪. 1980.『唐代政治史述論稿』, 上海古籍出版(初出1942年).

礪波護. 1986.『唐代政治社會史研究』, 同朋舍出版.

渡辺信一郎. 2011.「古代中國の身分制的土地所有: 唐開元25年田令からの試み」,《唐宋變革研究通訊》第2輯 [2010~2012年度科學研究費補助金基盤研究(B)研究成果報告書].

찾아보기

지은이

와타나베 신이치로(渡辺信一郎)

1949년 출생

교토대학(京都大學) 대학원 문학연구과 박사과정 수료

교토부립대학(京都府立大學) 교수 및 학장 역임

교토시립예술대학(京都市立藝術大學) 일본전통음악연구센터 소장(2020~2022)

현재 교토부립대학 명예교수, 교토시립예술대학 고문(顧問)

[전문 분야: 중국 고대사, 중국 악제사(樂制史)]

저서: 『중국 고대국가의 사상구조: 전제국가와 이데올로기(中国古代国家の思想構造: 専制国家とイデオロギー)』(1994), 『천공의 옥좌: 중국 고대제국의 조정과 의례(天空の玉座: 中国古代帝国の朝政と儀礼)』(1996), 『중국 고대의 왕권과 천하 질서: 중일 비교사의 시각에서(中国古代の王権と天下秩序: 日中比較史の視点から)』(2003), 『중국 고대의 재정과 국가(中国古代の財政と国家)』(2010), 『중국 고대의 악제와 국가: 일본 아악의 원류(中国古代の楽制と国家: 日本雅楽の源流)』(2013), 『중국의 국가체제를 어떻게 볼 것인가: 전통과 근대(中国の国家体制をどうみるか: 伝統と近代)』(공편저, 2017) 외

옮긴이

이용빈

인도 국방연구원(IDSA) 객원연구원 역임

미국 하버드대학 HPAIR 연례학술회의 참석(안보 분과)

이스라엘 크네세트(국회), 미국 국무부, 미국 해군사관학교 초청 방문

중국외교대학, 타이완 국립정치대학, 홍콩중문대학 학술 방문

홍콩국제문제연구소 연구원

저서: *China's Quiet Rise: Peace through Integration*(공저, 2011) 외

역서: 『중화민족의 탄생: 중국의 이민족 지배논리』(2012), 『중국의 당과 국가: 정치체제의 궤적』(2012), 『중국외교 150년사: 글로벌 중국으로의 도정』(2012), 『현대중국정치』(2013), 『중국법의 역사와 현재: 통치의 도구에서 시민의 권리로』(2013), 『마오쩌둥과 덩샤오핑의 백년대계: 중국군의 핵·해양·우주 전략을 독해한다』(2014), 『중난하이: 중국 정치와 권력의 심장부』(2016), 『현대 중국의 정치와 관료제』(2016), 『홍콩의 정치와 민주주의』(2019), 『시진핑의 중국: 100년의 꿈과 현실』(2019), 『美中 신냉전?: 코로나19 이후의 국제관계』(2021), 『현대 중국의 정치와 외교』(2023) 외

한울아카데미 2397

새 중국사 1

중화의 성립: 당대(唐代)까지

지은이 | 와타나베 신이치로
옮긴이 | 이용빈
펴낸이 | 김종수
펴낸곳 | 한울엠플러스(주)
편 집 | 김용진

초판 1쇄 인쇄 | 2023년 2월 20일
초판 1쇄 발행 | 2023년 3월 10일

주소 | 10881 경기도 파주시 광인사길 153 한울시소빌딩 3층
전화 | 031-955-0655
팩스 | 031-955-0656
홈페이지 | www.hanulmplus.kr
등록번호 | 제406-2015-000143호

Printed in Korea.

ISBN: 978-89-460-7397-5 93910 (양장)
978-89-460-8207-6 93910 (무선)

* 책값은 겉표지에 표시되어 있습니다.
* 무선 제본 책을 교재로 사용하시려면 본사로 연락해 주시기 바랍니다.